HISTOIRE
DE LA
RÉVOLUTION
DE 1848

PAR GARNIER-PAGÈS

DEUXIÈME ÉDITION

TOME TROISIÈME

GOUVERNEMENT PROVISOIRE

I

PARIS
PAGNERRE, LIBRAIRE-ÉDITEUR
RUE DE SEINE, 18

1866

Tous droits de traduction et de reproduction réservés.

HISTOIRE

DE LA

RÉVOLUTION

DE 1848

DEUXIÈME ÉDITION

III

PARIS. — TYPOGRAPHIE DE HENRI PLON,
RUE GARANCIÈRE, 8.

GOUVERNEMENT PROVISOIRE.

I

CHAPITRE PREMIER.

Périls et craintes. — Louis-Philippe, la reine et les princesses à Saint-Cloud, à Trianon; séparation de la famille; Louis-Philippe et la reine à Dreux. — La duchesse d'Orléans et le comte de Paris aux Invalides : arrivée du duc de Nemours; MM. de Mornay et Jules de Lasteyrie sont chargés d'aller s'entendre avec M. O. Barrot; arrivée de MM. d'Aragon, Luneau, Biesta et Pagnerre; délibération sur le parti à prendre; la duchesse déclare qu'elle restera aux Invalides; souvenir du duc d'Orléans; M. O. Barrot arrive; son avis et ses conseils; la duchesse d'Orléans, le comte de Paris et le duc de Nemours quittent les Invalides; la duchesse et le comte au château de Ligny, le duc chez M. Biesta. — Troupes de l'École militaire. — Le général Bedeau à la première division militaire; ses mesures, ses ordres. — Le retour agressif de l'armée n'est plus à craindre. — Dévastations aux Tuileries, à l'État-major de la garde nationale; vols punis; incendies étouffés; valeurs appartenant à la famille royale mises à l'abri; ordres de sûreté donnés par le Gouvernement provisoire; mesures de salut prises spontanément par les citoyens; conservation du château. — Scènes du Palais-Royal. — Louvre; écuries du roi; ministères des affaires étrangères, de la marine, de la guerre, des finances, de la justice, du commerce et des travaux publics. — Ministère de l'intérieur : MM. de Malleville, Andryane. — Préfecture de police : départ des troupes et de la foule; MM. Caussidière et Sobrier; leur projet d'une garde spéciale; leur proclamation; visite de M. Ledru-Rollin. — Paris dans la nuit du 24 février. — OEuvres de probité, de générosité, de charité. — Tableau de l'Hôtel de ville; encombrements et luttes autour du Gouvernement provisoire. — Élan de tous les partis vers l'union; le Gouvernement provisoire témoigne de son esprit de conciliation.

I

Le Gouvernement provisoire était acclamé à l'Hôtel de ville; le ministère était constitué; la République était fondée, sauf ratification par le peuple.

Les membres du Gouvernement, pressés par la foule qui s'entassait autour d'eux, avaient été contraints de se réfugier, de bureau en bureau, jusque dans la pièce la plus reculée, située à l'angle de la place et de la rue de la Tixeranderie. Là, un peu plus maîtres de leurs actions, ils purent délibérer, prendre des mesures énergiques et rapides contre l'anarchie menaçante, et remplir avec un dévouement sans limites la haute mission que la Providence et le peuple leur avaient confiée.

II

Des rumeurs étranges, contradictoires, plus ou moins sombres, plus ou moins grossies par la peur ou par la fièvre de la lutte, circulaient dans Paris et parvenaient jusqu'au Gouvernement. La fuite du roi à Saint-Cloud ou au mont Valérien, la retraite de la duchesse d'Orléans aux Invalides ou à l'École militaire, les dispositions des garnisons de Vincennes et des forts détachés, le désarmement des casernes, qui pouvait provoquer des collisions sanglantes, la possibilité d'un retour agressif des troupes, agitaient vivement les esprits, déjà émus par les événements de la journée.

D'autres bruits non moins sinistres, mais plus sérieux, signalaient des périls réels et pressants. A tout instant, des citoyens accouraient auprès du Gouverne-

ment réclamer des secours, des ordres, des missions :
« La dévastation et l'incendie menaçaient les Tuileries et le Palais-Royal; tous les châteaux royaux, sans exception, allaient devenir la proie de la haine. Les chemins de fer, qui avaient déplacé tant d'intérêts, étaient attaqués par des hordes d'individus altérés de vengeance. Les prisons regorgaient de voleurs et d'assassins qui cherchaient à profiter de la confusion générale pour s'évader et se répandre dans Paris, le feu et le fer à la main. »

Au-dessus de tous ces dangers en planait un plus imminent et plus terrible. A la suite des trois journées de combats et de barricades, les boulangers, privés des moyens de transport et dénués de farine et de bois, pourraient-ils fournir le pain du lendemain? Le peuple allait-il être livré aux souffrances de la faim, à toutes les paniques, à tous les désespoirs qu'elle suggère, à tous les désordres, à tous les excès que l'histoire a trop souvent décrits?

Ces périls couvaient au cœur de Paris, prêts à surgir au moindre souffle. Le Gouvernement provisoire les combattit tous résolûment, et eut la gloire et le bonheur d'en préserver la France.

III

Le retour des troupes, ramenées sur Paris par le roi, par la duchesse d'Orléans ou par les princes, eût été possible; et cette perspective servait à ceux qui déjà songeaient à pousser le peuple au plus loin dans les voies révolutionnaires, de prétexte pour entretenir l'excitation et pour engager les combattants à garder leurs armes et à continuer la construction des barricades.

Mais ce retour n'était plus à craindre : la famille royale, en s'éloignant des Tuileries, s'était dispersée.

IV

Louis-Philippe, la reine et les princesses étaient arrivés à Saint-Cloud vers deux heures. Ils y étaient depuis une heure environ, quand, successivement, un général et un officier d'ordonnance du roi accoururent prévenir que l'on parlait d'une marche en masse du peuple de Paris sur Saint-Cloud. Aussitôt les préparatifs du départ commencèrent. On disposa deux omnibus, seules voitures que l'on avait pu trouver, malgré les réquisitions ordonnées, dès l'arrivée, par le duc de Montpensier.

Louis-Philippe et la reine se présentèrent à l'escorte qui les avait accompagnés, lui adressèrent de douloureux et affectueux remercîments, et ne s'éloignèrent qu'après avoir recueilli les témoignages d'une sympathie qui toucha plus leur âme que toutes les adulations du trône.

La famille se retira à Trianon. Elle y fut rejointe par la princesse Clémentine, qui, après s'être réfugiée quelques instants chez M. Jules de Lasteyrie, avait pris le chemin de fer. Trianon parut encore trop rapproché de la capitale. On décida d'aller attendre à Eu la suite des événements. Le général Dumas courut à Versailles, loua deux berlines, et emprunta douze cents francs à un ami. Dans la précipitation de la fuite, on avait oublié de se munir d'argent. La monnaie de poche et la bourse de la reine, contenant quelques pièces d'or habituellement destinées à des actes de bienfaisance, étaient les seules ressources pécuniaires de la famille royale.

Après une heure ou deux employées à ces occupations de départ, on se sépara. La princesse Clémentine et son mari, le prince Auguste de Saxe-Cobourg, leurs trois enfants et une fille du duc de Nemours, prirent l'une des berlines, et partirent avec l'intention de se rendre à Eu. Louis-Philippe, la reine, le duc de Montpensier, la duchesse de Nemours et ses deux fils, ainsi que les personnes qui les accompagnaient, montèrent dans l'autre berline et dans l'un des deux omnibus, et prirent la route de Dreux, où ils arrivèrent dans la soirée. Ils eussent pu gagner Eu directement, mais un sentiment pieux entraînait la malheureuse reine sur le tombeau de ses enfants, pour y verser les pleurs des derniers adieux.

A Dreux, sur la haute colline qui domine la ville, s'élèvent les restes d'un vieux château que Louis-Philippe a restauré, et où il a fait construire une chapelle, sépulture de sa famille. Là reposent son fils aîné le duc d'Orléans, sa sœur Madame Adélaïde, et la princesse Marie, enlevée, jeune et belle, aux arts et à toutes les affections qui l'entouraient. Ce fut dans ce château, au milieu de ces tombes, que Louis-Philippe vint chercher un refuge dans la nuit du 24 février 1848.

Il s'endormit, épuisé de fatigue et d'émotions, mais bercé par l'illusion d'une pensée qui adoucissait l'amertume de ses douleurs : il espérait encore que son petit-fils, le comte de Paris, serait accepté comme son successeur au trône de France. La nouvelle de la République proclamée et de sa dynastie déchue devait le réveiller.

V

La duchesse d'Orléans et le comte de Paris avaient été reçus aux Invalides par le général Petit, et sans empressement, avec froideur même, par le gouverneur, le maréchal Molitor; les grilles de l'hôtel avaient été fermées après leur entrée. MM. de Mornay, Jules de Lasteyrie, Roger (du Nord), le général Gourgaud, le duc d'Elchingen, deux ou trois dames, des personnes de la suite de la duchesse, et les quelques gardes nationaux qui avaient aidé à sa retraite, se groupaient auprès d'elle et escortaient son malheur de leur fidélité. Bientôt survinrent de nouveaux individus revêtus du costume de la garde nationale. Les regards surpris eurent peine à reconnaître dans l'un d'eux le duc de Nemours. — Le cœur maternel de la duchesse fut promptement rassuré sur son fils le duc de Chartres.

Après les premiers moments de trouble et de confusion, au milieu d'allées et de venues incessantes, on parut songer à ce qu'il fallait faire.

Devait-on tenter un dernier effort pour proclamer la régence et sauver la monarchie? La duchesse d'Orléans, le comte de Paris et le duc de Nemours aux Invalides; les troupes à l'École militaire; O. Barrot au ministère de l'intérieur; Vincennes, le mont Valérien, les forts détachés au pouvoir de l'armée : c'étaient là des points d'appui qui permettaient d'espérer encore. MM. de Mornay et Jules de Lasteyrie prirent mission d'aller s'entendre avec M. O. Barrot.

On se le rappelle, M. O. Barrot n'avait pas attendu de communications pour agir. Mais le refus de M. Berger et les nouvelles de l'Hôtel de ville l'avaient plongé dans l'abattement. Ne songeant plus qu'au salut de la duchesse d'Orléans, du comte de Paris et du duc de Nemours, il avait prié MM. d'Aragon, Luneau, Biesta et Pagnerre d'aller les sauvegarder de tout péril. Plus tard il suivit ces messieurs.

Ces délégués de la dernière heure, après quelques difficultés à la porte des Invalides, parvinrent auprès de la duchesse. M. Biesta fit le récit des faits. La duchesse écouta avec une vive attention, tout en conservant le calme apparent de sa physionomie. Cependant les émotions de son âme se révélaient par des exclamations significatives : « Quel aveuglement !... Je l'ai dit assez souvent !... On n'a rien voulu entendre !... N'y a-t-il donc aucun moyen de sauver la couronne de mon fils ? »

Déjà, au Pont-Tournant, M. Biesta avait transmis à la duchesse le conseil de M. O. Barrot de monter à cheval et d'aller à l'Hôtel de ville. Il proposait encore les moyens d'action : « Tout n'est pas perdu. Une résolution prompte, hardie, peut dompter le sort et ramener la fortune. Que la duchesse se place auprès de M. O. Barrot, au ministère de l'intérieur; là, qu'elle présente à la population, à la garde nationale, le tableau attendrissant d'une femme et d'un enfant réclamant les droits héréditaires d'une monarchie libérale et constitutionnelle, en faisant appel à la générosité de la nation. Au besoin, qu'elle se jette à l'École militaire ou à Vincennes, au milieu des troupes restées fidèles, et qu'elle tente un sublime effort. » — M. Biesta fit impression sans convaincre.

M. de Mornay dit à la duchesse de consulter M. Pagnerre. M. Pagnerre voyait les faits sous un point de vue absolument opposé à celui de M. Biesta; il n'hésita pas à le déclarer. Il n'avait d'ailleurs accepté de M. O. Barrot d'autre mission que celle de veiller au salut personnel de la duchesse. Il devait donc la dissuader d'aller au ministère de l'intérieur, où le péril était évident, et où il n'y avait aucune défense possible. Le plus sûr était de rester quelques heures aux Invalides, et d'attendre sans crainte l'issue des événements. « Mais croyez-vous que l'on ne viendra pas nous y attaquer? » répliqua la duchesse. M. Courtais, qui partageait les opinions et la pensée de M. Pagnerre, fit une de ces réponses qu'inspire la vue d'une grande infortune : « Nous ne le savons pas, Madame; mais ce que nous pouvons affirmer, c'est qu'avant d'arriver jusqu'à vous il faudra passer sur nos cadavres. »

La délibération dura quelque temps encore. Tour à tour MM. d'Aragon, Luneau, de Mornay, émirent leur opinion.

Après avoir consulté les personnes de son entourage et conféré avec le duc de Nemours, la duchesse déclara qu'elle n'irait pas au ministère de l'intérieur, qu'elle attendrait aux Invalides.

Le cœur de la femme est incessamment ouvert aux tendresses, aux sentiments pieux. Dans ces perplexités, en ce moment où elle se sentait ballottée entre une couronne et l'exil, la duchesse regrettait amèrement d'avoir laissé aux Tuileries une feuille de palmier nain et quelques petits objets, reliques du duc d'Orléans, talismans sans doute pour ses enfants; elle avait envoyé les rechercher. — Ils lui furent remis par M. Caboche de Merville, l'un des gardes nationaux qui s'étaient opposés à la dévastation des appartements du prince.

VI

Vers six heures, M. O. Barrot arriva; il paraissait triste et résigné. Il accourait prévenir la duchesse d'Orléans et le duc de Nemours que le Gouvernement provisoire était installé à l'Hôtel de ville, que le bruit de leur retraite aux Invalides circulait dans Paris, et qu'une colonne de combattants se disposait, lui avait-on rapporté, à marcher sur l'hôtel. Suivant lui, il n'était plus d'espoir; tout conflit n'aboutirait qu'à verser un sang inutile. Il fallait épargner au pays l'horreur d'un massacre sans résultat. Il termina par ce double conseil, sur lequel il insista auprès de la duchesse, de ne pas se réunir à Louis-Philippe et d'attendre.

VII

Chacune des personnes présentes ne sembla plus se préoccuper que de son salut personnel. — Misère du cœur humain! Ceux-là sont bien rares qui se montrent forts contre l'adversité! plus rares encore ceux qui restent fidèles dans la chute!

La duchesse d'Orléans, le comte de Paris, le duc de Nemours sortirent des Invalides par une petite porte du jardin ouvrant sur le boulevard. M. de Mornay donnait le bras à la duchesse; M. Biesta, au duc de Nemours; M. d'Aragon tenait le comte de Paris par la main. Deux aides de camp suivaient. On prit le boulevard jusqu'à la rue de Monsieur, n° 12. C'était la demeure de madame de Montesquiou, qui les avait devancés.

Peu après, la duchesse et son fils montaient dans un coupé à un cheval, avec M. de Mornay, qui les conduisait au château de Ligny, propriété de M. A. de Montesquiou.

La duchesse partie, le duc de Nemours se trouvait dans la rue, seul avec MM. d'Aragon et Biesta, sans serviteurs, sans asile, ne sachant comment dérober sa tête aux haines populaires. Ces deux messieurs s'empressèrent de lui offrir l'hospitalité dans la maison de M. Biesta, rue Madame. La nuit était venue et les protégeait de son obscurité. Traversant des quartiers déserts, ils arrivèrent sans que le prince eût été reconnu. — Curieux épisode des vicissitudes humaines! le duc de Nemours passa la nuit du 24 février dans la chambre même, dans le lit même où, la veille, M. Pagnerre était venu chercher un refuge contre les conséquences d'un mandat d'arrêt.

VIII

La famille royale dispersée, les hommes politiques qui pouvaient avoir encore un désir de la servir impuissants, les généraux presque tous retirés chez eux, les troupes ne devaient plus songer à résister au mouvement.

Après la prise de possession des Tuileries, un officier du 13ᵉ chasseurs, vêtu en bourgeois, était venu à la mairie du 10ᵉ arrondissement demander un détachement de gardes nationaux, afin d'éviter toute collision à l'École militaire. Une vingtaine d'hommes, commandés par un lieutenant, se rendirent à cette invitation. Les postes leur furent distribués conjointement avec les troupes, qui, sous les ordres du général Tallandier, se composaient encore de trois batteries d'artillerie, d'un régiment d'infanterie, du 3ᵉ chasseurs, du 5ᵉ lanciers, d'un régiment de dragons et d'un autre de cuirassiers. Malgré la présence des gardes nationaux, des tentatives d'envahissement eurent lieu à plusieurs reprises. La nuit venue, vers onze heures, les troupes commencèrent à effectuer leur retraite sur leurs quartiers respectifs. Il ne resta que le 13ᵉ chasseurs, les corps casernés à l'École même, et les artilleurs, dont pas un ne manqua à l'appel.

IX

Le général Bedeau avait (le 24) accepté du Gouvernement provisoire le commandement de la 1ʳᵉ division militaire. Le prenant en main sur-le-champ, il se hâta le soir même (dix heures et demie) d'envoyer aux généraux et aux colonels l'ordre de se mettre en rapport avec la garde nationale des quartiers où ils se trouvaient, de maintenir la discipline, de consigner les troupes, et de venir, le lendemain matin, conférer avec lui sur leurs nouveaux devoirs. Des porteurs de ces ordres furent arrêtés, conduits à l'Hôtel de ville, et renvoyés par le Gouvernement provisoire au général, qui dut confier cette convocation à des gardes nationaux.

X

On voit que, dès le soir du 24 février, un retour agressif n'était plus à craindre. Les troupes, d'ailleurs, s'étaient évidemment associées aux manifestations de la garde nationale et de la population, par un échange presque général d'acclamations et de vivat.

Les Journées de février prouvèrent une fois de plus combien l'armée peut contribuer au développement d'une révolution quand, par sa force d'inertie, elle laisse faire. Elle subit alors, sans pouvoir même s'en rendre compte, la pression de l'opinion publique. Elle se sent pénétrée peu à peu des sentiments et des émotions qui l'enveloppent et l'enserrent. L'officier commande avec répugnance; le soldat obéit avec mollesse. L'officier hésite à servir de son épée une cause que sa conscience condamne; mis en face de ses concitoyens, le soldat livre son fusil et ses cartouches. La discipline impose à l'un et à l'autre un devoir rigoureux, l'honneur militaire leur dicte ses lois; mais il est de ces journées où la liberté et la justice, défendues par un peuple entier, leur parlent plus haut encore : et ils abandonnent le prince et la dynastie pour s'unir à la nation. Ceci n'est pas une théorie, c'est l'explication vraie de la conduite de l'armée en 1848.

De ce côté donc nul danger! C'est avec le désordre, la dévastation et l'anarchie que le Gouvernement provisoire va se trouver aux prises. Là est la ruine, là est le déshonneur de la Révolution.

XI

Nous avons vu aux Tuileries les actes de salut et de conservation accomplis par les premiers occupants, la scène du trône, la survenance de nouveaux envahisseurs encore surexcités par le combat, la dévastation inspirée et commencée par les portraits du roi.

Il est important et curieux de compléter ce tableau.

XII

Les détachements de la garde nationale s'étaient successivement dispersés ou retirés. Qu'un seul d'entre eux eût eu la pensée d'occuper les portes et d'installer des factionnaires mêlés de quelques-uns des combattants armés, et il n'y eût eu aucun désastre à regretter. Personne, ni un chef, ni un officier supérieur, n'eut cette salutaire initiative. Seuls, des efforts individuels, nombreux, énergiques, mais impuissants à une occupation d'ensemble, allaient s'interposer pour l'œuvre de conservation.

Il est vrai que le premier moment fut tout à la surprise : ces portes béantes, cette cour déserte, le vide de cette demeure royale si rapidement abandonnée, attiraient, comme les profondeurs d'un abîme. D'un élan involontaire on se précipitait dans les appartements. Ce fut à la course que le peuple prit possession des Tuileries.

La joie de cette conquête devint insensée. Des coups de feu tirés de toutes parts, de la cour, des fenêtres, célèbrent ce triomphe sans combat, retentissent en échos multipliés et font croire au loin à une lutte acharnée. Ainsi que les portraits du roi criblés de balles, ceux des membres de la famille royale, arrachés, déchirés, gisent en lambeaux sur les parquets : ceux du duc d'Orléans et du prince de Joinville sont les moins maltraités. A la salle des maréchaux la vengeance s'adresse spécialement aux portraits de Soult et de Bugeaud. Dans le salon de famille, une statue du roi, de bronze et de grandeur naturelle, est brisée, précipitée par les fenêtres, jetée dans un foyer ardent, et réduite en lingots informes. Après les tableaux, les glaces, les porcelaines, les lustres, roulent avec fracas. La dévastation, comme l'enfance, se plaît au bruit de ce qui tombe et se brise. Les débris volent par les croisées; chaises, fauteuils, petits meubles, suivent et sont amoncelés de distance en distance dans la cour. Le feu les embrase et colore de ses lueurs cet étrange spectacle. — Pourquoi l'homme est-il ainsi fait, que détruire soit pour lui un plaisir égal au plaisir d'édifier?

De plus coupables sentiments poussent une horde qui accourt se mêler à la foule. Ces gens sans aveu, dont toute capitale est infectée comme d'une lèpre rongeuse, bande de malfaiteurs à l'affût de tout larcin, qui ne sentent dans une révolution qu'une large aubaine de pillage, pénètrent dans les Tuileries. Le peuple repousse avec horreur la honte de leur solidarité. Pour s'en purifier, il multiplie ses actes de dévouement et de probité. Il écrit sur les murailles du palais (comme en Juillet 1830) « Mort aux voleurs ! » Il fusille sur place deux de ces bandits pris sur le fait, et il lave de leur sang la tache dont ils ont voulu le souiller.

XIII

Deux courants s'établissent dans ces flots d'êtres vivants qui submergent les Tuileries. Les uns se sont rués dans la voie ouverte par ceux que le seul esprit de destruction avait animés; les autres, que le sentiment de conservation inspire, cherchent à réprimer tout excès. C'est une lutte incessante que vivifient des éléments toujours renouvelés. Enfin, refoulée des appartements, la dévastation va s'abattre sur les combles et les caves.

A jeun depuis la veille, épuisés par la lutte, dévorés de soif et de faim, les premiers envahisseurs s'étaient jetés sur les tables encore servies. Inassouvis de leurs restes, les survenants fouillent les buffets, en retirent des conserves, aliment bien vite épuisé, cherchent du vin et courent aux caves. Boire le vin du roi est chose permise et plaisir rare à savourer! Les portes sont forcées ou enfoncées, les bouteilles vidées et brisées, les pièces percées et défoncées. On marche dans le vin. Alors l'ivresse vient et enfante le délire.

Dans l'appartement modestement orné du prince de Joinville, on a trouvé deux barils de rhum : tandis qu'ailleurs le portrait de ce prince est respecté, cet appartement est, après cette découverte, entièrement dévasté. Des caves, théâtre de scènes repoussantes dont il faut détourner les regards, la dévastation remonte dans les combles, habitation des serviteurs du château. Six cents fusils et deux caisses de cartouches, réservés pour la défense, sont enlevés. Les chambres sont saccagées. Là se sont glissés les malfaiteurs, et c'est là que le dommage est le plus considérable.

L'État-major de la garde nationale était sur le passage de la foule : elle y entre pour s'emparer des armes, dont le dépôt est considérable. Le magasin est forcé, les armes sont saisies, distribuées. Un nouveau flot déborde : les appartements, les bureaux sont envahis. Les tables, les chaises, les casiers, les meubles, les registres, les papiers, les archives riches en documents qui remontaient à la création de la garde nationale de

1789, sont lancés par les croisées et brûlés. Bientôt il ne reste plus que les traces de la destruction.

XIV

Des instruments de vol[1] trouvés dans le palais trahissent le passage des malfaiteurs. Des tisons enflammés, dérobés aux foyers de la cour, jetés dans les salles du rez-de-chaussée, signalent la présence des incendiaires. Entre le pavillon de l'*Horloge* et le pavillon de *Marsan* est le théâtre, contigu à des salles remplies de décors et de bois : plusieurs tentatives sont faites pour y mettre le feu. Une surveillance sans repos triomphe heureusement de ces efforts réitérés.

Vers minuit, cependant, une lueur apparaît dans les pièces qui servent de bureau à la distribution des secours. Situés au-dessus de ce bureau, les appartements du trésorier de la couronne sont en danger. Le feu s'accroît; le palais court un péril sérieux. Le zèle de quelques citoyens et le secours intelligent des pompiers parviennent enfin à maîtriser l'incendie et à l'éteindre. La destruction totale des archives fit croire à la préméditation de personnes intéressées à leur anéantissement.

XV

Louis-Philippe et sa famille avaient en caisse des valeurs considérables. Vers midi, le trésorier, M. de Vertbois, avait pris soin de faire transporter hors du

---

[1] M. Gally, régisseur du château, remit à M. Allard, chef de la police de sûreté, huit ou dix *rossignols* ou *monseigneurs* trouvés dans les salles des Tuileries.

château des inscriptions de rentes, des diamants, des billets de banque, des titres de consolidés anglais. Vers cinq heures, au fort du désordre, un employé et le fils du caissier, aidés de quelques personnes survenues par hasard et inconnues les unes aux autres, parvenaient à porter à la Banque une somme de 331 000 francs. Un garde national, acteur dans cette scène, avait saisi à poignées les billets de banque et les avait enfouis dans son bonnet à poil. D'autres avaient pris çà et là l'argent et l'or. Tout fut intégralement versé.

Ce n'était là qu'une parcelle des richesses amoncelées dans le château. Les bijoux et les pierreries des princesses, le portefeuille (4 millions), l'argenterie (en considérable quantité), des pièces précieuses d'orfèvrerie, entre autres le service en vermeil de Napoléon, des objets d'art et des tableaux du plus haut prix, les diamants de la Couronne évalués à 20 millions, restaient exposés à toutes les tentations.

Un désastre bien autrement terrible était à redouter, désastre qui eût frappé le monde entier. Le pavillon de *Flore* est contigu à la grande galerie des tableaux du Louvre. Une étincelle ! et le feu des Tuileries gagnait le Louvre ; et ces chefs-d'œuvre du génie, entassés par les siècles, recueillis et vénérés par les générations, traditions et modèles inimitables, étaient engloutis avec l'admiration et les rêveries qu'ils font naître, les délicates et profondes jouissances qu'ils procurent. Irréparable perte ! deuil éternel, dont la seule pensée fait frémir.

XVI

Saisis d'appréhensions, des citoyens allèrent jeter leurs cris d'alarme au Gouvernement provisoire. Pendant la nuit entière ils ne cessèrent d'accourir à l'Hôtel de ville. Se frayant de force un passage à travers la foule qui obstruait les portes et les escaliers, ils se présentaient au Gouvernement, interrompaient ses délibérations, faisaient le récit d'un nouvel incident et invoquaient de nouveaux secours. Des ordres prompts, précis, étaient aussitôt donnés, des délégations confiées aux hommes de bonne volonté, la plupart officiers de la garde nationale ou élèves des Écoles. Chacun recevait sa mission : organisation d'un service de pompiers, sauvegarde des objets précieux, conservation des diamants de la Couronne, établissement de postes, etc.

Les efforts individuels, secondés par les ordres du Gouvernement provisoire, furent prodigieux. Dès le début de l'invasion, gardes nationaux, ouvriers, citoyens de toutes professions, s'étaient associés contre la destruction. Ils accomplirent ce devoir volontaire avec un zèle et un courage au-dessus de tout éloge. Et cependant on put douter du succès de la répression sur le désordre et la ruine.

De nombreux postes se formèrent spontanément; désignés par l'épaulette ou le hasard, des chefs les dirigeaient. Les factionnaires se placèrent à certains passages, à certaines portes, gardiens vigilants, scrutant de l'œil les mauvaises intentions, et croisant la baïonnette contre tout malfaiteur. Des hommes d'initiative, aidés des pompiers aimés du peuple de Paris, préparèrent les moyens de courir au secours de tout lieu menacé d'incendie. Grâce à cet élan, à cette énergie, à cette multitude de gens de cœur, dont on ne pourrait citer quelques-uns sans être injuste envers les autres; grâce aux délégués du Gouvernement, qui ne furent pas les moins actifs dans cette œuvre de salut, le mal put enfin être limité, l'incendie étouffé, la dévastation comprimée, le vol châtié.

XVII

L'inventaire impartial de la destruction et de la conservation du château des Tuileries fournit le résultat suivant : le bris des porcelaines et des objets fragiles fut considérable; la perte des meubles et objets précieux fut minime. Si les portraits de famille furent pour la plupart détruits, les autres tableaux ne furent pas endommagés. Si le trésor de la chapelle et l'oratoire de la reine, qui renfermait les œuvres d'art de la princesse Marie, eurent à souffrir de quelques profanations, la chapelle elle-même fut respectée, et les ornements les plus riches de l'autel furent transportés à l'église Saint-Roch. Au pavillon de *Flore,* les appartements de Madame Adélaïde, depuis peu réparés et embellis, furent entièrement préservés. Au pavillon de *Marsan,* ceux du duc d'Orléans, pieusement conservés par l'amour de sa femme tels qu'ils étaient à l'heure de sa mort, ne reçurent aucune atteinte. Les appartements du duc de Nemours, remarquables par la splendeur et l'élégance de leur ameublement, ne subirent que des dégâts de peu d'importance. L'argenterie, disséminée partout, sur les tables, dans les armoires ouvertes, ne présenta pas une perte de 10 000 francs. Les objets précieux, mis à l'abri par un assez grand nombre de citoyens, furent fidèlement rapportés, le lendemain et les jours suivants, aux mairies et à l'Hôtel de ville.

Si l'on eut à déplorer la soustraction d'une somme dans la caisse du général Jacqueminot, à l'État-major, ce fut l'acte criminel d'un seul individu, à qui un jeune élève de l'École polytechnique en avait confié le dépôt ainsi que son épée. Mais presque aussitôt repris, encore muni des valeurs, le coupable fut sévèrement puni.

A côté de ce fait, les traits de probité abondent. Les bijoux, les valeurs, les diamants de la Couronne tombés sous la garde d'ouvriers que le hasard amène et rassemble, sont soigneusement conservés. Quelques-uns de ces hommes sont presque nus, sans argent, sans pain, sans pain pour leurs familles. Ils veillent et couchent sur ces trésors, prêts à se faire tuer pour les défendre, sans espoir de récompense autre que la satisfaction d'un grand devoir accompli.

XVIII

Il est hors de doute que la haine politique, exaltée par la lutte, a poussé à la dévastation; mais les quelques larcins échappés à la vigilance du peuple sont le fait de malfaiteurs isolés, glissés dans la masse, protégés par l'ombre de la nuit. Les murailles le disent : « Mort aux voleurs ! » Les pavés, rougis du sang de deux misérables pris sur le fait et fusillés sur l'heure, le constatent. Les mille objets précieux recueillis, rapportés, en multiplient les preuves. N'est-ce pas l'honneur du pays même qui doit en être satisfait? N'est-ce pas une gloire pour la France, une sécurité pour l'avenir, un exemple pour le monde entier, que la noble conduite de ce peuple de Paris, qui conserve dans l'ivresse du combat ce respect de la propriété, ce sentiment de la moralité publique, cette conscience de la solidarité commune? Suivons-le! encourageons-le! poussons-le plus avant encore dans cette voie qu'il s'est tracée lui-même!.....

XIX

Après le combat de la place du Palais-Royal, le feu du poste avait gagné la maison voisine, rue du Musée, et prenait une intensité menaçante : cinq pompes, habilement dirigées, parvenaient à l'éteindre. Des citoyens veillaient également à ce que les nombreux foyers allumés sur la place du palais, dans la grande cour, dans la cour de Nemours, dans la rue de Valois, et alimentés par les meubles, les livres, les papiers jetés par les fenêtres, ne pussent communiquer l'incendie au palais même ou aux maisons.

Le Palais-Royal, dans la pensée de ceux qui y avaient pénétré, était la propriété personnelle de Louis-Philippe. Aucune idée de propriété nationale ne pouvait donc, comme aux Tuileries, arrêter la destruction. Aussi fut-elle complète.

Le combat cessait à peine, les victimes gisaient encore sur le champ de bataille; la haine et la vengeance exaltaient les imaginations. Cependant ces appartements, que le luxe et les arts ornent et embellissent, sont tout d'abord respectés. Mais devant la foule une porte reste fermée. La crainte d'une surprise de troupes cachées dans l'intérieur du palais s'empare des esprits; les têtes fermentent. On attaque la porte : elle résiste, cède enfin, et vole en éclats. Ce fut le signal de la dévastation. Une fureur aveugle se déchaîne : vitres, lustres, glaces, porcelaines, meubles dorés, livres précieux, gravures, tentures[1], tout est arraché, brisé ou jeté par les fenêtres pour être livré aux flammes. Les tableaux, chefs-d'œuvre d'Horace Vernet, de Gérard, de Gros, de Géricault, ne sont pas épargnés. Des yeux vigilants surveillent ce que les mains doivent détruire, une justice expéditive se tenant prête à frapper le voleur. Seules, quelques toiles adroitement coupées dénoncent les larcins. Bientôt le zèle d'un certain nombre de jeunes gens de l'École polytechnique et de gardes nationaux n'aura plus à protéger contre l'incendie qu'un palais vide.

Les caves, renfermant huit cents pièces de vin, échappèrent au pillage. Les employés du palais surent mettre à l'abri les bijoux, les espèces de la caisse et les valeurs plus considérables du portefeuille.

XX

Le Louvre fut protégé par les artistes accourus pour défendre leurs chefs-d'œuvre bien-aimés et les tableaux de l'exposition annuelle.

Les portes de l'hôtel des écuries du roi avaient été forcées : le nombre des voitures brûlées devant le Château-d'Eau s'augmenta de onze. Effet singulier, dans ce tumulte, du sentiment du droit international ! des

---

[1] Un chenet jeté dans un tableau d'Horace Vernet y resta longtemps accroché et suspendu.

caractères étrangers décoraient les panneaux d'un carrosse appartenant au duc de Wurtemberg : on y écrivit ces mots : « Respect aux voitures des ambassadeurs! »

Une autre inscription « *Hôtel du peuple.* — *Propriété nationale.* — *Ambulance* » posée, dans la matinée du 24, après le départ des troupes, et répétée sur les portes et sur les murs de l'hôtel des affaires étrangères, suffit pour arrêter les colères surexcitées par les traces du sang répandu la veille. L'inappréciable recueil des correspondances secrètes et des archives, traditions de la diplomatie, fut ainsi conservé au pays et à l'histoire.

Après le départ de la duchesse d'Orléans, l'amiral Baudin était accouru au ministère de la marine. Il prit des mesures de sûreté.

Au ministère de la guerre, le général Saint-Esprit vint, de sa propre impulsion, donner des ordres dans la soirée. Il se rendit ensuite à l'Hôtel de ville, et remit aux membres du Gouvernement provisoire ses pouvoirs improvisés.

Un citoyen se présenta au ministère des finances, se dit délégué du nouveau Gouvernement, réclama les clefs du Trésor public, et alla les remettre aussitôt au maire de Paris.

XXI

Des ministères, celui de l'intérieur fut le seul qui ne cessa d'être activement occupé par les délégués des pouvoirs si mobiles de cette journée. Là est le télégraphe; le télégraphe, la clef de la France!

A M. Duchâtel avait succédé M. Odilon Barrot; à M. Odilon Barrot, M. Malleville.

A peine installé, M. Malleville s'empressa de satisfaire à toutes les demandes de ceux qui accouraient réclamer les secours de l'autorité. Il eut la prévoyante pensée de donner à la manutention du quai de Billy l'ordre de faire pendant la nuit des cuissons ordinaires et extraordinaires, non-seulement pour la troupe, mais pour le peuple. Cette sage précaution fut un service signalé. Aidé dans ses efforts par MM. Vavin et Abbatucci, il songea aux ministères voisins, de la guerre, du commerce et des travaux publics; il fit connaître au Gouvernement provisoire leur situation abandonnée et le besoin indispensable d'envoyer au plus tôt des délégués qui pussent y représenter le pouvoir. Vers neuf heures, instruits de la nomination d'un ministre de l'intérieur, il remit ce poste difficile à M. Andryane, que M. Lamartine avait chargé de précéder l'arrivée de M. Ledru-Rollin.

M. Andryane remplit dignement sa mission. Son premier soin fut d'adresser des dépêches à tous les départements, afin de faire connaître au pays, qui attendait avec une impatience fébrile, l'acclamation du Gouvernement provisoire. Ce fut lui qui transmit à la France les premiers avis du nouveau pouvoir.

XXII

Après le départ des troupes, la préfecture de police était restée sous la garde des citoyens qui avaient parlementé avec elles, et sous celle de la 4ᵉ compagnie du 2ᵉ bataillon de la 11ᵉ légion[1]. Les bureaux, les archives, la caisse, étaient dans un ordre parfait. Le

[1] Elle se retira vers cinq heures, laissant le poste à une compagnie de gardes nationaux de la Cité.

drame tumultueux de l'heure précédente s'était évanoui dans le silence.

La foule avait disparu lorsque MM. Caussidière et Sobrier se présentèrent. Venus seuls, ils songèrent tout d'abord à s'entourer de quelques amis, éléments d'une garde spéciale, qu'ils voulaient organiser pour leur propre service. Ils s'occupèrent ensuite de rédiger une proclamation : ils annonçaient la constitution d'un gouvernement provisoire (où ne figuraient ni M. Dupont (de l'Eure), ni M. Garnier-Pagès), leur présence à la préfecture de police et la délégation de M. Étienne Arago à l'administration des Postes; ils ordonnaient à tous les boulangers et fournisseurs de vivres de tenir leurs magasins ouverts; ils déclaraient, au nom du Gouvernement provisoire et avec l'aide de la garde nationale, la mise en liberté de tous les détenus politiques et le maintien dans les prisons de tous les individus coupables de crimes contre les personnes et les propriétés; ils demandaient les noms des citoyens morts ou blessés, afin de pourvoir sans retard aux besoins les plus pressants de leurs familles.

Au milieu de ces idées de sage prévoyance et de sympathie pour ceux qui avaient souffert et combattu avec eux, on découvrait la pensée politique qui mettait en pleine lumière leur future ligne de conduite : « Il est expressément recommandé au peuple de ne point quitter ses armes, sa position ni son attitude révolutionnaire. Il a été trop souvent trompé par la trahison. Il importe de ne pas laisser de possibilité à d'aussi terribles, à d'aussi criminels attentats. »

Méfiance et réserve vis-à-vis du Gouvernement provisoire, dont ils ont déjà supprimé deux membres!

moyens révolutionnaires en permanence! tel est ce programme. Il laisse percer, il est vrai, des préventions personnelles contre des démocrates étrangers au journal *la Réforme;* mais il est surtout inspiré par ce sentiment de soupçons, de craintes et d'opposition que les dix-huit années du règne de Louis-Philippe avaient fait naître, que les derniers actes de la royauté avaient ravivé, qu'avaient surexcité l'événement des Capucines et la délégation du pouvoir militaire au maréchal Bugeaud. Tout-puissant sur l'esprit du peuple, ce fantôme de trahison, héritage de la monarchie, perpétuellement évoqué contre les représentants mêmes que le peuple se choisissait, propagé, exploité, devait être fatal à la République!

Cette proclamation, publiée et affichée dans la soirée du 24, commit une étrange omission : on remarqua qu'il n'y était point fait mention de la République.

M. Ledru-Rollin, en quittant l'Hôtel de ville, vers minuit, se rendit, accompagné de M. Victor Masson, à la préfecture de police. Il était attiré par le désir de savoir ce qui s'y passait, et d'avoir avec MM. Caussidière et Sobrier une conférence sur la situation. Ces deux messieurs lui firent le récit exact de ce qu'ils avaient fait, et voulurent lui remettre les clefs de la caisse des fonds secrets, qu'ils n'avaient pas voulu ouvrir.

XXIII

Paris, dans la nuit du 24 février, présenta le tableau le plus pittoresque, le plus saisissant. La lueur vacillante des lampions remplaçait l'éclat des becs de gaz détruits pendant la lutte, et laissait tout dans l'ombre d'une demi-obscurité. Multipliées à l'infini, les barricades, sous la main vigoureuse du peuple, se transformaient en véritables forteresses de pavés. Un drapeau arboré au sommet et gardé par un factionnaire, le murmure des voix, le bruit des pas, le choc des armes, décelaient la présence d'un poste, recruté par le hasard ou par le voisinage. De toutes parts le qui-vive incessamment répété semblait un écho sans fin, et annonçait les patrouilles qui parcouraient tous les quartiers. Des mots d'ordre différents, donnés dans le trouble des premiers moments, ajoutaient des incidents aux incidents et faisaient naître de nouvelles complications. Cependant peu à peu les heures de cette nuit s'écoulaient; la circulation diminuait, l'agitation cessait; mais ce calme n'était qu'apparent : lassitude générale, ce n'était qu'une trêve de quelques instants.

XXIV

Les barrières, détruites ou brûlées, n'étaient plus gardées que par des citoyens qui, sentinelles avancées, veillaient à ce qu'aucune surprise ne vînt fondre sur Paris.

Le peuple était donc maître souverain de la ville. Il était à lui-même son surveillant, son frein, sa police, sa loi.

C'est lui qui, à peine vêtu, protége les amas d'or et d'argent de la Banque de France, et qui abrite sous son honneur le Trésor public, la Monnaie, la Caisse des dépôts et consignations, le Mont-de-Piété, tous les établissements publics et privés. Si la destruction, sortie des excitations du combat du Château-d'Eau et des exaltations de la haine, s'est portée sur les Tuileries et sur le Palais-Royal, demeures de la monarchie, la ville est intacte : pas une tentative de rapt, de vol, de pillage; pas une vengeance! Les églises sont ouvertes : elles sont respectées. Le clergé, sous le règne de Louis-Philippe, s'était abstenu de politique : cette retenue lui est comptée et lui assure la sécurité la plus complète. Aussi la main pieuse du prélat qui gouverne l'archevêché de Paris étend sa bénédiction sur la cité, et sa voix élève au ciel une sainte prière; unissant dans le même amour toutes les victimes, il adresse aux curés de son diocèse, le soir même du 24 février, ces paroles touchantes : « Nous les pleurons tous parce qu'ils sont nos frères; nous les pleurons, parce que nous avons appris, une fois de plus, tout ce qu'il y a dans le cœur du peuple de Paris de désintéressement, de respect pour la propriété et de sentiments généreux. »

Dans chaque arrondissement, les maires, les adjoints, ou, en leur absence, les hommes qui, par les services rendus, ont acquis une juste popularité dans leur quartier, les officiers de la garde nationale, se sont empressés d'accourir aux mairies pour se partager les soins et les soucis du devoir public. A ces époques de lutte, on ne saurait trop admirer le noble élan de ces cœurs généreux qui cherchent à effacer les traces du sang, à soulager les blessés, à secourir les misères, à ranimer les esprits, à rétablir la sécurité. Quelle prévoyance! quel zèle! quelle ardeur! Protecteurs spontanés de tous ceux qui souffrent, ces fonctionnaires de la bienfaisance s'épuisent pour distribuer le pain à celui qui a faim, du linge à celui qui est nu, des consolations à toutes les douleurs. Combien passent les nuits dans ces charitables occupations! Les uns vont de porte en porte faire appel aux sympathies de celui qui peut donner; les autres organisent les distributions de vivres et d'argent. Il en est qui installent des ambulances pour les blessés qu'on n'a pu transporter dans les hôpitaux. Les médecins, les élèves de l'École de médecine, prodiguent leurs soins et leur science. Les femmes, dont l'âme grandit à l'aspect de la souffrance, multiplient leur tendre concours, et se font sœurs de charité. Ouvriers, soldats, gardes municipaux, toute victime trouve à l'instant des secours égaux, bienveillants. Que de touchants épisodes, de travaux intéressants, de bienfaits, de sacrifices modestement accomplis et cachés!

XXV

L'aspect de l'Hôtel de ville était plus étrange, plus curieux encore que celui de la ville. Sur la place, des feux de bivouac pâlissaient de leurs lueurs blafardes le monument et les maisons voisines, et servaient de centres à des cercles d'hommes armés. Quelques-uns de ces hommes faisaient griller des lambeaux de viande sur la braise : pris de faim, ils avaient eu l'idée de dépecer la chair des chevaux abandonnés par les municipaux et gisant encore sur le sol, et d'y tailler des tranches. Les canons étaient gardés par ceux qui s'en étaient emparés, et qui les conservaient chargés et mèche allumée. A chaque coin de rue, à chaque porte, de nombreux factionnaires veillaient, sans vouloir le quitter, au poste où le caprice les avait placés. Sur les marches de la grande porte de l'Hôtel de ville, dans les cours, sur les escaliers, dans les salles, les envahisseurs, l'œil en feu, la parole haute, entassés en groupes, discutaient les incidents du jour et le gouvernement nouveau. Peu à peu, épuisés de cris et de fatigues, comme rivés à leur place, ils s'y couchaient, cherchant le repos dans un sommeil violemment agité et mille fois interrompu. Les bancs, les dalles, les fauteuils, les tables, les parquets étaient couverts d'hommes endormis. C'était un incroyable mélange !

Autour du Gouvernement provisoire se tenait cette jeunesse des Écoles, alerte, inspirée, toujours prête au moindre mot, au moindre signe, mêlée d'hommes connus dans la politique, dans les lettres, dans les arts, dont il serait impossible de citer tous les noms. Sur le seuil des appartements, après avoir pendant des heures entières tenu tête, par l'union de leur résistance, aux flots des envahisseurs, quelques citoyens étaient debout, faisant de leurs poitrines un rempart au pouvoir créé par la Révolution. — Sans ces dévouements, ce pouvoir n'aurait pu ni délibérer ni agir.

Mais, à ces jeunes gens, à ces hommes d'élite et de cœur s'étaient joints quelques individus amenés par l'intérêt seul, avides de places, âpres à la curée, guettant la circonstance, voilant leur convoitise de l'apparence du patriotisme. Il en était même, agents secrets de tous les gouvernements, qui venaient chercher fortune auprès de l'autorité nouvelle ou préparer une trahison. Ces égoïstes et ces traîtres n'étaient pas les moins empressés. Le résultat de leur présence et de leur zèle fut inévitable : entraînés par les mille exigences du salut public, par un cri d'alarme, par un besoin d'ordre à satisfaire sur-le-champ, sous peine de périls et de désastres, les membres du Gouvernement provisoire furent fatalement obligés de s'adresser au premier qui s'offrait au nom du salut public. De là quelques missions données à un petit nombre d'inconnus qui n'en étaient point dignes et qui en abusèrent. Conséquence de la situation et non d'un choix impossible au milieu de si instantes nécessités! Mais, disons-le hautement, ce fut l'exception. Les mandats improvisés dans le tumulte furent spécialement confiés aux citoyens les plus honorables et les plus estimés, qui les reçurent comme un devoir et les remplirent avec honneur et succès.

XXVI

Ainsi, les sentiments les plus divers avaient précipité vers le Gouvernement provisoire la foule la plus variée. Curiosité, dévouement, patriotisme, intérêt, ambition, cupidité, toutes les passions, élevées ou basses, s'agitaient, se heurtaient dans ce pêle-mêle de tous les éléments de la société. Mais ce qui avait attiré, ce qui attirait à l'Hôtel de ville le plus grand nombre, c'était l'esprit impérieux de la conciliation. Comme dans un navire qui va sombrer, toutes les rivalités, toutes les haines se taisent devant le péril commun pour lutter d'un effort commun, Paris et la France, devant cette soudaine tempête, se sentaient pris du besoin de la fraternité.

Oui, tous les cœurs, tous les esprits s'élancèrent vers l'avenir ignoré. Les mains se pressaient, les opinions se confondaient, les rangs s'effaçaient pendant cette trêve de Dieu, si courte, hélas! Le Gouvernement provisoire vit accourir auprès de lui non-seulement les députés de la Gauche et du Centre gauche et les représentants de l'opinion la plus avancée, mais encore les conservateurs et les légitimistes. Après M. la Rochejaquelein, M. Napoléon Bonaparte (fils de Jérôme) et M. Pierre Bonaparte.

Lui-même, le Gouvernement provisoire, n'était-il pas le produit de cette fusion des pensées? MM. Lamartine et Crémieux y figuraient à côté de M. Ledru-Rollin. M. Bethmont avait accepté le ministère du commerce; MM. Marrast, Louis Blanc et Flocon, le secrétariat du pouvoir. MM. Ledru-Rollin et Garnier-Pagès, MM. Carnot et Flocon avaient noblement oublié leurs dissidences passées. Le ministère de la guerre avait été offert aux généraux Lamoricière et Bedeau, ces derniers soldats de la monarchie en fuite. Les radicaux de toutes les nuances, réunis au *National,* avaient porté le nom de M. O. Barrot sur la liste du Gouvernement provisoire. MM. Marie et Carnot avaient pressé M. O. Barrot de les accompagner à l'Hôtel de ville. Le peuple lui-même avait vivement sollicité M. de Malleville de prendre place dans la mairie de Paris. M. Garnier-Pagès faisait à son tour appel à M. O. Barrot et à ses amis.

Il écrivait :

« Les événements ont dépassé vos prévisions. Une nouvelle révolution est sortie de la lutte. Plusieurs de nos honorables collègues et moi nous avons cru devoir accepter du peuple la pénible mission de former un gouvernement provisoire, qui a été installé à l'Hôtel de ville. Nous avons proclamé la République, sauf ratification par le peuple, qui sera immédiatement consulté.

» Persuadé, dans les circonstances graves où la nation se trouve placée, que l'union de tous les citoyens, de tous les hommes de cœur, est indispensable pour assurer la liberté, l'ordre et le progrès à l'intérieur, l'indépendance de la France à l'extérieur, je viens réclamer votre concours et celui de vos amis pour nous aider dans l'œuvre difficile qu'il faut accomplir.

» Vous le savez, si vous aviez été appelé au pouvoir pour y faire triompher les principes que l'Opposition a défendus avec ardeur, nous n'eussions pas hésité à appuyer comme un progrès toutes les réformes que vous eussiez voulu donner au pays, sous la réserve, toutefois, de nos désirs et de nos espérances; mais puisque c'est à nous que les destinées de la France ont été confiées, je n'hésite pas, à mon tour, à vous faire un appel loyal, à vous et à vos amis, convaincu qu'eux et vous, vous n'hésiterez pas à y répondre.

» Votre ami de cœur et tout dévoué. »

M. O. Barrot répondit après avoir consulté ses amis :

« Depuis votre petit billet du 24, qui m'annonçait votre prise de possession du pouvoir et me demandait mon concours, je n'ai pu vous répondre. Je ne savais et ne sais trop encore quelle espèce de concours moi, qui suis en dehors de la solution adoptée, je peux vous apporter. Cependant, il faut bien que les bons citoyens, tous ceux qui ne veulent pas que notre France se perde dans des convulsions intérieures, vous viennent en aide pour deux choses qui me paraissent dominer la situation : la première, c'est qu'en régularisant cette liberté d'action nécessaire à tout gouvernement et plus encore à un gouvernement révolutionnaire qu'à tout autre, vous empêchiez que la révolution ne devienne de politique, aussi profondément politique que vous voudrez, révolution sociale, c'est-à-dire qu'elle n'atteigne la propriété et la famille. La deuxième, c'est que l'appel fait aux élections, expression de la souveraineté, soit sincère. Je n'admets pas plus les mensonges de la place publique que les mensonges des rois. Des élections faites sous le coup de la violence ne me paraissent pas plus acceptables que celles faites sous l'influence de la corruption, et vous êtes certainement de mon avis. A ces conditions, et si vous êtes bien résolu à les faire respecter au moyen des forces que la Révolution a remises dans vos mains, je pense vous assurer non-seulement de mon concours, mais des sympathies de tous mes amis. Je vous l'ai souvent dit dans mes conversations, et je me plais à le rappeler dans ces graves circonstances, nul d'entre nous ne se soucie de suivre les errements des émigrés ni même les exemples des Girondins. Mon dernier mot à la Chambre et au peuple a été : Anathème à qui allume la guerre civile dans son pays ! et j'y resterai fidèle.

» Toujours et malgré les circonstances qui nous ont séparés, votre ami personnel bien dévoué.

» Samedi 26 février 1848. »

CHAPITRE DEUXIÈME.

Urgence et multiplicité des travaux du Gouvernement provisoire; il se constitue en permanence.—Désorganisation de tous les rouages administratifs, de toutes les forces organisées; nécessité de sauver la France par le peuple même. — Institution de la garde nationale mobile. — Réorganisation de toutes les gardes nationales de France. — Proclamation de conciliation à l'armée.—Adhésion, au Gouvernement provisoire, des officiers supérieurs présents à Paris, convoqués et réunis par le général Bedeau. — Nouvel appel au patriotisme de l'armée; ordres sévères contre les déserteurs. — Caserne de la Pépinière; dernières troupes armées dans Paris; le Gouvernement leur fait donner ordre de garder leurs armes. — Nouvel envahissement de l'Hôtel de ville; vives discussions dans la foule.—Agitation de Paris; colloques, rumeurs, soupçons; facilité d'entraîner les masses. — Une colonne de peuple se présente et veut forcer la porte de l'Hôtel de ville; l'encombrement de la foule l'arrête; un de ses chefs, M. Marche, parvient à pénétrer seul auprès du Gouvernement provisoire; il demande l'organisation du travail : « le peuple, qui attend, donne une heure; » il présente une pétition et parle au nom des ouvriers; scène animée; M. Louis Blanc s'offre pour rédiger une proclamation; M. Marche entraîne M. Garnier-Pagès à une fenêtre; paroles de M. Garnier-Pagès au peuple; apaisement; proclamation sur le travail. — Mesures et ordonnances des ministres. — MM. Bethmont, Carnot, Charton, Jean Reynaud, Goudchaux, Crémieux, Martin (de Strasbourg), François Arago, Ledru-Rollin, le général Subervic, Flocon, Pagnerre, Étienne Arago. — Recrudescence d'agitation à l'Hôtel de ville. — Proclamation du maire de Paris.—Vive la République! de M. Martin (de Strasbourg). — De nouveaux flots du peuple se précipitent sur la place : « le drapeau rouge! le drapeau rouge! »; coups de feu; panique dans les bureaux du Gouvernement; mot de M. Duclerc; M. Marié va au-devant des envahisseurs dans la salle du Trône; M. Lamartine descend les arrêter au bas du grand escalier; M. Garnier-Pagès les harangue du haut d'une fenêtre; discours de M. Lamartine. — Cette tentative du drapeau rouge échoue à l'Hôtel de ville et sur plusieurs points de Paris.—Proclamation et décret sur le drapeau tricolore.—Mesures du Gouvernement provisoire relatives à l'approvisionnement de Paris.—Démarches de M. Bethmont dans le même sens; il trouve MM. Caussidière et Sobrier mal disposés à le seconder; il finit par les convaincre. — MM. Caussidière et Sobrier s'entourent des membres des Sociétés secrètes; leur conduite indécise; ils donnent leur démission et repoussent M. Recurt, leur successeur; ils respectent les employés et la marche de l'administration; ils maintiennent la fermeture des prisons. — Bris des presses mécaniques; mesure préventive du Gouvernement provisoire.— La dévastation se rejette sur les chemins de fer; ses causes; ravages et incendies sur les chemins de fer du Nord, de Saint-Germain, de Rouen; les administrateurs des chemins de fer demandent des secours; le Gouvernement provisoire leur donne une délégation de son autorité et nomme des commissaires spéciaux : M. Augustin Hélie sur le Nord, MM. Hippolyte Dussard et Félix Avril sur Saint-Germain et Rouen, M. Aristide Guilbert sur Orléans, rétablissent l'ordre. — Le peuple de Paris n'a pas trempé dans ces dévastations; il est également innocent de l'incendie du château de Suresnes et de la destruction de Neuilly. — Les délégués du Gouvernement provisoire préservent les châteaux de Versailles, de Saint-Cloud, Meudon, Chantilly, Rambouillet.—Le fort de Vincennes est sauvegardé. — Les élèves de l'école Saint-Cyr apportent leur concours au Gouvernement provisoire. — Tous les membres du gouvernement se trouvent réunis; leurs sentiments de générosité, de conciliation, d'ordre et de progrès; proclamation; appel au calme; contre-appel à la violence.

I.

Pour le Gouvernement provisoire, la journée du 25 février succéda, sans interruption de travaux, à la journée du 24. Les secours réclamés, les mesures prises, les ordres donnés semblaient s'accroître. Nulle trêve, nul relâche, devant ce perpétuel mouvement d'un peuple en transformation, en régénération. Recueillir les débris de la société, conserver les principes constitutifs de toute justice, rejeter les éléments destructeurs, réprimer les abus comme les excès, développer les aspirations et les tendances progressives, étaient autant de nécessités impérieuses qui n'accordaient pas une heure de répit. Aussi la permanence du Conseil se trouva-t-elle résolue de fait. Les membres du Gouvernement convinrent que les uns veilleraient, tandis que les autres iraient prendre un indispensable repos.

MM. Dupont (de l'Eure), Arago, Lamartine, Ledru-

Rollin et Carnot s'éloignèrent ; MM. Marie, Garnier-Pagès, Crémieux, et les secrétaires, MM. Marrast, Flocon, Louis Blanc, restèrent à l'Hôtel de ville. M. Bethmont, prévenu de sa nomination au ministère du commerce, vint les rejoindre. MM. Guinard, Thomas, Recurt, Flottard, Pagnerre et quelques autres continuèrent à les aider de leurs lumières et de leur active coopération. MM. Marie et Crémieux, sortis à quatre heures du matin, furent remplacés vers six heures par M. Lamartine.

II

Après avoir, par un décret, ouvert les prisons aux détenus politiques ; après avoir déclaré que les enfants des citoyens morts en combattant étaient adoptés par la patrie, et que la République se chargeait des secours à donner aux blessés et aux familles des victimes ; ce premier tribut payé à la Révolution et à l'humanité, le Gouvernement provisoire songea à réorganiser une force publique.

Il n'héritait pas d'une situation régulière, d'une situation faite, où les rouages de l'administration n'ont qu'à suivre le mouvement d'une impulsion antérieure, comme il advient aux modifications ministérielles, aux successions royales, aux élections présidentielles. Il acceptait le pouvoir après une défaite du pouvoir, sur le champ de bataille même, dans un bouleversement complet qui avait rompu les rênes du gouvernement.

Le peuple était enfiévré de succès, infini dans ses désirs, illimité dans sa puissance, méfiant par souvenir ; privé de tous ses droits la veille, les voulant tous aujourd'hui ; réclamant, exigeant les réformes morales et matérielles, toutes à la fois, en un jour, en une heure; ne calculant ni les moyens, ni les possibilités d'exécution ; innocent de fiel et de haine, mais facile à se laisser entraîner au mal comme au bien ; attaché à ses barricades qu'il a rougies de son sang, qu'il ne quitte même pas pour dormir, qu'il garde, armé, prêt à se battre au premier soupçon, à la première excitation ; tenant ses mille bras et ses mille volontés à la disposition du premier venu qui donnera une sympathie à ses misères, une espérance à ses besoins, une flatterie à ses passions.

Comme le peuple, l'armée était en pleine dissolution : ses liens de discipline brisés, ses rangs confondus, dispersée dans la foule, avide du foyer domestique, encline à rechercher le commandement des officiers qui lui plaisaient, pour assouvir ses rancunes sur ceux dont elle croyait avoir à se plaindre, elle aspirait à des améliorations de service et à une libération plus prompte.

La garde nationale, dont un grand nombre d'officiers supérieurs avaient été méconnus pendant les journées de lutte, et dont les rangs avaient été longtemps fermés à une partie de la nation, sentait ses cadres s'élargir, se remplir, et n'obéissait plus qu'aux hommes de ses préférences.

La garde municipale, désormais impossible par son impopularité, était licenciée par un décret. — Les agents subalternes de la police fuyaient ou se cachaient.

Les portes de l'Hôtel de ville étaient ouvertes à la foule. Vingt hommes déterminés, conjurés dans l'ombre, se glissant à la faveur de la nuit, pouvaient, par un coup hardi, faire main basse sur le Gouvernement provisoire. Quelques-uns y pensaient!

III

Ce naufrage de toutes les forces organisées ne laissait qu'un moyen de salut : puiser dans le peuple même les éléments de l'ordre et de la discipline, contenir, diriger, gouverner le peuple par le peuple !

Suivre l'exemple des dictatures violentes : séparer les citoyens en classes, en catégories, soulever les jalousies, fomenter les haines, armer les uns pour se ruer sur les autres, puis asservir la société ainsi divisée et meurtrie ! le Gouvernement provisoire le pouvait : il ne le voulut pas.

Son ambition s'éleva plus haut que l'amour du pouvoir. Autorité essentiellement transitoire, il comprit qu'il était plus grand et plus glorieux de sauver le pays en quelques jours, que de l'opprimer durant quelques années.

IV

Une série de mesures furent prises pour atteindre ce noble but.

Ce fut d'abord l'organisation de la garde nationale mobile. Audacieux jusqu'à la témérité, ardents au mouvement, jouant avec la destruction, courant à l'émeute comme à un divertissement, privés de travail, errant à travers les rues, affamés, les enfants de Paris étaient un nouvel élément de troubles. Les réunir, les grouper, les vêtir, leur donner un refuge et du pain, en les transformant en une force intelligente et dévouée, c'était faire acte tout à la fois de politique et d'humanité. Un décret fut rendu [1], ordonnant que : vingt-quatre bataillons de garde nationale mobile seraient immédiatement recrutés dans la ville de Paris ; les enrôlements commenceraient le jour même, à midi, dans les mairies ; la solde serait d'un franc cinquante centimes par jour ; les hommes seraient habillés et armés aux frais de la patrie. Le soin de former cette jeune milice fut confié au brave général Duvivier, qui en reçut le commandement.

Ce décret, remis à M. Buchez, capitaine de la 2e légion, qui arrivait avec sa compagnie à l'Hôtel de ville, fut lu par lui à la foule et accueilli avec des transports de joie, manifestés par des salves de coups de fusils encore chargés à balle. Gagnés par cet enthousiasme, les ouvriers qui gardaient les canons voulaient y mettre le feu, pour donner à leur tour un témoignage d'allégresse. On eut grand'peine à les en empêcher. Les canons étaient chargés à boulet !

V

Paris et la France saluèrent avec une égale satisfaction la proclamation qui appelait tous les citoyens à faire partie de la garde nationale, « pour concourir activement, avec le Gouvernement provisoire, au triomphe régulier des libertés publiques », et le décret de réorganisation des gardes nationales dissoutes par le précédent gouvernement. Cet appel universel des citoyens à la défense du pays et de ses institutions fusionnait

---

[1] Sept heures du matin, 25 février.

tous les Français dans le droit et dans le devoir, présentait à l'Europe, dès le début de la Révolution, dix millions d'hommes armés et enrégimentés, et rendait la nation invincible par cette levée en masse.

La reconstitution, sur ces larges bases, de la garde nationale de la Seine, fut immédiatement entreprise par le commandant général Courtais, secondé par M. Guinard.

VI

Le Gouvernement ne pouvait compléter sa pensée qu'à la condition de conserver l'armée, cette fraction du peuple émanée de son sein, appelée à y rentrer; cette gardienne, contre l'étranger, du drapeau et de l'honneur national. Il s'adressa directement à elle :

A L'ARMÉE.

« Généraux, officiers et soldats,

» Le pouvoir par ses attentats contre la liberté, le peuple de Paris par sa victoire, ont amené la chute du gouvernement auquel vous aviez prêté serment. Une fatale collision a ensanglanté la capitale. Le sang de la guerre civile est celui qui répugne le plus à la France. Le peuple oublie tout, en serrant les mains de ses frères qui portent l'épée de la France.

» Un gouvernement provisoire a été créé; il est sorti de l'impérieuse nécessité de préserver la capitale, de rétablir l'ordre, et de préparer à la France des institutions.

» Vous saluerez, nous n'en doutons pas, ce drapeau de la patrie, remis dans les mains du même pouvoir qui l'avait arboré le premier. Vous sentirez que les nouvelles et fortes institutions populaires qui vont émaner de l'Assemblée nationale ouvrent à l'armée une carrière de dévouement et de services que la nation, libre, appréciera et récompensera mieux que les rois.

» Il faut rétablir l'unité de l'armée et du peuple, un moment altérée.

» Jurez amour au peuple, où sont vos pères et vos frères! jurez fidélité à ses nouvelles institutions, et tout sera oublié, excepté votre courage et votre discipline. La liberté ne vous demandera plus d'autres services que ceux dont vous aurez à vous réjouir devant elle et à vous glorifier devant ses ennemis! »

Ce langage était conciliant et digne : il associait l'armée au peuple pour un but identique ; il faisait entrevoir à son ambition légitime un avenir nouveau, un horizon plus vaste ; il effaçait les traces du sang si fatalement répandu en dehors de la lutte ; il invoquait la fraternité du soldat, appelait son aide à l'œuvre des institutions nationales, élevait sa mission à la hauteur d'un mandat confié et reçu.

De tels sentiments allèrent droit au cœur de l'armée : elle y répondit par les manifestations les plus empressées, les plus loyales. Dans la réunion des officiers supérieurs, qu'il avait convoqués, le général Bedeau reçut leur adhésion unanime au Gouvernement provisoire. Tous comprirent qu'ils devaient conserver l'armée à la France et maintenir la discipline. Interprète de leurs pensées, le général en écrivit aussitôt au Gouvernement provisoire, qui y répondit par cette proclamation :

« Le Gouvernement provisoire de la République française,

» Informé que quelques militaires ont déserté et remis leurs armes, donne les ordres les plus sévères, dans les départements, pour que les militaires qui abandonnent ainsi leurs corps soient arrêtés et punis selon la rigueur des lois.

» Jamais le pays n'eut plus besoin de son armée pour assurer au dehors son indépendance, et au dedans sa liberté. Le Gouvernement provisoire, avant de faire appel aux lois, fait appel au patriotisme de l'armée. »

VII

Mieux que les paroles, un fait allait témoigner des sympathies du Gouvernement provisoire pour l'armée.

Toutes les casernes avaient été envahies par la garde nationale et par le peuple, et les fusils distribués. Une seule, la caserne de la Pépinière, avait échappé au sort commun. Le colonel Sauboul y commandait le 52e de ligne. Par des efforts constants, par sa prudence et sa fermeté, il avait su contenir la foule qui, depuis le 24 au matin, ne cessait de l'assiéger. Le 25, après la proclamation de la République, une plus longue résistance devenait impossible sans une lutte sanglante, et une lutte sanglante n'avait plus pour excuse ni motif ni prétexte ; le colonel voulut couvrir d'un ordre supérieur sa responsabilité. Il dépêcha un officier[1], vêtu en bourgeois, à la division militaire, et il accepta les offres d'un officier de la garde nationale qui se rendit auprès du Gouvernement provisoire.

Le général Bedeau n'hésita pas à donner son autori-

---

[1] Un chirurgien-major du 29e de ligne, qui se trouvait dans la foule de la garde nationale et du peuple.

sation. Il envoya au colonel l'ordre écrit de sa main de distribuer des fusils au peuple.

Le Gouvernement provisoire, qui pouvait s'adresser au peuple aussi bien qu'à l'armée, fit transcrire en son nom, par le général Subervic, ministre de la guerre, l'ordre au 52ᵉ de garder ses armes, et l'avis au peuple d'avoir confiance dans le patriotisme du 52ᵉ [1].

VIII

En résumé, à la première heure, le Gouvernement provisoire créait la garde nationale mobile, réorganisait la garde nationale sédentaire, et sauvegardait l'armée, son honneur, sa discipline et ses drapeaux. La France se sentait grandie par cette triple manifestation de sa force, par la proclamation et l'application du principe républicain : « Tout citoyen est soldat, tout soldat est citoyen. »

Mais la main qui exécute ne peut être aussi prompte que la pensée qui ordonne : la réalisation des décrets demeurait soumise à la loi régulatrice du temps, et le Gouvernement provisoire se trouvait toujours sous la pression de la foule, n'ayant pour la contenir que la foule elle-même.

IX

Au jour, Paris avait repris son allure révolutionnaire : l'agitation s'était réveillée.

On se précipite vers l'Hôtel de ville. Les plus ar-

---

[1] Le colonel Sauboul écrivit au maire de Paris, le 25 au soir, qu'il avait dû distribuer les fusils, mais qu'il existait à la caserne des cartouches qu'il fallait préserver ; qu'il signalait ce fait dans l'intérêt de la République.

dents y pénètrent. La place, les cours, les escaliers, les couloirs, les salles, les bureaux, les appartements sont envahis. Armé, non armé, on s'y pousse, on s'y entasse. Le flux et le reflux de ceux qui veulent entrer et de ceux qui veulent sortir apportent des masses tellement compactes qu'au mouvement succède l'immobilité forcée. Toutes les voix éclatent en cris et en chants. Les discussions s'élèvent, vives, énergiques, sur le Gouvernement provisoire, sur chacun de ses membres, sur leurs actes, sur leur inertie, sur ce qu'ils doivent faire :

« Le peuple est vainqueur! veut-on lui arracher le fruit de sa victoire? Cherche-t-on encore à le tromper? La République est-elle bien proclamée? n'est-ce pas un leurre? La famille d'Orléans n'est pas loin. La duchesse est cachée aux Invalides. L'École militaire est pleine de troupes. Vincennes n'est pas rendu. Les forts sont prêts à résister. Les citoyens doivent être armés; il faut leur donner des armes, et garder les barricades. » On passe en revue tous les droits que la nation doit exiger : « Le Gouvernement provisoire est lent à agir. Plusieurs de ses membres ne sont pas assez avancés. Ce sont des révolutionnaires tièdes, il faut les remplacer. »

Ainsi attaqué, le Gouvernement provisoire a d'énergiques défenseurs : « Le Gouvernement est composé d'hommes honnêtes, dévoués au pays, à la liberté. Toutes les nuances de l'Opposition y sont dignement représentées. Un peu de patience! ils ne peuvent tout faire en une heure. Ils ont proclamé la République. Ils convoquent une assemblée constituante. Ils préparent des lois. Ayons confiance, ou tout est perdu. La famille d'Orléans est en fuite : elle n'est plus à craindre. Ce qu'il faut redouter, ce sont les excès, c'est l'anarchie ! Sans ordre, pas de société, pas de commerce, pas d'industrie, pas de travail, pas de pain pour l'ouvrier. Empressons-nous de rétablir l'ordre. Ils sont les vrais ennemis de la République, ceux qui veulent entraîner le peuple à se déshonorer par la violence, la vengeance, le pillage et le massacre. Méfions-nous de ces agitateurs perpétuels : ils perdront la sainte cause de la liberté. »

X

Ces colloques fourmillent dans tout Paris. On les retrouve à chaque pas, sur les places, sur les quais, sur les boulevards, à chaque coin de rue. On s'arrête, on redit, on écoute avec avidité la moindre nouvelle. Les faits sont dénaturés, grossis jusqu'à des proportions impossibles.

De ces discussions, de ces soupçons, de ces désirs, devaient bientôt surgir des actes. Sur certains points les groupes deviennent des masses ; ces masses se mettent en mouvement, et forment des colonnes passionnées, préparées à l'impulsion du premier qui voudra les conduire au but qui lui plaira.

Ainsi remué, un terrain est facilement exploitable. Qu'un de ces hommes nourris depuis longtemps dans les principes révolutionnaires et imbu des théories socialistes, inspiré par la foi ou l'ambition, croie le moment venu d'exercer une pression sur ce gouvernement né de la veille et désarmé, de l'épurer, de le renverser, s'il est possible, et il n'aura qu'à se mettre à la tête d'une de ces colonnes et à marcher contre l'Hôtel de ville.

XI

Il était midi et demi environ. Réuni dans le bureau où il avait passé la nuit, le Gouvernement provisoire, impassible, poursuivait ses travaux et accomplissait sa mission. MM. Lamartine, Arago, Marie, Garnier-Pagès, Carnot, Marrast et Louis Blanc étaient présents. Tout à coup, ils entendent une clameur immense s'élever au-dessus de tous les autres bruits. Une masse nouvelle de peuple débordait sur la place. La foule poussait la foule. Un assaut était donné à la porte principale, mais un obstacle invincible s'opposait au torrent : l'encombrement même des escaliers et des couloirs rendait l'entrée impossible aux nouveaux arrivants.

Cependant l'un d'entre eux, M. Marche, homme vigoureux, ouvrier, s'autorisant d'une prétendue délégation et servi par sa force physique, parvient à s'ouvrir un chemin. Il se présente seul devant le Gouvernement provisoire. Excité par le tumulte, par les efforts qu'il vient de faire, par sa démarche même, l'œil en feu, la voix haute, frappant le parquet de la crosse de son fusil, il remet une pétition et il s'écrie : « Citoyens, l'organisation du travail, le droit au travail dans une heure ! Telle est la volonté du peuple. Il attend !... » Puis, achevant son discours dans un langage muet plus expressif encore que ses paroles, il montre du doigt la place de l'Hôtel-de-Ville, où les clameurs redoublaient et annonçaient le bouillonnement des passions.

Cette soudaine et audacieuse révélation de l'esprit socialiste ne surprend ni n'émeut les membres du Gouvernement. Ils connaissaient ses aspirations pendant le dernier règne ; ils s'attendaient à une explosion dont l'heure seule était douteuse pour eux. Cette heure était venue. Ainsi, dès leurs premiers pas, ils se trouvaient en face de besoins nouveaux, de solutions brûlantes, de l'impérieux accord à trouver entre les réformes politiques et les réformes économiques. Et, dès leurs premiers pas aussi, ils se heurtaient à cette impatience aveugle, sans limite et sans frein, à ces désirs d'applications et de satisfactions qui ne concédaient au Gouvernement ni paix ni trêve. Avec quelle violence se produisait déjà cette pensée, que l'organisation du travail, œuvre des siècles passés, œuvre des siècles futurs, pouvait être improvisée en une heure !

La pétition était ainsi conçue :

A Messieurs les Membres du Gouvernement provisoire,

» Le soussigné Aug. B. de Lancy, rédacteur de la *Démocratie pacifique,* chargé par une députation d'ouvriers.

» Ils demandent :

» 1° L'organisation du travail, le droit au travail garanti ;

» 2° Le minimum assuré pour l'ouvrier et sa famille en cas de maladie ; le travailleur sauvé de la misère, lorsqu'il est incapable de travailler, et, pour ce, les moyens qui seront choisis par la nation souveraine.

» Ce 25 février, deuxième jour de la République.

» *Signé :* Aug. B. de Lancy, Moreau,
» Blanchet, Marche jeune. »

Le pétitionnaire s'aperçoit que, pour être écouté, il

doit modifier le ton de sa voix. Son animation cesse, mais non ses exigences : « Ouvrier, il parle pour les ouvriers; il invoque leurs souffrances et leur vie précaire. Enfants, un travail prématuré les étiole; hommes, un travail exagéré les épuise; vieillards, un travail disputé les abandonne. Ils n'ont pas le pain quotidien. Le salaire ne suffit pas à leur existence. La concurrence les tue lentement. Ils meurent de privations au milieu des richesses qu'ils produisent. Que réclament-ils? Du travail! un travail limité, organisé. Le travail est le droit sacré du pauvre. Le Gouvernement refusera-t-il, repoussera-t-il des vœux aussi justes? Non! Il ne le peut! il ne le peut! »

Touchés profondément par ces plaintes, les membres du Gouvernement provisoire expriment la volonté bien arrêtée d'améliorer le sort du plus grand nombre; mais c'est vainement qu'ils démontrent à M. Marche l'impossibilité matérielle d'organiser le travail en une heure. Le délégué ne cède rien. Un assistant, M. d'Artigues, lui dit : « Eh bien, précisez. Écrivez ou dictez vous-même ce que vous désirez! Le Gouvernement avisera. » Voyant l'embarras de M. Marche à cette interpellation, M. Louis Blanc offre de rédiger une proclamation qui annoncera du moins l'intention de s'occuper de cette grave question. Puis, debout devant un bureau placé dans l'embrasure d'une fenêtre, il cherche les termes d'une rédaction possible. — M. Louis Blanc avait des principes tout à fait personnels, ses expressions en subissaient l'influence; quelques-unes froissaient les droits des chefs d'industrie. « Mais vous qui voulez que les droits des ouvriers soient respectés, et je le veux avec vous, » lui dit M. Garnier-Pagès,

« pourquoi ne voulez-vous pas respecter les droits des autres? » — « Vous me ferez couper la main avant que je signe cela, » ajoutait M. Lamartine.

Le débat se prolongeait. Plusieurs membres du Gouvernement s'étaient retirés pour retourner à leurs ministères, et le débat durait toujours. MM. Lamartine, Garnier-Pagès, Marie, Arago, disaient : « Nous ne voulons pas tromper le peuple. Assurer à tous les citoyens l'existence par le travail est la seule chose vraie. Contraindre les ouvriers à s'associer, c'est la tyrannie et l'esclavage. Nous pouvons leur reconnaître le droit d'association libre, droit commun à tous les citoyens; nous ne devons pas, nous ne voulons pas le prescrire. » M. Louis Blanc défendait ses doctrines; il variait ses expressions, sans varier ses idées. Nouveaux refus! nouveaux changements!

Las de cette discussion sans fin, M. Garnier-Pagès dit avec fermeté : « Quoi que vous fassiez, nous ne voulons promettre que ce que nous croyons pouvoir tenir. » Ces paroles impressionnent M. Marche, qui réplique, en lui prenant la main : « Eh bien, venez vous-même dire au peuple ce que vous pouvez promettre et tenir. »

Et tous deux, ils vont à une fenêtre ouverte au milieu de la façade du monument. MM. Duclerc, d'Artigues, Flottard, Pagnerre les accompagnent. Le délégué saisit vigoureusement M. Garnier-Pagès, l'aide à monter sur l'appui de la fenêtre, et se place à son côté, le soutenant d'une main et tenant de l'autre un drapeau qu'il agite. De cette tribune, suspendu au-dessus de la place, M. Garnier-Pagès se dispose à parler. A son apparition peu à peu les rumeurs s'apaisent, le silence s'établit; on écoute l'orateur, qui est obligé de donner à sa voix toute son étendue : « Les hommes élus par la Révolution se sont préoccupés depuis longtemps de toutes les questions relatives au travail. Il n'en est pas de plus importante, de plus sacrée. Le travail est la loi première de l'humanité, la base de toute société, le devoir et le droit de tous. Améliorer les conditions du travail par les progrès de la science, par une réunion plus intelligente des forces, par une répartition mieux entendue des produits, par un affranchissement plus net de l'impôt, par une législation mieux comprise, par des institutions de crédit plus larges, telle est la volonté du Gouvernement. Il facilitera l'association comme un moyen ; il ne l'imposera pas. Une société ne doit pas laisser mourir de faim celui qui veut sérieusement travailler. L'intérêt général est en cela d'accord avec la loi morale, avec la volonté de Dieu. La nation, convoquée en assemblée constituante, prononcera elle-même. Le peuple est le maître de ses destinées ; il recueillera tous les fruits de la Révolution, s'il veut user et non abuser de la victoire. »

Le vrai séduit et entraîne plus facilement encore que le faux. Pendant que M. Garnier-Pagès parlait, à l'irritation succédait la réflexion, aux plaintes l'approbation, aux murmures les applaudissements et les cris de *Vive le Gouvernement provisoire!* L'ouvrier ajouta quelques mots, et l'on retourna au Conseil.

La proclamation fut définitivement rédigée. Signée d'abord par MM. Garnier-Pagès et Louis Blanc, elle fut revêtue ensuite de la signature de tous les membres du Gouvernement. Sur la proposition de M. Arago, on la termina par le paragraphe relatif au million de la Liste civile :

RÉPUBLIQUE FRANÇAISE.

Paris, 25 février 1848.

« Le Gouvernement provisoire de la République française s'engage à garantir l'existence de l'ouvrier par le travail ;

» Il s'engage à garantir du travail à tous les citoyens ;

» Il reconnaît que les ouvriers doivent s'associer entre eux pour jouir du bénéfice légitime de leur travail.

» Le Gouvernement provisoire rend aux ouvriers, auxquels il appartient, le million qui va échoir de la Liste civile. »

XII

Les membres du Gouvernement appelés par l'urgence dans leurs ministères s'empressaient de prendre les mesures du premier moment et de donner des ordres.

M. Bethmont pourvoyait à l'approvisionnement de Paris.

M. Carnot, secondé par MM. Charton, sous-secrétaire d'État, et Jean Reynaud, faisait connaître aux recteurs des académies « la réunion sous une direction unique des deux administrations de l'instruction publique et des cultes, garantie d'une juste conciliation entre ces deux ordres d'intérêts également respectables... »

M. Goudchaux scrutait les menaces et les ressources financières ; il s'assurait les services des agents comptables par ces mots dignes et simples : « En dehors des luttes et des passions, vous y avez été mêlés moins que tous autres. Que cette position reste la vôtre ; faites preuve de la même droiture et de la même exactitude à remplir vos fonctions, et tous vous pouvez compter sur mon concours et mon appui. Je compte aussi sur vous et sur votre dévouement à la France. »

M. Crémieux, aidé de M. Martin (de Strasbourg), avait soin que le cours de la justice ne fût pas interrompu un instant [1]. Il adressait ce décret à la Cour de cassation :

Hôtel de ville, 25 février 1848.

RÉPUBLIQUE FRANÇAISE.

« Le Gouvernement provisoire arrête :
» Les tribunaux rendront la justice au nom du peuple français. »

Après demande d'inscription sur les registres de la Cour, par M. Dupin, procureur général, et acte donné par le président de la chambre criminelle, M. Laplagne-Barris, quelques affaires étaient jugées et l'audience levée.

M. Arago, malade le 24 février, ranimé par son patriotisme, se préoccupait de la flotte et de la présence en Algérie du prince de Joinville et du duc d'Aumale. Il cherchait les moyens d'éviter le danger d'une telle position, et il confiait à l'amiral Baudin le commandement de la flotte de la Méditerranée.

[1] Témoignage de M. Martin (de Strasbourg) : « M. Martin (de Strasbourg), à sept heures du matin, le 25 février, convient avec M. Garnier-Pagès qu'il ne faut pas que le cours de la justice soit interrompu. Il va à la Chancellerie, où il trouve M. Isambert qui se joint à lui. Sur leur demande, M. Crémieux prépare un décret prescrivant de rendre la justice au nom du peuple français. Expédition pour la Cour de cassation confiée aux soins de M. Martin. La Cour siégeait (section criminelle). Réquisitoire de M. Dupin, procureur général. Enregistrement. Martin plaide, etc. »

M. Ledru-Rollin faisait transmettre aux préfets la dépêche suivante :

Paris, 25 février 1848 (11 heures du matin).

« Monsieur le préfet,

» Le Gouvernement républicain est constitué. La nation va être appelée à lui donner sa sanction. Vous avez à prendre immédiatement toutes les mesures nécessaires pour assurer au nouveau gouvernement le concours de la population et la tranquillité publique. Faites-moi connaître, dans le plus bref délai, l'état de l'opinion, et informez-moi en même temps des dispositions que vous aurez prises. »

Le général Subervic adressait aux soldats un ordre du jour qui leur rappelait la fidélité au drapeau et à l'honneur, l'obéissance aux chefs et la discipline.

M. Flocon allait s'assurer du fort de Vincennes, au nom du Gouvernement provisoire.

M. Pagnerre se rendait à la mairie du dixième arrondissement, pour y veiller à la sûreté publique.

M. Étienne Arago maintenait le service des malles-postes, et organisait une correspondance extraordinaire chargée d'échanger entre les départements et le Gouvernement provisoire les proclamations et les adhésions.

XIII

A l'Hôtel de ville, après le départ de M. Marche, le calme ne dura qu'un moment. Disparue à la surface, l'agitation était demeurée dans les profondeurs. La foule n'avait pas diminué. L'encombrement sur les escaliers de l'Hôtel de ville et sous la voûte d'entrée était si grand que le passage était impraticable. Immobiles à la même place, comme soumis à une puissance magique, tous ces hommes armés refusaient d'abandonner leurs postes. La faim même ne put les éloigner : plusieurs distributions de pain, faites sur leur demande, calmèrent leurs besoins. M. Corbon, sculpteur sur bois, appelé à l'Hôtel de ville comme chef de cabinet du maire de Paris, mit une heure entière à gravir ce défilé, non sans avoir plusieurs fois couru le péril d'y être étouffé.

Les rumeurs de l'inquiétude ou de la malveillance prenaient souvent le dessus sur les sentiments d'approbation et de confiance. Pour les apaiser, le maire de Paris et M. Louis Blanc durent rédiger, instantanément, cette proclamation :

RÉPUBLIQUE FRANÇAISE.

« Le Gouvernement provisoire de la République invite les citoyens de Paris à se défier de tous les bruits que feraient courir des gens malintentionnés. »

Ce n'était pas seulement sur la place et sur les marches de l'Hôtel de ville que s'exprimaient les assertions les plus étranges, les exagérations les plus violentes. A l'intérieur même de la maison commune, dans la grande salle du Trône, dans les pièces contiguës à celle où siégeait le Gouvernement, l'exaltation et la crainte que la République ne fût pas proclamée étaient si grandes, que M. Martin (de Strasbourg), à un certain moment, ne put parvenir à les calmer qu'en faisant signer, par un des membres du Gouvernement, ces simples mots : « Vive la République ! » Ce papier, lu par lui, fut arraché de ses mains pour être publié et affiché dans Paris.

XIV

De trois à quatre heures, le tableau s'assombrit. Le tumulte va croissant. Les cris prennent plus d'intensité, les physionomies plus d'animation, les discussions plus de violence. Sur la place, les groupes se serrent encore devant les groupes qui surviennent. La tempête déchaîne tous ses signes précurseurs.

Un nouveau flot de peuple se lance et se heurte contre la masse rassemblée. Une décharge prolongée, tirée en l'air, retentit comme un signal de lutte. Saisis d'une espèce de vertige d'imitation, tous ceux qui sont armés suivent cet exemple. Puis de toutes parts s'élève un cri : « Le drapeau rouge ! le drapeau rouge ! »

XV

Ces coups de feu, ces cris, sont les indices manifestes d'une trame ourdie dans quelque conciliabule secret. La menace a précédé la demande. C'est bien au Gouvernement que s'adresse cette sommation, suscitée par d'inconnus meneurs parmi une population effervescente, qui se fait l'involontaire complice d'une démonstration dont elle ignore l'origine et le but. Veulent-ils un symbole nouveau d'une révolution plus ardente ? Évoquant les souvenirs d'une autre époque, ne comprennent-ils la République qu'avec la terreur pour compagne et la proscription comme moyen ? Espèrent-ils, par un coup d'anarchie, se glisser au pouvoir, et imposer à la France une dictature sans nom ? Intimidation, pression, renversement, quel que soit leur désir caché,

le feu qu'ils propagent circule, s'étend, embrase tout :
« Le drapeau rouge! le drapeau rouge! »

Ainsi, de prime abord et en quelques heures, après la manifestation socialiste, l'explosion du sentiment ultra-révolutionnaire. Le Gouvernement provisoire, qui veut donner satisfaction au progrès, créer la liberté vraie, soutenir le faible, relever le pauvre, favoriser une meilleure distribution du bien-être et reconnaître le droit universel de cité, se voit dériver sur les deux écueils de la République. Il est obligé de défendre la Révolution, ce développement des principes sociaux et politiques, contre ceux qui veulent en exagérer les tendances et en précipiter le cours, contre ceux qui soulèvent des fantômes d'épouvante.

XVI

Les fusils sont chargés des cartouches de la veille : les balles mêlent leurs sifflements aux mille bruits de la foule. Les passions populaires soufflent avec une telle furie, qu'une véritable panique monte jusqu'aux appartements où le Gouvernement a installé à la hâte ses bureaux. Le vide se fait autour de lui. MM. Lamartine, Marie, Garnier-Pagès, seuls présents en ce moment, attendent avec la tranquille fermeté d'hommes qui ont fait d'avance le sacrifice de leur vie à leur devoir.

Le tumulte approche; on entend les cris : « Le drapeau rouge! le drapeau rouge! » surgir de la grande salle du Trône. M. Marie court là où le danger est le plus proche. Par une interpellation énergique, par des paroles parties du cœur, il cherche à rappeler les citoyens à leur patriotisme et à leur raison.

Une nouvelle décharge vient ébranler les vitres du cabinet où sont MM. Lamartine et Garnier-Pagès. Ils n'ont auprès d'eux que M. Duclerc et deux ou trois personnes, et à la porte, gardiens infatigables, sentinelles inébranlables, MM. Mallefille, d'Artigues, Delanoue, Ortaire Fournier, Pensée, et quelques autres. Effrayé d'un péril irrésistible pour les membres du Gouvernement, l'un des plus dévoués les engage vivement à se retirer, s'ils ne veulent être jetés par les fenêtres. « Mais, » réplique M. Duclerc, « c'est la seule manière honorable de sortir d'ici. »

M. Lamartine, dont maintes fois déjà dans la journée la parole puissante a apaisé l'agitation populaire, se dirige, calme et résolu, vers l'escalier principal. Il descend haranguer le peuple.

XVII

Par un mouvement naturel, M. Garnier-Pagès songe à la tribune improvisée où, deux heures auparavant, ses efforts ont réussi. Accompagné de M. Duclerc, il se porte à la croisée la plus voisine, dans l'arrière-cabinet du préfet. Après quelques instants d'attente, il parvient à se faire écouter :

« Le 24 février, la royauté a été renversée. La France est en république. Richesses, honneurs, pouvoir, couronne, elle avait tout donné au monarque déchu; en échange, elle n'a pu obtenir la reconnaissance des droits de tous. Après l'épreuve de 1830, après la bataille, après le sang si malheureusement versé, il n'y a plus de monarchie possible en France. (Vive la République!) Le peuple a reconquis sa souveraineté. Le

Gouvernement provisoire remplira fidèlement sa mission en restituant tous les droits méconnus; mais il faut lui en laisser le temps. Il se préoccupe du bien-être des ouvriers; il vient déjà de décréter l'assistance par le travail, et la distribution du million de la Liste civile aux plus nécessiteux. (Acclamations.) Pourquoi donc cette animation sans but, lorsque les résultats de la victoire sont assurés? Pourquoi vouloir changer le drapeau tricolore contre le drapeau rouge? Le drapeau tricolore est le symbole de l'affranchissement du peuple, de l'abolition du servage en 1789. C'était le drapeau de la première Révolution, de la première République. Ce glorieux drapeau a parcouru toute l'Europe; il est l'emblème de la liberté chez tous les peuples. Il doit être pur de tout excès, ce drapeau de la Révolution et de la République de 1848! »

Un immense cri de « Vive la République! » accueillit ces paroles.

XVIII

Cependant M. Lamartine, accompagné de MM. Recurt, Corbon, Payer, Flottard, etc., et d'élèves de l'École polytechnique, cherchait à se frayer un passage à travers ces masses qui encombraient les couloirs et les escaliers. Il rencontrait M. Lagrange, gouverneur de l'Hôtel de ville, qui, depuis le matin, s'épuisait en inutiles efforts contre le tumulte. Plusieurs fois obligé de s'arrêter, il adressait à ceux qui le pressaient jusqu'à l'étouffer de ces paroles qui lui ramenaient les plus rebelles. Il parvint ainsi sous la voûte de l'escalier principal; ce fut là qu'il trouva le plus de résistance. Il arrivait dans un moment où un nouvel assaut était donné par ceux qui voulaient entrer. Presque tous étaient armés, et l'on entendait, au milieu des clameurs et du retentissement des armes à feu, les cris : « Le drapeau rouge! le drapeau rouge! » Au bout d'une perche flottait cet emblème, fait d'un morceau de velours rouge. La vue de Lamartine, dont la figure inspirée et l'attitude imposante témoignaient le calme du cœur, les efforts de ceux qui l'accompagnaient, et qui réclamaient pour lui le silence et le respect, finirent par triompher du bruit. M. Lamartine put se faire entendre de la foule du dehors.

Il calma d'abord ce peuple par un hymne de paroles sur la victoire si soudaine, si complète, si inespérée même des républicains les plus ambitieux de liberté. Il prit Dieu et les hommes à témoin de l'admirable modération et de la religieuse humanité que la masse de ce peuple avait montrées jusque dans le combat et dans le triomphe. Il fit ressortir cet instinct sublime qui avait jeté la veille ce peuple encore armé, mais déjà obéissant et discipliné, entre les bras de quelques hommes voués à la calomnie, à l'épuisement et à la mort pour le salut de tous. « Voilà ce qu'a vu le soleil d'hier, citoyens! » continua Lamartine. « Et que verrait le soleil d'aujourd'hui? Il verrait un autre peuple, d'autant plus furieux qu'il a moins d'ennemis à combattre, se défier des mêmes hommes qu'il a élevés hier au-dessus de lui, les contraindre dans leur liberté, les avilir dans leur dignité, les méconnaître dans leur autorité qui n'est que la vôtre, substituer une révolution de vengeances et de supplices à une révolution d'unanimité et de fraternité; et commander à son gouvernement d'arborer, en signe de concorde, l'étendard de combat à mort entre les citoyens d'une même patrie, ce drapeau rouge qu'on a pu élever quelquefois quand le sang coulait, comme un épouvantail contre des ennemis, ce drapeau qu'on doit abattre aussitôt après le combat, en signe de réconciliation et de paix. J'aimerais mieux le drapeau noir, qu'on fait flotter quelquefois dans une ville assiégée, comme un linceul, pour désigner à la bombe les édifices neutres consacrés à l'humanité, et dont le boulet et la bombe même des ennemis doivent s'écarter. Voulez-vous donc que le drapeau de votre République soit plus menaçant et plus sinistre que celui d'une ville bombardée?... »

Après avoir combattu, par les raisons les plus puissantes sur l'imagination du peuple, le changement de drapeau, il ajouta : « Citoyens! vous pouvez faire violence au Gouvernement, vous pouvez lui commander de changer le drapeau de la nation et le nom de la France, si vous êtes assez mal inspirés et assez obstinés dans votre erreur pour lui imposer une république de parti et un pavillon de terreur. Le Gouvernement, je le sais, est aussi décidé que moi-même à mourir plutôt que de se déshonorer en vous obéissant. Quant à moi, jamais ma main ne signera ce décret. Je repousserai jusqu'à la mort ce drapeau de sang, et vous devez le répudier plus que moi, car le drapeau rouge que vous nous rapportez n'a jamais fait que le tour du Champ de Mars, traîné dans le sang du peuple, en 91 et 93 ; et le drapeau tricolore a fait le tour du monde, avec le nom, la gloire et la liberté de la patrie. »

A peine l'orateur a-t-il fini que l'enthousiasme s'empare des esprits. A la fièvre des passions mauvaises succède le transport des grandes pensées. Lacéré et jeté sur le pavé, le drapeau rouge disparaît. Les malintentionnés se taisent devant l'exaltation générale. La foule, éclairée, convaincue, acclame Lamartine; les plus rapprochés de lui pressent ses mains, touchent ses vêtements, et une explosion de « Vive la République! vive le Gouvernement provisoire! » annonce que tout péril est passé, et que le peuple sanctionne un accord plus intime avec le pouvoir qu'il a créé.

Cette tentative de drapeau rouge se propagea dans Paris. Elle fut renouvelée aux portes de quelques édifices et de certains journaux. Partout elle échoua devant une résistance aussi prononcée, aussi ferme, aussi courageuse que celle de l'Hôtel de ville.

XIX

Cette commotion exposa-t-elle l'existence du Gouvernement provisoire à un vrai danger? La France fut-elle menacée de l'intronisation d'inconnus destinés à être eux-mêmes renversés, quelques heures après, par d'autres hommes plus inconnus encore? La Révolution eut-elle à redouter d'expirer dans l'anarchie?

Certes, si les membres du Gouvernement provisoire s'étaient laissés aller à la panique, s'ils avaient faibli devant la pression, s'ils avaient accepté le drapeau rouge, si l'audace des meneurs les avait à ce point acculés dans la honte, un effort, un coup de main! et leur chute eût suivi leur déshonneur. Mais, loin d'être intimidés par les clameurs et par les armes, ils avaient résolûment tenu tête à la tempête. Inspirés par leur foi dans la grandeur de leur mission, entourés du prestige de la popularité, imposant par leur énergie aux malveillants, repoussant le drapeau rouge comme un souvenir de sang, ralliant les citoyens un instant égarés, réveillant les sympathies par de glorieuses pensées, ils devaient triompher. — La victoire leur fut facile.

XX

Cependant l'agitation n'était pas si bien apaisée qu'elle ne pût renaître d'impulsions nouvelles. Aussi, lorsque les membres absents du Gouvernement revinrent auprès de leurs collègues, ils eurent également à lutter de leur influence et de leur parole, pendant toute la fin de la journée, contre les dernières excitations des meneurs, qui, repoussés mais non lassés, ne se retirèrent qu'afin de se concerter pour le lendemain.

Le Gouvernement provisoire publia immédiatement une proclamation et un décret.

Proclamation :   RÉPUBLIQUE FRANÇAISE.

« Citoyens de Paris,

» Le coq gaulois et les trois couleurs étaient nos signes révérés quand nous fondâmes la République en France. Ils furent adoptés par les glorieuses journées de Juillet. Ne songeons pas, citoyens, à les supprimer et à les modifier : vous répudieriez les plus belles pages de votre histoire, votre gloire immortelle, votre courage qui s'est fait connaître sur tous les points du globe. Conservons donc le coq gaulois, les trois couleurs. Le Gouvernement provisoire le demande à votre patriotisme. »

Décret :   RÉPUBLIQUE FRANÇAISE.

« Le Gouvernement provisoire de la République déclare que la nation adopte les trois couleurs, disposées comme elles l'étaient pendant la République.

» Le drapeau portera ces mots : *République française.*

» Paris, 25 février. »

XXI

Depuis le 22 février, la population de Paris, curieuse de mouvement et de scènes dramatiques, avide d'émotions, errait dans le dédale des terrains défoncés et des pavés amoncelés, dressait des barricades, et, sans prévision du lendemain, interrompait ainsi la circulation. Elle ne songeait pas que, les subsistances étant retenues aux portes de la capitale, elle se trouverait bientôt exposée aux angoisses de la faim. Le Gouvernement provisoire dut prévoir pour elle et pourvoir à ses premiers besoins.

Il s'occupa d'abord de l'administration municipale et des mairies, centres d'ordre et de bienfaisance où sont distribués les soins et les secours. M. Buchez, connu par son patriotisme éprouvé, sa philosophie progressive et ses œuvres historiques, honoré pour sa probité sévère, accepta les fonctions d'adjoint du maire de Paris, et prit immédiatement la direction avec M. Recurt.

Chargés de la reconstitution des mairies, MM. Recurt et Pagnerre menèrent promptement leur œuvre à bonne fin.

Les élèves de l'École polytechnique et MM. de Bassano

et de Solms veillèrent à l'exécution pleine et entière des arrêtés du Gouvernement relatifs aux subsistances. Tout pouvoir leur fut donné pour assurer aux halles et entrepôts les approvisionnements des boulangers, et pour rétablir, à travers les barricades, une circulation qui permît les arrivages. — Les élèves des Écoles furent invités à ouvrir des communications jusqu'aux chantiers de bois, aux boulangers privés de combustible. — Autorisation fut donnée aux chefs de poste de distribuer, suivant les besoins, des bons de vivres et de vin. — Les boulangers furent requis de mettre à la disposition des chefs de poste un cinquième de leur fabrication, en échange de bons de payement sur la ville; mandés à l'Hôtel de ville, ils y reçurent leurs instructions. Leur travail de la nuit put suffire au pain du lendemain.

Le service des ambulances et des hôpitaux fut confié à MM. Thierry, Voillemier et Dumont.

Les prêts du Mont-de-piété, sur linge, vêtements, etc., qui ne dépassaient pas la somme de dix francs, furent remis aux déposants.

XXII

Le ministre du commerce multipliait aussi ses démarches pour assurer l'alimentation de Paris. Il voyait les syndics de la boulangerie, courait aux halles et entrepôts, allait à la préfecture de police réclamer l'ouverture des voies indispensables aux approvisionnements.

Il trouva MM. Caussidière et Sobrier disposés à résister au Gouvernement provisoire. Il éprouva, pour s'en faire reconnaître, de sérieuses difficultés : ils contestaient son autorité de ministre et celle du Gouvernement provisoire; ils prétendaient que les barricades devaient rester debout, intactes, dans un intérêt révolutionnaire. Les pourparlers furent longs, pénibles. Cependant l'accord s'établit, et MM. Caussidière et Sobrier donnèrent des ordres conformes à ceux du Gouvernement.

XXIII.

Dès le premier moment de leur installation, MM. Caussidière et Sobrier, membres des Sociétés secrètes, en avaient appelé autour d'eux les débris.

Ces éléments divers s'étaient hâtés de se rallier sous leur bannière. Hommes déterminés; révolutionnaires convaincus et ardents; jeunes gens au cœur généreux, qui veulent atteindre le but du premier bond, sans tenir compte de la distance à franchir; socialistes de toutes sectes, jusqu'au communisme absolu; ouvriers de tous les métiers, impatients de dominer à leur tour, composaient la majorité. Mais dans leurs rangs s'étaient glissés des ambitieux de bas étage, des hommes violents, des ouvriers à la recherche d'un salaire sans travail, des agents secrets du pouvoir déchu, prêts à commettre tous les excès pour un peu d'or, et à ourdir toutes les conspirations pour les vendre au plus offrant.

Accourus à la préfecture de police, encore couverts des vêtements qu'ils n'avaient pas quittés depuis la lutte, la figure et les mains noircies de fange et de poudre, ils avaient, à l'imitation de leurs chefs, adopté pour uniforme le brassard rouge, la ceinture rouge, les pistolets aux côtés, le sabre traînant à terre. Cet accoutrement donnait à leur physionomie un caractère étrange, à leurs personnes une apparence mélodramatique, et produisait une impression sinistre dont ils semblaient s'enorgueillir.

XXIV

Indécis, MM. Caussidière et Sobrier flottaient entre leurs préventions contre certains membres du Gouvernement provisoire, le désir de conserver la fonction qu'ils avaient su prendre, l'espoir de pousser plus vigoureusement la Révolution, et la nécessité de se soumettre à un pouvoir acclamé par le peuple, où MM. Ledru-Rollin, Flocon, Louis Blanc, avaient accepté un rôle. Ils écrivaient au Gouvernement pour demander leur remplacement à un poste qu'ils n'occupaient que temporairement, et lorsque, délégué par le maire de Paris à la préfecture de police, M. Recurt se présentait pour en prendre la direction, ils lui faisaient une opposition qui le contraignait à se retirer. Ils se maintenaient donc dans une attitude équivoque qui n'était ni l'adhésion ni la révolte, et, pendant les scènes de l'Hôtel de ville, ils paraissaient attendre les événements avant de se prononcer nettement.

Ils n'étaient pourtant pas absorbés dans leurs personnalités au point d'oublier leurs devoirs. Ils s'adjoignaient M. Lucien Delahodde comme secrétaire général, ne déplaçaient aucun employé, conservaient l'ordre de l'administration, surveillaient les prisons. Déjà Saint-Lazare avait été forcé, et il n'y restait que cent vingt femmes malades à l'infirmerie, et une condamnée pour crime capital. Les détenus de la Force et de la Conciergerie, secondés par leurs complices du dehors, frappaient les portes et les murs, ébranlaient les serrures et les verrous, hurlaient en furieux : des actes de vigueur maîtrisaient les malfaiteurs, repoussaient leurs complices, et réprimaient ces tentatives insurrectionnelles d'évasion.

XXV

Les intérêts matériels venaient, ainsi que les sentiments de haine contre la royauté, les théories socialistes et les passions révolutionnaires, apporter leurs épisodes au drame de cette journée.

Des ouvriers, obéissant à leurs vieilles antipathies de concurrence contre les machines, se précipitent dans les ateliers de MM. Panckoucke, Bouchard-Huzard, Fain, Bautruche, Ducessois, Cosse, Pillet, etc., imprimeurs; ils en veulent aux presses mécaniques. Protégés par une force armée qu'ils entraînent à leur suite, rien n'arrête leur destruction. Le Gouvernement provisoire est avisé; il voit un exemple funeste; aussitôt il confie à des ouvriers le soin de rappeler à la raison des ouvriers égarés.

Cette intervention fut couronnée de succès. Les presses de certains journaux, également menacées, lui durent leur conservation. Une lettre des rédacteurs de *l'Atelier* à leurs camarades exerça une utile influence. Le mal fut limité; et l'on n'eut à déplorer aucun autre événement de ce genre. — Les ouvriers imprimeurs sont au nombre des ouvriers les plus éclairés. On ne peut s'expliquer cette aberration, si éloignée de leurs mœurs, que par la surexcitation générale.

L'histoire recueille tous les faits comme enseignements pour l'avenir. Ici les leçons abondent. Le peuple y verra le mal et le bien qu'il a faits ; il s'éclairera sur les moyens de conquérir la liberté, l'égalité et la fraternité ; il écartera soigneusement ce qui fait tache à son manteau, ce qui fait ombre à son soleil ; il repoussera les conseils de la violence pour interroger la raison ; il apprendra que, pour fonder solidement sa souveraineté, il doit établir sa base non sur la force brutale, mais sur les principes de la justice éternelle.

XXVI

Refoulé hors de Paris, le génie de la dévastation alla s'attaquer aux chemins de fer. Nous empruntons aux annales des tribunaux l'exposé de ces actes de Vandales, et nous laissons le ministère public en raconter l'origine et les causes :

« Il est dans la destinée de toute industrie nouvelle de déplacer d'autres industries et de froisser des intérêts. Jusqu'à ce que ces intérêts soient parvenus à se classer et à se frayer une autre voie, ils souffrent et ne se résignent pas volontiers aux sacrifices que leur impose leur jeune rivale. Sans tenir compte des bienfaits qu'elle apporte avec elle, ils ne voient que le dommage immédiat qu'ils en éprouvent ; et leur étroit égoïsme n'admet pas, en compensation d'un mal particulier, le bien-être général qui en résulte. C'est dans ces fâcheuses dispositions que se trouvent, à l'égard des chemins de fer, les populations des environs de Paris ; et telle est la cause bien constatée des désordres que la justice a aujourd'hui à réprimer. Ces désordres, il faut se hâter de le dire, n'ont été ni excités ni soudoyés par aucune industrie rivale ; et le peuple des barricades y est resté complétement étranger. C'est une haine irréfléchie, ce sont des préventions aveugles qui ont tout à coup fait explosion, et précipité, à la faveur des derniers événements, une multitude passionnée et ignorante contre les chemins de fer.... »

M. Metzinger, avocat général, en accuse les égarements de l'égoïsme. Après avoir rappelé les inimitiés que l'industrie des chemins de fer a suscitées parmi certaines industries compromises, il émet cette pensée philosophique : « .... Les améliorations ne s'obtiennent qu'au prix des sacrifices. Depuis soixante ans, le sang de deux générations a coulé pour la cause de la liberté. Les révolutions et la guerre ont décimé les plus braves, les meilleurs ; mais du deuil des familles sont sortis l'affranchissement et la grandeur de la patrie. Ainsi vont les choses ! Le sacrifice est la grande loi de l'humanité. L'industrie des chemins de fer, qui apporte à la civilisation de précieux bienfaits, a troublé bien des existences, et le ressentiment en est entré dans les cœurs, ressentiment qui, dans l'état régulier d'un gouvernement établi, demeurait contenu par la crainte ; mais, au jour où une révolution soudaine est venue renverser la monarchie, ces sentiments se sont réveillés ! excités par l'espérance de l'impunité, ils ont éclaté avec violence..... »

Nous lisons dans un autre réquisitoire des réflexions identiques : « ..... L'établissement du chemin de fer du Nord avait porté une atteinte profonde aux industries qui desservaient, tant par terre que par eau, les contrées que parcourt cette voie de fer. De là des haines, des idées de vengeance qui n'attendaient qu'un moment favorable pour se faire jour..... »

Voilà les causes, voici les faits :

XXVII

Sur le Chemin du Nord, le 24 février, à onze heures du matin, une vingtaine d'individus accourent à la station de Saint-Denis, arrachent quelques rails pour intercepter les communications et seconder ainsi le mouvement populaire de Paris. Ils se retirent sans causer d'autre dommage.

Mue par un tout autre sentiment, dès que le détachement de troupes de ligne et de gardes nationaux, envoyé pour garder la voie, s'est éloigné, arrive une bande d'individus partie de Labriche, grossie, sur son passage, d'hommes et d'enfants. Ils soulèvent les parapets du pont établi sur le canal, et les renversent. Ils portent l'incendie à la station de Saint-Denis. Commissaire de police, employés, pompiers, accourus à la lueur du feu, implorent vainement le concours des nombreux spectateurs. Crainte ou ressentiments partagés, tout secours est refusé. Successivement, les stations d'Enghien, Ermont, Franconville, Herblay, Pontoise, Auvers, l'Ile-Adam, vingt-cinq maisons de garde, soixante-quinze wagons, des marchandises de toute sorte, deviennent la proie des flammes et du pillage.

Ce furent des mariniers, des éclusiers, des conducteurs de voitures de Labriche, d'Épinay, de Saint-Denis, qui furent les premiers coupables. Les bandes se recrutèrent ensuite parmi les habitants des communes traversées par le chemin de fer.

Au milieu de ces scènes de désordre, l'esprit se repose sur un incident intéressant. A Enghien, le chef de station, M. Bisetzki, enfouit dans son jardin deux millions de lingots d'or arrêtés par l'interruption des communications. Ce trésor fut foulé aux pieds et le secret fidèlement gardé par les ouvriers qui avaient aidé leur chef. Les lingots furent remis à leur destinataire.

XXVIII

Sur le Chemin de Saint-Germain, mêmes ravages. Le 25, à trois heures, trente à quarante hommes d'Asnières et de Clichy, armés, font irruption dans l'espace compris entre le pont d'Asnières et la station; ils détruisent la voie. M. Flachat, ingénieur du chemin, et M. Durand, adjoint du maire, prévenus dès le matin et secondés de quelques habitants, s'épuisent en efforts inutiles. Un élève de l'École polytechnique, suivi d'une quarantaine de gardes nationaux, accourt de Paris, suspend un instant la dévastation, mais ne peut l'arrêter. De plus en plus nombreuse, la foule les déborde et leur présente bientôt des forces tellement supérieures, qu'ils sont obligés de céder. En se retirant, ils réussissent à préserver le pont de bois qui est en deçà de la rivière. De six à sept heures, la nuit couvre et facilite les tentatives d'incendie, qui, repoussées d'un côté, se reportent sur un autre point. Des matières inflammables sont entassées sous l'arche qui repose sur la rive droite; le feu prend; et peu après on voit le pont embrasé s'écrouler dans le fleuve. Les acclamations des dévastateurs célèbrent leur triomphe.

Entre huit et neuf heures du soir, quinze à vingt individus de Nanterre et de Rueil se portent vers le pont biais, situé à quatre cents mètres environ de la station de Nanterre; ils brisent les treillages de clôture, les entassent sur le pont avec de la paille et des branches d'arbres, et y mettent le feu. Tandis qu'une partie des incendiaires agit, quelques-uns, armés de fusils, forcent les passants à leur prêter la main. Mais le feu s'éteint pendant la nuit; le lendemain, au point du jour, il est rallumé : guérites, signaux, outils, l'alimentent. En peu d'heures le pont est entièrement consumé. De dix à onze heures, les bâtiments des machines du Chemin de fer atmosphérique sont dévastés. Les portes, les fenêtres, les cloisons de la station sont brisées, les toitures enfoncées, les murailles démolies, les meubles dispersés.

La station de Rueil n'offre également qu'un monceau de ruines. — Bientôt aussi la lueur des flammes s'élève du pont de Chatou : la générale bat; la garde nationale de Rueil et de Chatou s'émeut; elle arrive avec les pompes; mais elle ne peut sauver que la seconde arche.

XXIX

Au Chemin de Rouen, mêmes fureurs et mêmes scènes. Le pont de Bezons est brûlé; la station de Meulan tombe sous le fer et le feu; deux arches du pont du Manoir sont endommagées; l'embarcadère de Saint-Sever, à Rouen, subit des dégâts considérables.

XXX

Dès la première alerte, les administrateurs des chemins de fer, MM. Banès, E. Péreire, Thibaudeau, etc., s'étaient présentés à l'Hôtel de ville pour implorer un appui. Le Gouvernement s'était empressé de leur donner une délégation de sa propre autorité, avec pouvoir de requérir toutes forces publiques, gardes nationaux, troupes de ligne, fonctionnaires, citoyens. Les administrateurs délégués, secondés par les ingénieurs et les employés, firent, pour la conservation des richesses nationales confiées à leur direction, des efforts courageux et incessants. Sur certains points ils réussirent, sur d'autres ils échouèrent.

Le Gouvernement provisoire ne cessa de songer à leur salut, au milieu même des assauts qu'il avait à repousser. Il nomma des commissaires pour coopérer à cette difficile entreprise.

Désigné pour le Chemin du Nord, M. Augustin Hélie, plein de courage et de zèle, accompagné de quatre élèves des Écoles, remplit son mandat avec dévouement et succès. Les maires et les gardes nationales les y aidèrent et saisirent plusieurs incendiaires. La dévastation fut arrêtée, le 26, à Beaumont (Oise). Après deux jours de suspension, la Compagnie fut maîtresse de la circulation. Elle offrit de transporter gratuitement, sur réquisition du Gouvernement, toutes les subsistances dont on pourrait avoir besoin.

Deux autres délégués, MM. Hippolyte Dussard et Félix Avril, à peine investis de leurs pouvoirs, descendirent sur la place de l'Hôtel de ville. Proclamant leur mission au son du tambour, ils entraînèrent une centaine d'élèves des Écoles et plusieurs centaines de citoyens armés, encore couverts de la poussière des barricades. Les Chemins de fer de Saint-Germain et de Rouen étaient le plus en danger : ils se dirigèrent sur les deux voies. Distribuant des détachements aux points attaqués, faisant des arrestations nombreuses, rétablissant l'ordre partout, ils parvinrent jusqu'à Rouen. « Notre drapeau, » disent-ils dans leur rapport, « portait ces mots : *République française; Expédition contre les incendiaires*. Il était beau de voir l'élite de la jeunesse française, associée aux soldats des barricades, dans une campagne contre les dévastateurs..... »

M. Aristide Guilbert, délégué pour sauvegarder le Chemin de fer d'Orléans, remplit sa difficile mission avec une rare intelligence et une habileté supérieure. Le succès couronna pleinement ses efforts; il eut le bonheur d'empêcher tout dégât, toute destruction, de conserver sur tous les points la circulation. Accourant partout où il y avait menace, il sut préserver la voie et l'immense matériel de la compagnie, par son intervention active, par sa présence d'esprit et son énergie. Le Chemin de fer d'Orléans sortit intact de ces tentatives violentes.

XXXI

Nous avons cru devoir donner au récit de la dévastation des chemins de fer tout le développement que comporte cette histoire. Il est bon de connaître l'explosion des haines soulevées par la création de ces nouvelles voies de communication, et les crimes que commirent les intérêts froissés, le jour où la vengeance put espérer l'impunité. La répression ne se fit pas attendre. Les commissaires du Gouvernement remplirent leur devoir. Les tribunaux instruisirent. Nous avons puisé nos renseignements à la source impartiale des archives judiciaires; nulle part nous n'y avons trouvé la main du peuple de Paris. Bien au contraire, nous voyons les combattants de Février courir à l'appel des délégués de l'autorité, et s'opposer à ces actes de vandalisme. La pensée politique et révolutionnaire a pu en entraîner quelques-uns à soulever quelques rails pour mettre obstacle à l'arrivée des troupes pendant la lutte; mais, dès le lendemain, ceux-là mêmes couraient protéger les chemins de fer, qu'ils savaient être les rapides propagateurs des progrès de la civilisation et du mot de l'avenir.

XXXII

L'histoire doit encore justifier le peuple de Paris d'un fait déplorable dont la responsabilité doit retomber sur ses seuls auteurs : l'incendie du château de Suresnes, propriété de M. Salomon Rotschild.

Ce qui suit est extrait de l'acte d'accusation : « Le 25, à une heure après midi, un rassemblement d'habitants de Suresnes et de Puteaux, et appartenant pour le plus grand nombre à cette dernière commune, se forma sur la place de Puteaux. Dans cette réunion tumultueuse, des menaces se firent entendre contre le château que le sieur Salomon Rotschild possède à Suresnes. Quelques individus s'écriaient qu'il fallait aller le détruire et le brûler; d'autres, qu'il fallait aller au mont Valérien chercher des armes. Plusieurs officiers de la garde nationale, dans l'espoir de contenir cette foule, se mirent à la tête du rassemblement, après s'être fait promettre obéissance et respect par le plus grand nombre, et le dirigèrent sur le fort. »

On passa devant le château. Une sourde agitation se fit remarquer : elle fut étouffée. On alla au fort. On revint. Le détachement rentra à Puteaux; mais des individus de l'arrière-garde voulurent pénétrer dans le château. Les officiers furent impuissants à les arrêter. « Voulez-vous, » s'écriait le principal meneur, « nous empêcher d'entrer chez Rotschild, qui est cause que nous avons payé le pain si cher? » — « Il nous a fait assez de mal ! » — « Il y a longtemps que Rotschild nous fait souffrir ! »

M. Rotschild avait, pendant l'année de disette, entrepris un commerce de blé, qu'il achetait à l'étranger pour le vendre en France. Il avait ainsi rendu service au pays. Eh bien, aux yeux de ces hommes ignorants, il n'est qu'un accapareur, contre lequel se soulèvent leurs préjugés et leurs colères. Ils brisent les portes, vont à la faisanderie, et tirent des coups de fusil. A ce bruit, entraînée par l'exemple, une partie de la colonne revient sur ses pas. On descend dans les caves; on boit le vin. On écrit sur les portes : « Mort aux voleurs ! » L'ivresse monte aux cerveaux; les têtes s'échauffent; la destruction commence. Meubles, tableaux, glaces, objets d'art, tout est brisé, rien n'est pris[1]. Le feu, allumé dans les cours, dévore toutes les richesses du château. Quelques hommes veulent préserver les bâtiments : ils ne peuvent triompher de la rage convulsive des incendiaires. Les gardes nationaux essayent d'arrêter le plus coupable : il se défend et se sauve. Vers six heures, cette somptueuse demeure est la proie des flammes. — Cette scène paraît, sous une autre forme, une réminiscence du drame de Buzançais.

---

[1] L'acte d'accusation ne parle que de la soustraction d'un sac de poules et d'un vol de cent francs.

XXXIII

On n'eut pas à déplorer d'autre atteinte à la propriété particulière. Sur le bruit que la maison de campagne de M. O. Barrot, à Bougival, était menacée, le Gouvernement provisoire dépêcha deux élèves de l'École polytechnique. Ce n'était qu'une fausse alerte. — L'hôtel de M. Thiers avait également été protégé dès le premier jour.

XXXIV

Mais les châteaux royaux, appartenant au domaine privé ou à la Liste civile, étaient sérieusement exposés. La conservation de Neuilly, Saint-Cloud, Meudon, Versailles, Chantilly, Rambouillet, du Raincy, etc., inspirait au Gouvernement provisoire les inquiétudes les plus vives. Pour les préserver, le maire de Paris avait fait publier, dans la nuit du 24, que ces édifices, devenus propriétés nationales, étaient placés sous la sauvegarde du peuple. A chaque instant des délégués partaient de l'Hôtel de ville dans toutes les directions pour veiller à leur salut et porter secours partout où besoin serait.

XXXV

Le 23, le château de Neuilly avait été garni de troupes et mis sous le commandement d'un colonel. Le 24, on s'attendait à voir le mouvement insurrectionnel remonter jusqu'à Neuilly. Le régisseur et les surveillants étaient dans l'anxiété. Il n'en fut rien. Ni le soir, ni la nuit, aucune tentative n'eut lieu contre cette résidence habituelle de la famille de Louis-Philippe.

« Le vendredi 25, » dit l'enquête judiciaire, « tandis que la victoire populaire se signalait à Paris par le maintien de l'ordre, des scènes de dévastation et d'incendie avaient lieu au château de Neuilly. Dès le matin, un grand nombre de personnes s'étaient présentées pour visiter le château et le parc, qui fut bientôt envahi par les chasseurs. La foule grossissait toujours, pendant qu'un escadron de cuirassiers et des soldats d'infanterie, qui jusque-là avaient gardé le château, prenaient le parti de s'éloigner. Le régisseur avait donné l'ordre d'ouvrir les grilles, devant lesquelles se pressait une foule compacte. Il se confiait en cela aux bons instincts du peuple; et tout annonce que cette confiance n'aurait pas été trompée, sans l'excitation qui bientôt devait naître d'une double cause. Quelques hommes demandèrent à boire. La satisfaction accordée à ce désir devint le signal du désordre, et le peuple pénétra dans les caves du château. L'abus du vin produisit chez un grand nombre les plus tristes effets. On entra dans le principal bâtiment[1]; on précipita les meubles par les fenêtres; on les amoncela pour y mettre le feu, et l'incendie qui dévorait le riche mobilier, allumé par mille mains, devait s'étendre à une partie du château lui-même, et le réduire en cendres[2]. »

Instruit de ce désastre, le Gouvernement provisoire envoya deux élèves de l'École polytechnique, MM. Jutier et Royer. Ils luttèrent énergiquement. D'intrépides

---

[1] A quatre heures et demie du soir.

[2] Les caves contenaient des approvisionnements considérables de vin : 90 000 bouteilles ; 1 200 fûts. La nouvelle circula bientôt dans tous les villages environnants qu'on buvait à merci le vin du roi, et que l'on en donnait à qui en voulait. De toutes parts on accourut. Le lendemain, il ne restait plus que 600 fûts et 160 bouteilles.

citoyens, MM. P. Roussel, le Preut, Pavie, etc., les secondèrent avec ardeur; et cependant la nuit finissait que la dévastation et l'incendie duraient encore. Alors avec le concours d'un décoré de Juillet, de plusieurs gardes nationaux, sapeurs-pompiers et gens de service, ils prirent l'argenterie, évaluée à plus d'un million, des tableaux, des objets d'art, des livres précieux, et les transportèrent à la mairie, sous la garde de M. Ancelle, membre du conseil municipal. Ce ne fut que dans la soirée qu'un service de sûreté put être définitivement organisé pour la garde des débris de cette demeure royale.

Ici encore nulle trace des combattants de Paris : on n'y voit que l'écume des villages voisins. Et, triste révélation, la garde nationale de Neuilly ne mit aucun obstacle à la destruction; les autorités, choisies parmi les familiers du château, laissèrent envahir le palais, qu'un peu de courage eût facilement préservé; et, parmi les mains dévastatrices, il en fut qui avaient reçu les bienfaits de la famille d'Orléans.

XXXVI

Au Raincy, la chasse attira dans le parc; après la chasse, le sac des pavillons rustiques qui ornaient ce charmant séjour. La perte fut de peu d'importance.

XXXVII

M. F. Mallefille avait accepté la mission de veiller sur le palais de Versailles, où Louis-Philippe avait entassé les souvenirs historiques. « Tout le monde a fait

» son devoir, » dit M. F. Mallefille dans son rapport du 29 février, en remettant ses pouvoirs extraordinaires entre les mains du commissaire général du département, M. Hippolyte Durand. « La population, par son adhésion spontanée au nouveau Gouvernement et par sa bonne attitude ; la garde nationale, en veillant nuit et jour sous les armes ; les ouvriers armés, par leur discipline et leur excellent esprit ; la municipalité, par son zèle infatigable ; enfin, les élèves de l'École polytechnique et de l'École de Saint-Cyr, par leur dévouement, partout le même et toujours admirable, ont assuré le maintien de l'ordre et le respect des lois. — M. l'évêque de Versailles et M. le pasteur Nelson Vors ont fait, le même jour et à la même heure, célébrer des services funèbres et réciter des prières publiques pour l'âme des citoyens morts en combattant pour la liberté. » Après les avoir remerciés de cette initiative à la fois patriotique et religieuse, M. Mallefille signalait à l'attention du Gouvernement MM. Maréchal, lieutenant du génie, et Villaret de Joyeuse, sous-lieutenant au 1er régiment de ligne, qui lui avaient prêté le concours le plus vigoureux.

Saint-Cloud, Meudon, Chantilly, Rambouillet, où le Gouvernement provisoire avait également envoyé des délégués, furent heureusement sauvegardés, grâce au zèle et à l'activité de personnes dont nous regrettons de ne pouvoir citer les noms.

XXXVIII

Des rumeurs sinistres ne cessaient de circuler sur le fort de Vincennes : « La garnison n'avait pas reconnu le Gouvernement provisoire; elle conservait une attitude hostile. Dernier asile de la monarchie, dernier danger pour Paris, le fort pouvait couvrir la cité de bombes et de fusées incendiaires. » Armées, animées, les masses des faubourgs et des communes voisines s'accumulaient devant les portes et les fossés de la citadelle. Une collision paraissait imminente. Le moindre incident pouvait renouveler la scène des Capucines. Les ponts-levis levés et le refus de distribuer les fusils donnaient lieu à ces craintes, à cette exaltation : ces deux mesures n'étaient que l'exécution des ordres du général Bedeau, qui avait donné des instructions contre la dispersion des immenses provisions d'armes et de munitions. Le peuple ne voyait que l'apparence : la résistance à ses réclamations. L'intervention de M. Flocon, accouru de l'Hôtel de ville, agit sur les troupes et dégagea la responsabilité des chefs. Un capitaine d'artillerie, M. Tamisier, dont la jeunesse et le maintien plurent à la foule, parvint à l'émouvoir par des paroles de cœur. La lutte fut évitée. M. Tamisier, entraîné à l'Hôtel de ville, y reçut l'accueil dû à son courage, et des témoignages sympathiques pour l'armée.

Le Gouvernement provisoire répondit à ces inquiétudes par une proclamation. Il annonça que Vincennes, tous les autres forts et les casernes avaient reconnu son autorité. Il déclara de plus (au *Moniteur*) que des mesures aussi promptes qu'énergiques avaient été prises pour la conservation des munitions de guerre renfermées à l'École militaire et à Vincennes.

XXXIX

Le soir, les élèves de Saint-Cyr, au nombre de six cents, vinrent à l'Hôtel de ville offrir au Gouvernement provisoire d'unir leur dévouement au dévouement des élèves des autres Écoles, polytechnique, normale, centrale, de médecine, de droit, d'Alfort, etc., de participer avec eux à la garde de l'Hôtel de ville et aux missions confiées à leur zèle et à leur courage. Cette offre fut acceptée.

XL

Aux approches de la nuit, tous les membres du Gouvernement provisoire se trouvaient réunis à l'Hôtel de ville. Chacun rendit compte de ses efforts et de ses travaux. Chaque heure de cette mémorable journée avait été marquée pour eux par une lutte, par un drame, par un devoir accompli. Épuisés de fatigues, la grandeur de l'œuvre avait soutenu leurs forces. De péripéties en péripéties, ils avaient passé par les épreuves les plus périlleuses, et ils les avaient surmontées. Ils avaient pu contenir, diriger ce peuple enivré de victoires et de libertés. Ils avaient résisté au torrent anarchique qui débordait; sans réticence, ils avaient proclamé les droits de la nation; sans faiblesse, ils en avaient appliqué les principes; sans délai, ils avaient affermi les bases de la force publique : garde nationale, armée, garde mobile. Ils avaient entouré le berceau de la République des idées de générosité, de conciliation, d'union, d'ordre, de progrès. Ils avaient exalté toutes les passions nobles, refoulé toutes les mauvaises. Ils avaient dit : « Il n'y a plus de classes parmi les fils de la même patrie ; il n'y a plus de partis. La République appartient à tous. Chacun y a sa place, son droit, sa liberté ! »

XLI

Le Gouvernement provisoire résistait aux entraînements du peuple, afin de le conduire plus sûrement au but marqué par Dieu : l'amélioration morale et matérielle. Aux impatiences irréfléchies, aux exigences impossibles, il répondait : « Vous avez donné à la monarchie constitutionnelle trente années de travail, de souffrances, de misères. Vous lui avez payé à profusion l'impôt d'argent et l'impôt du sang... Et vous n'accorderiez pas quelques jours et quelques sacrifices à un gouvernement élu par vous ! »

Ce mot sublime : « Le peuple a trois mois de souffrances au service de la République, » ne fut jamais une réalité ; cette histoire le prouvera à chaque page. Que n'a-t-il été vrai ! la République eût été fondée à jamais.

Pour bien connaître la situation exacte, il faut lire la proclamation que les membres du Gouvernement, réunis en conseil, se virent obligés de publier dans la nuit du 25 février.

RÉPUBLIQUE FRANÇAISE.

PROCLAMATION DU GOUVERNEMENT PROVISOIRE.

Aux citoyens de Paris.

« Citoyens de Paris,

» L'émotion qui agite Paris compromettrait, non la victoire, mais la prospérité du peuple. Elle retarderait le bénéfice des conquêtes qu'il a faites dans ces deux immortelles journées.

» Cette émotion se calmera dans peu de temps, car elle n'a plus de cause réelle dans les faits. Le gouvernement renversé le 22 s'est enfui. L'armée revient d'heure en heure à son devoir envers le peuple et à sa gloire : le dévouement à la nation seule. La circulation, suspendue par les barricades, se rétablit prudemment, mais rapidement; les subsistances sont assurées, les boulangers que nous avons entendus sont pourvus de farines pour trente-cinq jours. Les généraux nous apportent les adhésions les plus spontanées et les plus complètes. Une seule chose retarde encore le sentiment de la sécurité publique : c'est l'agitation du peuple qui manque d'ouvrage, et la défiance mal fondée qui fait fermer les boutiques et arrête les transactions.

» Demain l'agitation inquiète d'une partie souffrante de la population se calmera sous l'impression des travaux qui vont reprendre et des enrôlements soldés que le Gouvernement provisoire a décrétés aujourd'hui.

» Ce ne sont plus des semaines que nous demandons à la capitale et au peuple pour avoir réorganisé un pouvoir populaire et retrouvé le calme qui produit le travail. Encore deux jours, et la paix publique sera complétement rétablie ! encore deux jours, et la liberté sera inébranlablement assise ! encore deux jours, et le peuple aura son gouvernement.

» Paris, 25 février, soir.

» *Les Membres du Gouvernement provisoire de la République,*

» Dupont (de l'Eure), Arago, Lamartine, Ledru-Rollin, Crémieux, Marie, Garnier-Pagès, Louis Blanc, A. Marrast, Ferdinand Flocon, Albert, ouvrier. »

Les proclamations, comme les discours du Gouvernement provisoire, produisaient une impression favorable et salutaire ; mais cette impression disparaissait bientôt, effacée par le moindre souffle des passions. A côté de l'appel si pressant du pouvoir, on pouvait lire sur les murailles une affiche sans signature, sans nom d'imprimeur, faite au nom des combattants républicains, à l'adresse du Gouvernement, dénonçant la résolution d'arborer et de maintenir le drapeau rouge, et se terminant par ces mots : « Le peuple victorieux n'amènera pas son pavillon. »

XLII

Le Conseil demeura en permanence, sans que la nuit interrompît ses travaux. A peine si les membres du Gouvernement eurent le temps de passer tour à tour dans un cabinet voisin pour prendre une collation dont la singularité permet le récit. Du vermicelle servi dans un verre, une côtelette, un peu de fromage, de l'eau, du vin acheté chez le marchand du coin ; ce fut là le seul repas d'une journée si laborieuse. Il y avait pourtant progrès sur le souper de la veille.

Le cabinet du secrétaire général, où siégeait le Gouvernement, était trop éloigné. On profita de la nuit pour se reporter dans les premières pièces, d'où l'on avait été successivement forcé de se retirer le 24. Une antichambre, séparée par des planches de la salle de l'Horloge, servit de poste aux élèves des Écoles, et le salon du préfet, de bureau pour les employés improvisés ; le cabinet du préfet fut occupé par MM. Martin (de Strasbourg), Corbon, Charles Royer, etc., qui veillaient à la transmission des ordres. Les membres du Gouvernement revinrent dans l'arrière-cabinet, où avait été rédigée et discutée la proclamation de la République.

La journée du 25 était enfin écoulée !

CHAPITRE TROISIÈME.

La foule revient; les scènes de la veille se renouvellent; le drapeau rouge reparaît. — M. Louis Blanc propose au Conseil la substitution du drapeau rouge au drapeau tricolore; discussion sur cette proposition; elle est repoussée; proclamation. — Rosette rouge. — Nouvel appel du Gouvernement au peuple. — Décret relatif à l'établissement d'ateliers nationaux; adresse du ministre des travaux publics aux ouvriers. — Ligne de conduite à suivre; avant le 24 février, la République excitait de vives antipathies. — M. Lamartine demande l'abolition de la peine de mort en matière politique; elle est votée à l'unanimité; sa proclamation sur le perron de l'Hôtel de ville; discours de M. Lamartine au peuple. — L'abolition de la peine de mort en matière criminelle est réservée au jugement de l'Assemblée nationale; l'ordre est donné de surseoir jusque-là à toute exécution capitale. — Le serment politique est aboli. — M. Ledru-Rollin justifie les légitimistes contre les calomnies; le Gouvernement vote des crédits et prend des mesures pour sauvegarder la famille royale; il facilite la retraite des ministres tombés et des personnes compromises. — La Cour d'appel ordonne des poursuites contre M. Guizot et ses collègues. — M. Caussidière fait rechercher la duchesse d'Orléans aux Invalides. — Conspirations contre le Gouvernement provisoire; une séance de club au Prado; M. Auguste Blanqui; M. Martin (de Strasbourg). — Position irrégulière de MM. Caussidière et Sobrier; le maire de Paris va à la préfecture de police faire reconnaître son autorité; il nomme M. Caussidière son délégué provisoire à l'administration de la police du département de la Seine. — Appréhensions de certains membres du Gouvernement provisoire; rendez-vous chez M. Marie; insuccès de la réunion. — Annonce d'une cérémonie civique sur la place de la Bastille, au pied de la colonne de Juillet. — Une modification s'introduit insensiblement dans la composition du Gouvernement provisoire: les quatre secrétaires en deviennent membres, et M. Pagnerre, secrétaire général. — Cérémonie à la Bastille; allocutions de MM. Arago, Dupont (de l'Eure) et Crémieux; défilé; revue; adhésion unanime à la République.

I

Le jour ramena sur la place de l'Hôtel-de-Ville la foule et le bruit. Les colonnes, aussi nombreuses, moins hostiles en apparence, mais soumises à un ordre qui trahissait plus d'entente et de résolution, se succédaient sans interruption. Elles déployaient des bannières sur lesquelles des inscriptions concises exprimaient nettement leurs vœux. Bientôt même apparurent les drapeaux rouges, non plus improvisés, comme la veille, de lambeaux arrachés au hasard, mais faits d'étoffes aux larges plis et à la couleur brillante. On sentait la préméditation, la volonté de faire arborer ce nouveau symbole. On vit alors se renouveler les scènes de la veille, fantasias à coups de fusils, clameurs, vivat, accusations de trahison, applaudissements, assauts sur l'escalier principal, choc des masses contre les masses, mouvement incessant d'une eau bouillonnante. Le tumulte était si intense qu'on s'aperçut à peine de la chute d'un homme qui, placé à l'une des croisées et gesticulant, se laissa involontairement choir sur la place.

A un moment, quelques individus parvinrent à se hisser jusqu'au-dessus de la porte principale et à attacher un drapeau rouge à la statue de Henri IV. Cette inauguration fut saluée par un hourra général. Il fallut toute l'énergie de MM. Pagnerre et Bixio pour faire enlever ce drapeau.

II

Aucun des membres du Gouvernement ne s'était éloigné : leur réunion rendait la résistance plus facile.

Écho des sentiments du dehors, M. Louis Blanc proposa au Conseil de changer les couleurs nationales et de remplacer le drapeau tricolore par le drapeau rouge. La délibération, souvent interrompue par les mille incidents de la situation, dura près de trois heures.

Suivant M. Louis Blanc, « à toute grande révolution il faut un drapeau! Celui qu'il demande est-il un vœu de guerre implacable? est-il un appel à des passions farouches? Non! Le peuple est grand et généreux; il n'obéit pas à une inspiration sauvage. Lorsqu'en 1789 le drapeau tricolore fut adopté, la royauté vivait encore, et ce fut pour donner un emblème à la réconciliation du roi et du peuple, qu'au rouge et au bleu, couleurs du tiers état parisien, on allia le blanc, couleur de la royauté. Le drapeau tricolore porte donc l'idée d'un compromis; il porte la trace des préjugés monarchiques. Après la Révolution de Février, il n'y a plus de roi : pourquoi conserver la couleur de la royauté? On ne reconnaît plus qu'une souveraineté, celle du peuple : pourquoi s'attacher à l'emblème d'une souveraineté multiple?... Pourquoi un drapeau qui, par la diversité des couleurs, semble faire revivre la distinction des classes? On demande le drapeau rouge comme signe d'unité! Ce fut d'ailleurs l'étendard historique des Gaulois, sous lequel nos pères ont lutté contre Rome, et, jusqu'à Jeanne Darc, contre les Anglais. Enfin, le drapeau rouge est le drapeau des barricades, le drapeau du peuple. On ne peut abandonner le symbole sans paraître abandonner les principes. »

Ces considérations étaient réfutées d'avance par les discours et les proclamations de la veille; on ajouta : « Le drapeau des barricades, le drapeau du peuple, le drapeau des principes, c'est le drapeau tricolore! Ce furent la victoire du peuple et le triomphe des principes qui forcèrent la royauté absolue de l'accepter en 1789. Après avoir disparu, en 1814 et 1815, sous les baïonnettes étrangères, ce furent encore la victoire du peuple et le triomphe des principes qui le relevèrent en 1830. Loin de faire revivre la différence des classes, il est le symbole de leur union dans la Révolution. Il représente la fusion de toutes les opinions, de tous les antagonismes, de toutes les divisions, de tous les rangs, de toutes les distinctions. Si à chaque révolution il faut un drapeau nouveau, il y aura donc autant de modifications de couleurs! Que deviendront la tradition et la fidélité au but que la nation veut atteindre? Le changement des emblèmes, c'est la séparation à l'infini des citoyens. Vous aurez les blancs, les rouges, les bleus, les roses, les violets, les verts. Chaque jour vous verrez surgir dans la République un nouveau symbole, un nouveau parti, une nouvelle doctrine qui voudra dominer à son tour. Vous allez créer le désordre, inaugurer la guerre civile perpétuelle, porter l'effroi dans le présent et la terreur dans l'avenir. Ne vaut-il pas mieux rassurer les esprits? Ralliez-vous donc au premier drapeau de la première République. Remontez à cette sainte origine de la régénération du peuple. Conservez pieusement ce signal légué par nos pères aux destinées futures. A la liberté, à l'égalité, à la fraternité, à la souveraineté du peuple, principes invariables, laissez un drapeau qui ne varie pas! »

Chacun à son tour émit ses arguments. — M. Carnot disait à M. Louis Blanc : « Vous qui avez écrit l'*Histoire de la Révolution*, vous voulez donc la déchirer! » — M. Goudchaux faisait valoir, avec chaleur, des raisons nées de la circonstance. — Un autre s'écriait : « Le drapeau tricolore est le drapeau de la *Marseillaise!* Effacez donc le chant de la *Marseillaise*, le chant de la délivrance, ce chant du monde entier! »

M. Ledru-Rollin, admirateur passionné de la Montagne, énonçait des considérations prises de son point de vue : « Le drapeau tricolore est le drapeau de la Convention, le drapeau de 93 et de 94, le drapeau de l'appel aux armes, qui a guidé les citoyens aux premières batailles de la République contre les armées ennemies, contre les rois coalisés, qui a vu chasser les étrangers du territoire de la patrie! Que veut-on de plus? que veut-on de mieux? » Il apportait ensuite au Conseil le dessin du drapeau tricolore peint par David sur la demande de Robespierre.

M. Louis Blanc était seul de son avis. Mais, pénétré de ses idées, il prolongeait la délibération.

Le tumulte ne cessait ni à l'intérieur ni à l'extérieur de l'Hôtel de ville. Il fallait un terme aux débats. On décida que le drapeau tricolore serait maintenu, et que, pour donner satisfaction à l'opinion contraire, une rosette rouge serait attachée à la hampe. La proclamation suivante fut adoptée à l'unanimité :

RÉPUBLIQUE FRANÇAISE.
LIBERTÉ, ÉGALITÉ, FRATERNITÉ.

« Le Gouvernement provisoire déclare que le drapeau national est le drapeau tricolore, dont les couleurs seront rétablies dans l'ordre qu'avait adopté la République française; sur ce drapeau sont écrits ces mots : RÉPUBLIQUE FRANÇAISE, *Liberté, Égalité, Fraternité*, trois mots qui expliquent le sens le plus étendu des doctrines démocratiques dont ce drapeau est le symbole, en même temps que ses couleurs en continuent les traditions.

» Comme signe de ralliement et comme souvenir de

reconnaissance pour le dernier acte de la révolution populaire, les membres du Gouvernement provisoire et les autres autorités porteront la rosette rouge, laquelle sera placée aussi à la hampe du drapeau. »

III

On ne vit plus alors dans Paris que des rosettes rouges à toutes les boutonnières. Chacun s'empressa de porter ce signe de la Révolution. Peu après il disparut, comme avaient disparu à d'autres époques les fleurs de lis, les bouquets de violettes, tous ces signes d'une heure et d'une circonstance.

IV

Afin de répondre aux rumeurs malveillantes, de dissiper les craintes et les soupçons, de faire renaître la confiance et le travail, le Gouvernement fit un nouvel appel au peuple :

RÉPUBLIQUE FRANÇAISE.

LIBERTÉ, ÉGALITÉ, FRATERNITÉ.

Au nom du peuple français.

« Citoyens,

» La royauté, sous quelque forme que ce soit, est abolie.

» Plus de légitimisme, plus de bonapartisme, pas de régence.

» Le Gouvernement provisoire a pris toutes les mesures nécessaires pour rendre impossible le retour de l'ancienne dynastie et l'avénement d'une dynastie nouvelle.

» La République est proclamée.

» Le Peuple est uni.

» Tous les forts qui environnent la capitale sont à nous.

» La brave garnison de Vincennes est une garnison de frères.

» Conservons avec respect ce vieux drapeau républicain dont les trois couleurs ont fait avec nos pères le tour du monde.

» Montrons que ce symbole d'égalité, de liberté, de fraternité, est en même temps le symbole de l'ordre, et de l'ordre le plus réel, le plus durable, puisque la justice en est la base et le Peuple entier l'instrument.

» Le Peuple a déjà compris que l'approvisionnement de Paris exigeait une plus libre circulation dans les rues de Paris, et les mains qui ont élevé les barricades ont, dans plusieurs endroits, fait dans ces barricades une ouverture assez large pour le libre passage des voitures de transport.

» Que cet exemple soit suivi partout; que Paris reprenne son aspect accoutumé; le commerce, son activité et sa confiance; que le Peuple veille à la fois au maintien de ses droits, et qu'il continue d'assurer, comme il l'a fait jusqu'ici, la tranquillité et la sécurité publiques. »

V

Mais les discours et les proclamations ne suffisaient pas. Le peuple, sans travail, ne pouvait vivre de paroles. Deux années de disette, d'inondations, de crise financière, avaient pesé sur l'industrie, réduit le nombre des bras occupés, épuisé depuis longtemps les modiques économies des ouvriers et plongé un grand nombre d'entre eux dans la misère. Leurs logis étaient vides des meubles vendus, leurs vêtements mis au mont-de-piété. Leurs familles affaiblies, chétives, attendaient, quelquefois vainement, le pain du jour. Les souffrances étaient aiguës, les privations mortelles. La charité, vivement sollicitée par le pouvoir déchu, n'avait pu satisfaire aux besoins des pauvres. Si l'on parcourt les archives des bureaux de bienfaisance avant février 1848, on verra que nous n'assombrissons en rien le tableau.

La Révolution ne créait donc pas cette situation : elle en héritait. Le Gouvernement provisoire recueillait de la monarchie une autorité impuissante sur une population affamée, dénuée de tout, sans travail, sans salaire, victorieuse et armée.

Que pouvait-il, que devait-il faire ? Fallait-il abandonner cette population aux suggestions du désespoir, aux mauvais conseils des passions, aux excitations des ambitieux, aux entraînements des malveillants, aux théories inapplicables, aux désordres de la place publique ? Lorsque des hordes de dévastateurs saccageaient, incendiaient au dehors les chemins de fer et les châteaux royaux, fallait-il laisser la destruction dévorante se propager jusque dans l'intérieur de Paris ? Fallait-il, comme dans la Rome antique, ouvrir les greniers publics, puiser dans le trésor, distribuer à chacun sa ration de blé et sa pièce d'or, et donner le salaire sans le travail ? Le Gouvernement crut qu'il valait mieux accorder le travail en échange du salaire et assurer la subsistance par le travail, ainsi qu'il l'avait déclaré la veille.

VI

Dans les temps de pleine prospérité, l'État ne doit pas, à moins d'absolue nécessité, entreprendre ces grands travaux publics qui enlèvent à l'industrie privée et à l'agriculture des bras indispensables et qui leur font une concurrence ruineuse ; il doit, au contraire, par une pondération utile, les réserver aux heures de crise, alors que les ateliers sont fermés. C'est ainsi que la main de Dieu et le génie de l'homme créent ces immenses réservoirs d'eau qui alimentent les rivières et les canaux aux époques de sécheresse.

Conseillé par la vérité de ce principe, inspiré par des sentiments d'humanité et de salut public, convaincu qu'il était plus noble de secourir l'ouvrier par le travail qui honore que par l'humiliante aumône, le Gouvernement provisoire vota à l'unanimité ce décret :

Paris, **26 février 1848**.

AU NOM DU PEUPLE FRANÇAIS.

« Le Gouvernement provisoire de la République

» Décrète l'établissement immédiat d'Ateliers nationaux.

» Le ministre des travaux publics est chargé de l'exécution du présent décret. »

Le lendemain, sur la proposition du ministre, le Gouvernement ordonnait la reprise de tous les travaux en cours d'exécution et l'organisation de nouveaux travaux. « Ouvriers de Paris, » disait M. Marie,

« vous voulez vivre honorablement par le travail ; tous les efforts du Gouvernement provisoire tendront, soyez-en sûrs, à vous aider à l'accomplissement de cette volonté.

» La République a le droit d'attendre, et elle attend du patriotisme de tous les citoyens, que l'exemple qu'elle donne soit suivi... Que partout donc les travaux reprennent leur activité. Ouvriers ! après la victoire, le travail ; c'est encore un bel exemple que vous avez à donner au monde ; et vous le donnerez ! »

Les ouvriers étaient invités à s'adresser immédiatement aux maires de leurs arrondissements, qui les dirigeraient sans retard sur les chantiers.

VII

Telle fut l'origine des Ateliers nationaux. Tous les partis, sans exception, mus par les raisons mêmes qui avaient décidé le Gouvernement, applaudirent à cette création. Nous pourrions citer à profusion les journaux de toutes les nuances : l'on y verrait que la presse donna la plus haute approbation à cette mesure, née, non d'une pensée machiavélique ni d'une théorie socialiste, mais de la gravité des circonstances, qui ne permettait ni délai ni hésitation.

VIII

Tout gouvernement nouveau marque son avénement par un acte qui résume sa pensée et trace son avenir. Chaque pouvoir a son baptême, de clémence ou de sang, de grandeur ou de bassesse, de franchise ou de ruse, de liberté ou de despotisme, qui caractérise son origine et manifeste ses tendances et son but. Comment le Gouvernement provisoire pouvait-il inaugurer la République de 1848 ? Au peuple, à la nation entière, à l'Europe, au monde, quel exemple devait-il offrir ? quel enseignement devait-il donner ? quel progrès de l'humanité accomplirait-il pour la postérité ? quelle place allait-il se faire dans l'histoire ?

Les fondateurs de la République de 1848 devaient-ils reprendre la tradition des fondateurs de la République de 1793 ? ressaisir la politique de la Convention, remonter à ce sanglant point de départ, poursuivre cette dictature sans limites, recommencer les proscriptions, redresser l'échafaud, tirer des veines françaises tout sang royaliste et aristocratique, créer les assignats, confisquer les biens, déclarer la guerre à l'Europe, imprimer la terreur ? Devaient-ils, en application d'idées nouvelles, imposer des théories d'organisation du travail, forcer l'association, modifier les bases de la propriété, supprimer toute entrave à l'action de l'autorité, et briser tout obstacle à la démocratie ?

IX

Lorsque la première Révolution fit explosion, le peuple, asservi depuis des siècles, subissait l'oppression la plus barbare. Si, surexcité par ses maux, il essayait de résister, les tortures, les supplices avaient bientôt anéanti le coupable. Contre les insurrections, le maître procédait par extermination. La confiscation des fortunes était de droit commun.

Les traditions du peuple transmirent de génération

en génération toutes ces souffrances, toutes ces douleurs, tous ces martyres. Elles les léguaient comme de pieux et nobles souvenirs, et aussi comme des crimes qui attendaient toujours leur châtiment. Aussi l'expiation était-elle fatale; et le peuple devait-il rendre guerre pour guerre, confiscation pour confiscation, supplice pour supplice, le jour où, brisant ses chaînes, il serait à son tour le souverain. Les tueries de Septembre ne furent que la réponse terrible, épouvantable, à la proclamation de Brunswick, qui déclarait (25 juillet 1792), en cas de résistance « ..... devoir être jugés militairement, *sans espoir de pardon,* tous les membres de l'Assemblée nationale, du département, du district, de la municipalité, de la garde nationale de Paris, » et qui menaçait de « livrer Paris, comme vengeance exemplaire et à jamais mémorable, à une exécution militaire et à une subversion totale... »

Après avoir triomphé à l'intérieur et à l'extérieur, la Révolution succomba. Pendant de longues années, la première République subit les accusations, les calomnies, la flétrissure. Sans défense, sans justification, jugée sur les témoignages des vaincus ou sur les fragments tronqués ou falsifiés de l'histoire, elle ne laissa qu'une tradition de spoliation, de dictature, de banqueroute et de sang.

En 1848, le Gouvernement provisoire héritait de toutes les préventions hostiles à la République. La nation ne désirait pas la République, mais elle ne voulait plus la monarchie. Le nombre des républicains convaincus était minime.

7.

X

Les membres du Gouvernement provisoire, tous, sans exception, comprirent qu'ils ne pouvaient se reporter à la veille du 9 thermidor ; mais ils conservèrent des tendances et des inspirations diverses. Les uns sentaient en eux des regrets, des sympathies pour les moyens, pour les hommes, pour les expressions mêmes de cette époque. Les autres pensaient et affirmaient qu'il fallait, pour réhabiliter la République auprès de l'opinion publique, la faire accepter et non l'imposer, gouverner par l'amour et non par la terreur, par la liberté et non par la dictature.

Hâtons-nous de le dire ! la proclamation des grands principes de la Révolution, leur application même, ne soulevèrent dans le Conseil aucune divergence d'opinion.

XI

L'abolition de la peine de mort était l'acte éclatant qui résumait ce système pacifique de liberté, d'ordre, d'humanité et de progrès. C'était le baptême qui sanctifiait la République dans le présent, et qui lui ouvrait à tout jamais l'avenir.

Lamartine eut l'éternel honneur d'en faire la proposition le premier, le premier jour de la République, le 25 février. Cette sublime pensée alla droit au cœur des membres du Gouvernement. Seulement quelques-uns réclamèrent un plus mûr examen ; le lendemain, M. Louis Blanc, entraîné par la grandeur de l'acte, fit la proposition de reprendre la question, en lui donnant sa pleine et entière adhésion.

Le vote fut enthousiaste et unanime. M. Carnot réclama pour les ministres, qui faisaient partie du Conseil sans être membres du Gouvernement provisoire, l'apposition de leurs signatures sur le décret, qui fut à l'instant même rédigé.

D'un mouvement spontané, tous les membres du Conseil se levèrent pour aller annoncer au peuple la bonne nouvelle. M. Dupont (de l'Eure), qui présidait, M. Arago, à qui la Révolution avait redonné la vie, MM. Lamartine, Marie, Ledru-Rollin, Crémieux, Garnier-Pagès, Louis Blanc, Flocon, Marrast, Albert, Goudchaux, Carnot, Bethmont, Subervic, accompagnés de MM. Martin (de Strasbourg), Pagnerre, Flottard, Duclerc, Buchez, Recurt, etc., et de tous les citoyens qui n'avaient cessé de les aider dans leurs travaux, précédés et escortés par les jeunes gens des Écoles, s'avancèrent sur le perron de l'Hôtel de ville. La foule immense qui couvrait la place et les quais, tumultueuse, agitée, se tut et écouta. Lamartine, le décret à la main, s'exprima ainsi :

« Citoyens,

» Le Gouvernement provisoire de la République vient prendre le peuple à témoin de sa reconnaissance pour ce magnifique concours national qui vient accepter ces nouvelles institutions. (Acclamations prolongées de la foule et de la garde nationale.)

» Le Gouvernement provisoire de la République n'a que d'heureuses nouvelles à annoncer au peuple assemblé.

» La royauté est abolie.

» La République est proclamée.

» Le peuple exercera ses droits politiques.

» Des ateliers de travail nationaux sont ouverts pour les ouvriers sans salaire. (Immense acclamation.)

» L'armée se réorganise. La garde nationale s'unit indissolublement avec le peuple pour fonder promptement l'ordre, de la même main qui vient de conquérir la liberté. (Acclamations nouvelles.)

» Enfin, messieurs, le Gouvernement provisoire a voulu vous apporter lui-même le dernier des décrets qu'il vient de délibérer et de signer dans cette mémorable séance : l'abolition de la peine de mort en matière politique. (Bravos unanimes.)

» C'est le plus beau décret, messieurs, qui soit jamais sorti de la bouche d'un peuple le lendemain de sa victoire. (Oui ! oui !)

» C'est le caractère de la nation française qui échappe en un cri spontané de l'âme de son gouvernement. (Oui ! oui ! bravo !) Nous vous l'apportons ; je vais vous le lire. Il n'y a pas de plus digne hommage au peuple que le spectacle de sa propre magnanimité. »

RÉPUBLIQUE FRANÇAISE.

LIBERTÉ, ÉGALITÉ, FRATERNITÉ.

« Le Gouvernement provisoire, convaincu que la grandeur d'âme est la suprême politique, et que chaque révolution opérée par le peuple français doit au monde la consécration d'une vérité philosophique de plus ;

» Considérant qu'il n'y a pas de plus sublime principe que l'inviolabilité de la vie humaine ;

» Considérant que, dans les mémorables journées où nous sommes, le Gouvernement provisoire a constaté avec orgueil que pas un cri de vengeance ou de mort n'est sorti de la bouche du peuple ;

» Déclare :

» Que dans sa pensée la peine de mort est abolie en matière politique, et qu'il présentera ce vœu à la ratification définitive de l'Assemblée nationale.

» Le Gouvernement provisoire a une si ferme conviction de la vérité qu'il proclame au nom du peuple français, que si les hommes coupables qui viennent de faire couler le sang de la France étaient dans les mains du peuple, il y aurait à ses yeux un châtiment plus exemplaire à les dégrader qu'à les frapper. »

Le *Moniteur* du 27 février ajoute :

« A la suite de cette manifestation, le Gouvernement provisoire, accompagné par l'acclamation unanime du peuple innombrable qui couvrait la place de l'Hôtel-de-Ville, a été appelé à recevoir de nouveau la consécration de la voix populaire. Il a cédé à cet empressement, accompagné d'une foule de citoyens, de gardes nationaux et des élèves des Écoles. M. Dupont (de l'Eure), président du Gouvernement provisoire, s'appuyant sur le bras de M. Louis Blanc, suivi de ses collègues, s'est présenté au balcon de la salle dite autrefois du Trône, et que M. Pagnerre, par une exclamation soudaine, a appelée désormais la salle de la République. Les acclamations du peuple se sont renouvelées et étendues de la place aux rues et quais environnants. »

XII

Le dernier paragraphe du décret faisait pressentir l'intention du Gouvernement de ne pas sévir contre les ministres déchus : il y préparait les esprits. Le Conseil s'était rappelé le procès des ministres de Charles X. Eux aussi, les citoyens de 1830, avaient eu l'idée d'abolir la peine de mort en matière politique. Mais ils n'avaient pu la réaliser ; ils avaient reculé devant l'opinion publique, qui leur prêtait, pour seul mobile, le désir de sauver les coupables du coup d'État de Juillet.

L'abolition de la peine de mort en matière politique eut désormais sa date dans l'histoire. La France entière applaudit avec transport à des sentiments si bien en harmonie avec sa volonté. Elle s'enorgueillit d'être la première à témoigner son respect pour la vie humaine, que Dieu seul a donnée, que Dieu seul peut reprendre.

XIII

Le Conseil avait aussi délibéré sur la suppression de la peine de mort en matière non politique. Cette abolition complète avait soulevé de graves objections de la part de MM. Marie et Bethmont, tous deux avocats d'un mérite éminent et incontesté. Sans y apporter une opposition absolue, mais faisant valoir les considérations des légistes et des criminalistes, ils s'étaient bornés à demander qu'on n'accordât pas à un mouvement d'enthousiasme bien naturel la décision immédiate d'une aussi grande question. Ces réserves, dictées par la conscience, avaient été admises. On se contenta d'autoriser le ministre de la justice à expédier à tous les procureurs généraux l'ordre de surseoir à toute exécution capitale, jusqu'au jour où l'Assemblée nationale aurait prononcé. Le Gouvernement provisoire ne voulait pas qu'une goutte de sang fût versée tant qu'il conserverait le pouvoir.

XIV

Le Gouvernement provisoire eut aussi l'heureuse inspiration de répudier le serment politique.

Depuis soixante ans ce serment pesait sur la conscience de la France. A travers les révolutions, les chutes de trônes, les constitutions nouvelles, il avait sans remords assoupli sa formule à tous les pouvoirs : fidélité au roi! haine à la royauté! foi à la République, à la Convention, au Directoire, au Consulat, à l'Empire, aux Bourbons, au retour de l'Empire, au retour des Bourbons, à la branche aînée, à la branche cadette! Il s'était imposé aux fonctions civiles, militaires, administratives, à l'accomplissement même des devoirs et des droits politiques : le magistrat n'appliquait la justice, le professeur n'enseignait la morale, l'homme d'épée ne défendait la patrie, l'employé ne dirigeait les rouages de l'État, le citoyen ne veillait au maintien et au développement de la prospérité qu'à la condition du parjure. Refusait-il son serment au nouvel occupant! ses services, sa position, sa carrière honorablement remplie, rien ne le préservait : il était brisé! Pour les courtisans de tous ceux qui gouvernent, calomniateurs de tous ceux qui ont gouverné, le serment était un jeu; pour les hommes sincères qui souvent avaient la vie de leur famille attachée à leur emploi, il était une intolérable nécessité; pour la majorité, ce lien forcé ne paraissait pas obligatoire. Ce n'était donc plus qu'une formule, indifférente aux uns, pénible aux autres, nulle pour le plus grand nombre, et qui ne liait personne. Chaque parti, royaliste, bonapartiste, légitimiste, orléaniste, républicain, victime à son tour de cette contrainte morale, avait senti sa conscience se soulever contre cet obstacle, dressé comme une embûche devant le vaincu de la veille. Mais tous l'avaient franchi sans s'y arrêter, et l'axiome « Il n'y a pas de droit contre le droit » avait dominé la question. — Satisfaite de cet accommodement, l'opinion publique justifiait ses organes à la tribune, applaudissait à leurs efforts, à leurs succès. — Le peuple lui-même n'était-il pas venu, à l'heure suprême, chercher à la Chambre les membres du Gouvernement? — Et d'ailleurs où était le pouvoir sauvé par le serment?

Ainsi, enjeu sans valeur pour les courtisans et les ambitieux, servitude pour les hommes sincères dont l'emploi nourrissait la famille, simple question de forme pour le public, le serment n'était plus qu'un mensonge inutile dont il fallait affranchir la nation.

L'abolition du serment n'était pas seulement un hommage à la vérité, à la dignité de l'homme, à la liberté de conscience, c'était aussi le libre accès de la République à tous les citoyens; c'était la reconnaissance solennelle du droit individuel et de la souveraineté du peuple.

Le Gouvernement provisoire publia, le 25 février, un premier décret qui déliait tous les fonctionnaires de leur serment, et, le 1er mars, un second décret ainsi conçu :

RÉPUBLIQUE FRANÇAISE.

LIBERTÉ, ÉGALITÉ, FRATERNITÉ.

« Le Gouvernement provisoire de la République,

» Considérant que, depuis un demi-siècle, chaque nouveau gouvernement qui s'est élevé a exigé et reçu des serments qui ont été successivement remplacés par d'autres à chaque changement politique ;

» Considérant que tout républicain a pour premier devoir le dévouement sans réserve à la patrie, et que tout citoyen qui, sous le gouvernement de la République, accepte des fonctions ou continue à les exercer, contracte plus spécialement encore l'engagement sacré de la servir et de se dévouer pour elle ;

» Décrète :

» Les fonctionnaires publics de l'ordre administratif et judiciaire ne prêteront pas de serment.

» Fait à l'Hôtel de ville, en séance, le 1er mars 1848. »

Ainsi, loin de forcer à l'humiliation les convictions contraires, le Gouvernement offrait à chacun sa place au foyer de la République. Il en faisait, non la chose d'un parti, mais le domaine public, le refuge de toutes les opinions, le centre de toutes les forces vives.

XV

Suivant l'impulsion de cette politique généreuse, le ministre de l'intérieur justifia les légitimistes, que l'on accusait d'exciter et d'organiser le désordre afin de déshonorer le berceau de la République. Il adressait aux journaux la note suivante :

« On a répandu le bruit qu'une bande armée, soldée

par les légitimistes, a pour mission coupable d'incendier et de piller, afin de répandre la terreur et d'animer les populations contre le Gouvernement provisoire.

» On raconte également qu'un grand nombre de malfaiteurs, sortis des prisons, circulent dans Paris, et songent à se réunir à la bande soldée par les légitimistes.

» Des renseignements précis permettent d'affirmer que les désordres qui ont pu être commis ne sont le fait *d'aucune association soldée par un parti.*

» Il est également certain qu'aucun individu détenu pour délit ou crime ordinaire n'a été mis en liberté, et que le Gouvernement a pris les mesures les plus énergiques pour prévenir un pareil malheur. »

(Communication du ministre de l'intérieur : *Union*, 27 février.)

XVI

Le soir, M. Lamartine fit au Conseil la confidence que Louis-Philippe (mort soudainement, disait-on) était réfugié dans une ferme, seul, sans argent, épuisé de fatigues et de douleurs. Il demanda un crédit, afin de lui faire parvenir, s'il y avait lieu, les secours nécessaires à sa retraite. Le crédit, voté à l'unanimité, sans discussion, sans révélation sur l'asile du roi, fut étendu à toutes les personnes de la famille royale.

Peu après, on craignit l'arrestation de la duchesse d'Orléans. Des ouvertures furent faites par M. Lamartine à MM. Ferdinand de Lasteyrie et Oscar Lafayette : il les invita à se tenir prêts pour le cas de cette triste éventualité, et il mit à leur disposition un ordre pour la délivrer et une somme de 50 000 francs pour la conduire hors de France.

Le commandant général de la garde nationale, M. Courtais, fournit à M. Léon de Malleville les moyens de couvrir la fuite du duc de Nemours sous un nom supposé.

Les membres du Gouvernement provisoire offraient et donnaient des passe-ports pour les ministres de la royauté.

XVII

Cette politique, qui puisait sa grandeur dans les instincts de la nation, était celle de tous les membres du Gouvernement. Aucun, parmi les plus ardents, n'exprima une pensée de proscription ou de mort. Le peuple n'avait-il pas donné l'exemple en s'empressant, après le combat, d'arracher au péril les gardes municipaux eux-mêmes? Si le 26, sur l'ordre du ministre de la justice, une requête était présentée à la Cour d'appel par le nouveau procureur général de la République, M. Portalis, et si la Cour, toutes chambres assemblées, sous la présidence de M. Séguier, rendait un arrêt conforme, signé par tous les conseillers, ordonnant les poursuites contre M. Guizot et ses collègues, c'était l'accomplissement d'un devoir et non un acte de vengeance. Le Gouvernement provisoire n'en délibéra point, mais l'acte lui étant dénoncé, il ne dut, ne put ni ne voulut le désavouer. La justice devait suivre son cours.

Sans nul doute, les conseillers de la Cour étaient convaincus que l'instruction ne pouvait aboutir : comment expliquer autrement l'unanimité des signatures?

Le même jour, M. Caussidière, sans consulter le Gouvernement, envoyait aux Invalides rechercher la duchesse d'Orléans. Comme cette expédition n'eut lieu que quarante-huit heures après le départ de la duchesse, il faut croire M. Caussidière lorsqu'il affirme qu'il n'a eu d'autre intention que celle de convaincre et de rassurer une foule incrédule.

XVIII

Tandis que le Gouvernement provisoire veillait au salut public et au développement régulier de la Révolution, la trahison de son côté veillait autour de lui, mais impuissante à s'organiser. Quelques individus obscurs ne laissaient même pas la trace de leurs mille tentatives avortées. Au dehors, la conspiration, si l'on doit appeler ainsi la complicité d'hommes concertés pour exalter le peuple, le jeter sur la place publique, et user le Gouvernement sous les coups de manifestations renouvelées, la conspiration avait plus de succès. D'un grand nombre de faits, nous n'en citerons qu'un.

Le 26, un jeune homme revêtu de l'uniforme de l'École polytechnique, vint prévenir que dans certains clubs il était question *d'en finir* avec le Gouvernement provisoire s'il persistait à refuser l'inauguration du drapeau rouge. M. Martin (de Strasbourg) offrit de se rendre à ce club, installé au Prado. A son arrivée, il trouva une quarantaine de personnes en proie à l'émotion la plus vive. Parmi ces personnes était M. Blanqui, ex-détenu politique accouru à Paris. Un incident venait d'accroître l'irritation : on avait donné lecture d'un billet de M. Caussidière ainsi conçu :

« Le délégué du Gouvernement provisoire de la République française au département de la police,

» Est tout disposé à obtempérer à la demande faite par le propriétaire du Prado, mais désire avoir un entretien avec quelques-uns des membres du club, afin de pouvoir autoriser légalement la réunion.

» Salut et fraternité. »

« Quelle est donc la pensée de M. Caussidière ? Prétend-il réglementer un droit né d'une révolution faite pour ce droit même ? A quoi bon un entretien avec lui ? Quel besoin d'autorisation ? » Ces exclamations étaient unanimes.

Mais le refus constant du Gouvernement d'inaugurer le drapeau rouge! « c'est une désertion! une trahison! une infamie! Le peuple ne tolérera pas ce mépris de sa volonté! Le Gouvernement provisoire renie donc la souveraineté du peuple, puisqu'il renie le symbole de la Révolution! Un pareil Gouvernement doit être expulsé de l'Hôtel de ville, et sur-le-champ, s'il ne se décide à arborer le drapeau rouge. » Vainement M. Martin (de Strasbourg) cherchait à calmer l'orage : l'orage dominait sa voix. Il combattait ces divisions funestes du premier jour. Il représentait la République étouffée à sa naissance dans les convulsions et les déchirements ; il en appelait à la raison de chacun contre cette furie de renversements qui ne permettrait de rien fonder. Il parvint enfin à faire accepter la nomination de délégués qui, le lendemain, présenteraient au Gouvernement une pétition relative à ses principes.

XIX

La position de MM. Caussidière et Sobrier à la préfecture de police n'était pas encore régularisée. On les a vus offrir leur poste au Gouvernement provisoire et en refuser la remise à M. Recurt, son délégué. Le 26, comme le 25, ils se tinrent sur la réserve. Des murmures, des menaces même parvinrent à l'Hôtel de ville, et dévoilèrent des intentions voisines de la protestation. Le maire de Paris résolut, dans la nuit, d'aller à la préfecture faire reconnaître lui-même son autorité. Il s'y rendit accompagné d'un ami.

Le spectacle de la préfecture de police était encore plus pittoresque que celui de l'Hôtel de ville. Des sentinelles avancées, placées de distance en distance sur les quais et aux portes, défendaient les abords et l'entrée. Dans les corps de garde, dans les couloirs, sur les marches des escaliers, étaient couchés çà et là des hommes prêts à relever les factionnaires. M. Caussidière travaillait dans le cabinet du secrétaire général, grande pièce située à l'entre-sol, entouré de ses amis dont il avait fait ses chefs de cohortes. Les uns, cédant à la fatigue, dormaient sur les canapés et sur les fauteuils; les autres causaient en attendant ses ordres.

L'arrivée du maire de Paris parut produire quelque surprise. M. Caussidière, qu'il ne connaissait pas, s'avança pour le recevoir. Après une allocution du maire sur le besoin d'union des républicains, allocution qui fut bien accueillie, M. Garnier-Pagès et M. Caussidière se retirèrent dans une chambre voisine. Une conversation particulière s'engagea, où chacun parla franchement.

Le maire de Paris dit que le Gouvernement appréciait les services rendus depuis longtemps à la cause républicaine par M. Caussidière, qu'il le remerciait des mesures prises pour le rétablissement de l'ordre, et qu'il agréait ses offres de retraite, mais avec le désir de lui faire agréer une haute mission qui conviendrait mieux à sa vie antérieure, et où il pourrait se rendre beaucoup plus utile que dans une administration, dont le maniement exigeait une connaissance spéciale. M. Caussidière convint volontiers de son ignorance en cette matière; mais le choix d'un bon secrétaire y suppléerait facilement. A ses yeux, le point important du moment lui paraissait être la partie politique de la fonction et surtout la direction du mouvement révolutionnaire. Il savait gré au Gouvernement provisoire de ses bonnes dispositions, mais il ne pourrait accepter une autre position. M. Garnier-Pagès insista, persuadé que quelques jours de réflexion suffiraient pour le décider à servir la République partout où elle réclamerait son dévouement.

Il fut convenu qu'en attendant M. Caussidière recevrait du maire de Paris une délégation provisoire et personnelle, M. Sobrier étant tombé malade, et, au surplus, une délégation semblable ne pouvant être confiée à deux personnes.

Le lendemain matin, le maire de Paris vint recevoir les employés supérieurs, qui lui furent présentés par M. Caussidière. La délégation provisoire de M. Caussidière fut, sur sa réclamation, insérée au *Moniteur* le 29 et sous cette forme : « M. Marc Caussidière est nommé par M. le maire de Paris son délégué provisoire à l'administration de la police du département de la Seine. »

XX

Les scènes dont l'Hôtel de ville avait été le théâtre, et l'attitude de MM. Caussidière et Sobrier et de leurs amis, tenaient en éveil les inquiétudes de plusieurs membres du Gouvernement. Ils voulurent délibérer entre eux sur les résolutions à prendre en cas de complots inconnus, que le salut de la République conseillait de prévoir. Rendez-vous fut pris chez M. Marie pour la nuit du 26. MM. Marie, Carnot, Bethmont, Pagnerre, Martin (de Strasbourg), etc., s'y trouvaient. Mais l'absence de MM. Lamartine et Garnier-Pagès, retenus ailleurs, et de plusieurs autres personnes, ne permit qu'une simple conférence sur la gravité des événements et sur les périls de ces troubles prolongés. On se sépara sans avoir rien décidé.

XXI

L'heureuse impression produite sur le peuple par les membres du Gouvernement provisoire, toutes les fois qu'ils se présentaient à lui, leur démontra l'utilité d'une manifestation qui leur donnerait l'occasion de se faire reconnaître par la population entière, et qui prouverait que l'autorité avait survécu à la monarchie. Un pieux souvenir de gratitude pour nos pères, vainqueurs de la Bastille, et pour les victimes de 1830, se mêla à cette pensée politique; et l'on choisit la colonne de Juillet pour centre d'une cérémonie civique, que l'on annonça en ces termes :

RÉPUBLIQUE FRANÇAISE.
LIBERTÉ, ÉGALITÉ, FRATERNITÉ.

« Demain dimanche, 27 février, à deux heures, MM. Arago, Dupont (de l'Eure), Albert (ouvrier), Armand Marrast, Ferdinand Flocon, Lamartine, Marie, Louis Blanc, Crémieux, Ledru-Rollin, Garnier-Pagès, membres du Gouvernement provisoire de la République française, partiront de l'Hôtel de ville pour se rendre à la colonne de Juillet, où sera inaugurée, devant la garde nationale et le peuple fraternellement unis, la grande date de la liberté reconquise. »

Nous insérons cette note textuellement, parce qu'elle indique une modification insensiblement introduite dans la composition du Gouvernement provisoire, modification trop commentée pour que nous ne lui consacrions pas quelques lignes.

XXII

La proclamation du Gouvernement provisoire relative à sa formation et signée par tous les membres, mentionnait l'admission dans le Conseil de MM. Marrast, Louis Blanc, Flocon et Albert, en qualité de secrétaires. Ce n'était, on se le rappelle, qu'après contestation et à regret que M. Louis Blanc avait donné son adhésion. Ce titre lui répugnait. Il le fit effacer du *Moniteur* sur les proclamations du 25, laissant toutefois un espace entre les noms des sept membres du Gouvernement et ceux des quatre secrétaires. Puis l'espace disparut et l'ordre des noms fut seul maintenu. Le 26 au soir, après l'agitation continue des deux jours, M. Louis Blanc réclama énergiquement, auprès de plusieurs membres du Gouvernement, contre cette distinction, et revint sur sa première acceptation. M. Flocon crut devoir joindre ses instances à celles de M. Louis Blanc. Il argumenta d'une note envoyée à la presse par quelques jeunes employés de circonstance, qui avaient usurpé les fonctions de secrétaires et de secrétaires adjoints; il se plaignit d'une distinction qu'il traitait d'aristocratique et de puérile, du moment où il siégeait au Conseil.

Toute division eût été fatale; toute délibération était impossible : le silence des uns fut un vote pour les autres [1].

Plus tard, au moment d'envoyer au *Moniteur* la note ci-dessus, M. Louis Blanc demanda l'inscription des noms par ordre alphabétique. Celui de M. Albert figurait ainsi le premier, avant ceux de MM. Arago et Dupont (de l'Eure). M. Albert eut le bon sens de s'y opposer; et les noms furent désormais inscrits au hasard. Ce fut alors qu'on songea à nommer secrétaire général du Gouvernement provisoire M. Pagnerre, qui avait assisté à toutes ses délibérations.

Comme les actes et proclamations du Gouvernement ne portaient sur les affiches que les noms des membres présents qui avaient signé, et comme ces changements perpétuels de signatures donnaient prétexte à des bruits de désaccord et de décomposition, un avis officiel (29 février) fit savoir « que, malgré cette irrégularité, tous les actes appartenaient au Gouvernement provisoire tout entier ».

XXIII

Le dimanche 27, dès le matin, la population se pressait sur la place de la Bastille, dans la rue Saint-Antoine, dans les rues adjacentes et sur le boulevard. Deux bataillons par légion de la garde nationale, convoqués la veille, avaient leurs rangs plus que doublés

---

[1] Ce récit est tracé, de fait, dans le *Moniteur,* au bas des proclamations des 24, 25 et 26.

par les ouvriers armés qui, depuis le 24 au soir, partageaient avec les gardes nationaux tous les services d'ordre et de sécurité publique. A deux heures, les tambours battant aux champs annoncèrent le départ de l'Hôtel de ville des membres du Gouvernement provisoire, des ministres et des adjoints du maire de Paris. Un détachement de la garde nationale à cheval, suivi des élèves de l'État-major, ouvrait la marche. Les officiers de Saint-Cyr précédaient les membres du Gouvernement provisoire. Les élèves de l'École polytechnique formaient la haie. Le peuple complétait le cortége. Les cris de « *Vive la République!* » retentissaient. La Cour de cassation, la Cour d'appel, le commandant de la division militaire, des officiers de l'armée et de la marine, des fonctionnaires, s'étaient rendus au pied de la colonne de Juillet, dont le sommet était pavoisé d'étendards aux trois couleurs. Le temps, pluvieux jusque-là, s'éclaircit; et le soleil vint éclairer cette solennité.

A l'arrivée des membres du Gouvernement, les vivat éclatèrent; la musique exécuta la *Marseillaise*. Après les premiers moments d'enthousiasme, M. Arago prit la parole : « Le Gouvernement provisoire a cru de son devoir de proclamer la République devant l'héroïque population de Paris, dont l'acclamation spontanée a déjà consacré cette forme de gouvernement. La sanction de la France entière y manque sans doute encore; mais nous espérons qu'elle ratifiera le vœu du peuple parisien, qui a donné un nouvel et magnifique exemple de son courage, de sa puissance et de sa modération.... »

Le peuple répondit par les cris de « *Vive la République!* » Les membres du Gouvernement provisoire se découvrirent, les drapeaux s'inclinèrent, et la musique mêla ses chants civiques aux roulements des tambours. L'adhésion était unanime.

Le vénérable président du Conseil adressa à la garde nationale des remercîments pour les immenses services qu'elle venait de rendre à la patrie. Il finit par cette profession de foi : « Nous comptons toujours sur votre patriotique concours pour la consolidation du gouvernement républicain que le peuple français vient de conquérir au prix de son sang, pour le maintien de l'ordre social et pour l'affermissement de toutes nos libertés. » Les acclamations redoublèrent quand M. Arago s'écria : « Citoyens ! ce sont quatre-vingts ans d'une vie pure et patriotique qui vous parlent ! »

M. Crémieux termina cette cérémonie par une invocation à la mémoire des citoyens morts en 1830, dont les noms sont gravés sur le bronze de la colonne.

Le défilé commença sous les ordres du général Courtais. Celui des 1re et 2e légions ayant duré plus d'une heure, tant la foule était compacte, les membres du Gouvernement provisoire prirent le parti de passer en revue les autres légions échelonnées sur le boulevard. Aussitôt le peuple se mit à renverser les barricades et à aplanir la voie. La revue se fit au milieu des flots de la foule et des acclamations enthousiastes.

Proclamée par le Gouvernement provisoire à l'Hôtel de ville, la République fut, ce jour-là, proclamée par le peuple dans tout Paris.

CHAPITRE QUATRIÈME:

La France entière, d'un mouvement spontané, adhère au nouveau pouvoir. — Souscriptions en faveur des morts et des blessés. — Adhésions de la banque, du commerce, de l'industrie : banquiers, agents de change, Banque de France, Chambre, Tribunal et Courtiers de commerce, Compagnies d'assurances et de chemins de fer, Conseils de prud'hommes.—Adhésions de l'agriculture : Congrès agricole.—Conseil d'État; Cour des comptes. — Adhésions de la magistrature et du barreau : Cour de cassation, Cour d'appel, Tribunal de première instance; Chambres des notaires, des avoués, des commissaires-priseurs; Conseil de l'ordre des avocats.—Adhésions de la science, de la littérature, des beaux-arts : Académie de médecine, Faculté des sciences, Société des gens de lettres, artistes dramatiques et musiciens, Société des auteurs et compositeurs dramatiques; artistes peintres, sculpteurs, architectes. — Adhésions de l'armée de terre et de mer : maréchaux de France, généraux, maréchaux de camp, intendants militaires, amiraux, officiers supérieurs de la marine; les généraux Castellane, Changarnier, Bourjolly, le maréchal Bugeaud. — Adhésions de l'Église : l'archevêque de Paris, l'archevêque de Lyon, le nonce du Pape, le clergé, les congrégations, salles d'asile, crèches, ouvroirs. — Adhésion de la jeunesse.—Adhésion des ouvriers.—Adhésions des partis et des hommes politiques : gauche, centre gauche, tiers parti; légitimistes : MM. Berryer, la Rochejaquelein, Polignac, de Falloux; conservateurs; famille Bonaparte : Jérôme Bonaparte, Napoléon Bonaparte, Pierre-Napoléon Bonaparte, Napoléon-Louis Bonaparte. — Adhésions des départements. — Adhésions des peuples étrangers : M. R. Rush. — Adhésion de la presse : *le Constitutionnel, l'Union, les Débats, le Siècle, le Populaire, l'Atelier*, la presse départementale. — Cérémonie funèbre sur le tombeau d'Armand Carrel : MM. Armand Marrast et Émile de Girardin. — Résumé.

I

Le Gouvernement avait atteint son but; ses espérances mêmes étaient dépassées. Il avait puisé une force nouvelle dans son contact immédiat avec la population. La reconnaissance du droit de chaque citoyen à la souveraineté, l'armement de tous pour la défense de ce droit, la fondation de la République, la promesse de la convocation prochaine d'une assemblée constituante, l'assurance du travail aux ouvriers, la sécurité pour les commerçants et les chefs d'industrie, le maintien de la discipline dans l'armée, le respect envers l'Église, la régularisation des idées dans le trouble, la réorganisation du pouvoir après la chute des gouvernants, la consolidation de la société dans la révolution, la tradition du progrès, la réalisation de la doctrine du Christ : *liberté, égalité, fraternité,* tous les grands principes reconnus, proclamés, revêtus enfin de la forme vivifiante du décret, avaient subjugué la nation, et l'avaient ralliée au Gouvernement provisoire par la hardiesse de l'initiative, la rapidité des décisions et l'énergie des mesures.

Aussi les adhésions spontanées affluaient-elles des départements comme de la capitale, des hommes de tous les partis, de tous les rangs de la société. Riches, pauvres, patrons, ouvriers, généraux, officiers, magistrats, fonctionnaires, anciens députés, journalistes, accouraient à l'Hôtel de ville offrir un concours volontaire. Chacun ne cédait qu'à son impulsion personnelle, sans obéir à une pression, à un avis officiel, à une menace contre l'abstention, à une crainte de vengeance ou de proscription, à une influence quelconque.

II

Les souscriptions en faveur des combattants et des blessés montaient à des sommes considérables.

La mairie du deuxième arrondissement envoyait à l'Hôtel de ville, dans un fourgon de la Banque pavoisé de drapeaux, sous l'escorte de quinze cents ouvriers et gardes nationaux commandés par MM. Roux et Altaroche, une somme de 211 500 francs, versée le 25 par les principaux banquiers, MM. Fould, Fould-Oppenheim, Jacques Lefebvre, Mallet frères, Périer frères, Gouin, Delessert, Gabriel Odier, Blanc Matthieu, Hottinguer, etc., etc. — Nouvelle preuve de cette probité des masses révolutionnaires ! l'argent fut porté, sac par sac, par cent mains inconnues, à travers l'encombrement des corridors, jusqu'à la caisse, très-éloignée de l'entrée : pas un écu ne manqua.

M. Rothschild adressait, dans une lettre, une somme de 50 000 francs pour les blessés et ouvriers nécessiteux.

La Banque de France chargeait son gouverneur, M. d'Argout, de remettre au ministre des finances une souscription de 100 000 francs, votée par son Conseil général, pour les blessés et les familles des victimes.

Les agents de change suivaient cet exemple, et se rendaient à l'Hôtel de ville.

III

La Chambre de commerce écrivait, le 27, à M. Bethmont : « La Chambre de commerce de Paris s'empresse de s'associer au mouvement de glorieuse régénération nationale, et de joindre ses efforts à tous ceux des bons citoyens pour le prompt rétablissement de l'ordre après la victoire. Prête à donner son concours au Gouvernement provisoire, elle se met à votre disposition pour toutes les relations nécessaires de l'autorité avec le commerce et la fabrique de Paris. Elle s'occupe dès à présent, dans la sphère de ses moyens, de tout ce qui peut soutenir le crédit commercial, faciliter la reprise des affaires et contribuer au bien-être des ouvriers. — Nous sommes avec dévouement vos concitoyens, les membres de la Chambre de commerce : MM. Legentil, président; H. Say, secrétaire; Lanquetin, trésorier; F. Baudot, Bayvet, Bertrand, Devinck, F. Gaillard, Hémon, Meder aîné, Moinery fils, G. Thibaut. » — La Chambre de commerce, en effet, ne négligea rien pour seconder les efforts du Gouvernement; et son intervention fut souvent utile.

Le Tribunal de commerce se présentait, le 1er mars, au Gouvernement provisoire. Jamais tribunal ne rendit des services plus nombreux. Il aida les ministres des finances et du commerce à saisir le moment opportun pour introduire des améliorations importantes et des réformes profitables à l'industrie et au commerce.

Les Courtiers de commerce près la Bourse de Paris trouvaient à l'Hôtel de ville M. Garnier-Pagès, qui pendant vingt ans avait été membre de leur honorable compagnie.

Les Compagnies d'assurances témoignaient de leur sympathie; quelques-unes réclamaient le concours du pouvoir.

Les Compagnies de chemins de fer remerciaient le Gouvernement de les avoir sauvées d'une destruction complète.

Les Conseils de prud'hommes lui exprimaient le désir de concilier les intérêts des chefs d'industrie et des ouvriers.

Les industriels et commerçants s'unissaient aux ouvriers, dans les rangs de la garde nationale, pour soutenir le Gouvernement provisoire.

IV

De même que la banque et le commerce, l'agriculture déléguait ses représentants.

A l'ouverture de la cinquième session annuelle du Congrès agricole, formé de tous les comices de France, le président, duc Decazes, disait : « ..... Aussi suis-je sûr d'être l'organe du Congrès en exprimant son adhésion au Gouvernement provisoire, qui a tant fait en si peu de jours pour sauvegarder ses intérêts sacrés, et sa reconnaissance pour les hommes de courage et d'intelligence qui ont pris le timon des affaires dans les circonstances suprêmes où le Gouvernement se trouve placé. Ces sentiments sont ceux de tous les gens de bien, amis de leur pays. Quels qu'aient pu être leurs opinions, leurs intérêts, leurs regrets même, tous se rallieront au grand intérêt de la patrie, qui comprend et absorbe les autres. »

Ce Congrès était composé de grands propriétaires, de riches agriculteurs, d'anciens députés, de conseillers généraux. Le 6, sous la présidence de M. Gasparin, ancien ministre, ils apportaient « leur complète adhésion, leurs hommages et leurs vœux ».

V

Le 1er mars, le Conseil d'État, qui n'avait pas interrompu ses travaux, se présentait en corps, sous la présidence de M. Cormenin, nouvellement nommé. Venus pour adresser leurs félicitations et « prêter au courageux Gouvernement de la République la force et l'ensemble de leur concours », les conseillers d'État, en se retirant, faisaient entendre le cri de *Vive la République!*

La Cour des comptes avait également continué ses travaux. Le 29, elle était reçue par M. Louis Blanc, qui lui adressait ces paroles : « La devise de la République ne sera plus seulement *Liberté, Ordre public* : ces deux choses sont inséparables ; ce que nous voulons désormais, c'est l'*Ordre dans la liberté.* »

VI

Le 2, le ministre de la justice recevait, en séance solennelle, les adhésions et les témoignages de sympathie de la Cour de cassation, de la Cour d'appel, du Tribunal de première instance, toutes chambres réunies.

Le 3, la Cour de cassation était, sur sa demande, reçue par le Gouvernement provisoire. Le premier président, M. Portalis, disait :

« Citoyens,

» Investi, au nom du peuple, de la plus haute des magistratures politiques, le Gouvernement provisoire de la République est désormais le centre autour duquel doivent se grouper toutes les volontés, toutes les forces...... Votre mission est grande, difficile : vous veillez au maintien de l'ordre et à l'action régulière de toutes les libertés, dans ce moment solennel où le peuple, exerçant la plénitude de ses droits, va, par ses représentants, se donner une constitution politique. Il importe qu'une paix profonde et une sécurité complète président à ce grand acte de souveraineté ;

vous serez au niveau de la grandeur de votre mission. Nous avons foi en votre sagesse, en votre patriotisme, en votre fermeté. Ce que vous avez fait jusqu'ici nous répond de ce que vous ferez. La nation vous secondera..... »

Après une réponse de M. Marie, le procureur général, M. Dupin, donnait le signal du cri de *Vive la République!* unanimement répété par les conseillers.

Les Chambres des notaires, des avoués, des commissaires-priseurs, et le barreau de Paris, s'empressaient de souscrire pour les blessés et d'accourir à l'Hôtel de ville.

Le ministre de la justice recevait le Conseil de l'Ordre des avocats, qui, dans une chaleureuse allocution prononcée par M. Baroche, bâtonnier, protestaient de leur dévouement sans réserve à la République, et de leur entière adhésion.

VII

La science, la littérature, les arts avaient aussi leurs délégations.

L'Académie de médecine revendiquait le titre de nationale.

Le 28 février, à l'ouverture de son cours, le doyen de la Faculté des sciences, M. Dumas, « inaugurait un grand événement, fait pour porter au plus haut degré la grandeur morale et la prospérité matérielle de la France ».

La Société des gens de lettres, en députation à l'Hôtel de ville, acclamait la proposition de M. Marrast d'adopter le nom de *Société républicaine des gens de lettres*. Cet enthousiasme était naturel chez des hommes qui ne reconnaissent d'autre supériorité que celle du génie, et qui, sous les régimes les plus absolus, ont su perpétuer leur glorieuse république des lettres.

Les artistes dramatiques, les artistes musiciens, la Société des auteurs et compositeurs dramatiques apportaient leurs vœux au Gouvernement.

Les artistes peintres, sculpteurs, architectes, exprimaient leur gratitude à ce pouvoir qui, dès le 25, avait choisi l'un d'eux, M. Jeanron, pour organiser sans retard l'Exposition, et pour appliquer le droit, depuis si longtemps sollicité, de nommer leurs juges par l'élection.

VIII

L'armée avait compris son rôle; elle savait bien qu'entre le peuple et elle il n'y avait pas eu de combat, mais des engagements isolés, involontaires, des accidents. Elle sentait que, dominée par l'opinion publique, mais non vaincue, unie de sympathie à la garde nationale et au peuple, elle avait, autant que la garde nationale et le peuple, fait la révolution. Le Gouvernement provisoire le lui témoigna par le noble langage qu'il lui adressa, et par l'appel qu'il fit à son honneur et à son amour pour la patrie. Ce ne fut que plus tard qu'on chercha à la faire passer pour humiliée par l'œuvre à laquelle elle avait si manifestement contribué. Mais alors l'armée apercevait la vaste carrière ouverte par l'avénement de la République : la glorieuse défense des frontières. Elle se voyait appelée à vaincre ou à mourir pour la France, et elle palpitait à cette pensée. Aussi vit-on les plus braves, le général Bedeau, le général Lamoricière, se rendre, dès le 24, auprès du Gouvernement provisoire, et le général Subervic accepter le ministère de la guerre; aussi, le 25 et le 26, pas un général n'abandonna-t-il son poste, ne donna-t-il sa démission ; aussi tous coururent-ils se grouper autour du ministre de la guerre et du commandant de la division militaire, offrant au Gouvernement provisoire leurs épées et leurs services. Voilà les sentiments vrais qui inspiraient les chefs de l'armée, comme l'armée elle-même. Avancer le contraire, c'est les déshonorer gratuitement, c'est leur imputer l'unique désir de conserver leurs épaulettes, de sauver leurs traitements, c'est leur prêter d'ignobles mobiles. L'histoire n'a pas à enregistrer de pareilles bassesses. La preuve est à chaque page du *Moniteur ;* les adhésions sont immédiates, spontanées.

On voit les maréchaux de France : MM. le duc de Dalmatie, Molitor, Sébastiani, duc d'Isly, comte Reille, Dode de la Brunerie et Gérard ;

Les lieutenants généraux : MM. Moline de Saint-Yon, ancien ministre ; Magnan, Fabvier, Gémeau, Randon, Baraguey-d'Hilliers, Schramm, Aupick, Grouchy, Préval, Rapatel, Montholon, Pernety, Bourjolly, duc de Mortemart, Lawœstine, de Girardin, de Dampierre, Oudinot, Létang, Gourgaud, la Hitte, Paixhans, Tiburce Sébastiani, de Fézensac, Mornay, Berton, Vaillant, Cavaignac, Lagrange, Castellane, baron de Ségur, Bachelet, Pelet, Latour-Maubourg, Changarnier, etc., etc. ;

Les maréchaux de camp : MM. Espéronnier, Lebreton, Feisthamel, Grouchy, Carrelet, Perrot, Foy, Renault, Regnault, du Pouey, etc., etc. ;

Les intendants militaires : MM. Denniée, Genty de Bussy, etc.

Au ministère de la marine, les amiraux et les officiers supérieurs, sans exception, se pressaient auprès de M. Arago, qu'ils s'honoraient de voir à leur tête.

IX

Le général Castellane, commandant la 14ᵉ division militaire, disait à la garnison de Rouen, rangée en bataille sur le port :

« Officiers et soldats,

» Vous êtes déliés de votre serment envers le gouvernement déchu !

» Un gouvernement provisoire a été établi, la République est un fait accompli !

» Groupons-nous autour du Gouvernement provisoire, dans l'intérêt de l'ordre public et de l'indépendance nationale.

» J'adhère en mon nom au Gouvernement provisoire de la République !

» Y adhérez-vous ? »

Il faisait suivre ces paroles du cri de *Vive la République!* auquel officiers et soldats répondaient par des acclamations enthousiastes.

A Lyon, le 8 mars, le général Bourjolly adressait à la septième division militaire, dont il venait d'être nommé commandant, un ordre du jour où on lit : « ..... Désormais, l'armée n'est plus l'instrument du despotisme et du caprice; elle doit adopter la devise qui brille sur ses drapeaux : *Liberté! égalité! fraternité!* et la République française, née de la grande révolution du 24 février, lui a tracé son rôle... »

Le 3 mars, le général Changarnier écrivait d'Algérie au ministre de la guerre :

« Je prie le Gouvernement républicain d'utiliser mon dévouement à la France.

» Je sollicite le commandement de la frontière la plus menacée. L'habitude de manier les troupes, la confiance qu'elles m'accordent, une expérience éclairée par des études sérieuses, l'amour passionné de la gloire, la volonté et l'habitude de vaincre, me permettent sans doute de remplir avec succès tous les devoirs qui peuvent m'être imposés.

» Dans ce que j'ose dire de moi, ne cherchez pas l'expression d'une vanité puérile, mais l'expression du désir ardent de dévouer toutes mes facultés au service de la patrie. »

X

L'acte le plus significatif est la lettre du maréchal Bugeaud, adressée, le 28 février, au ministre de la guerre :

« Les événements qui viennent de s'accomplir, le besoin d'union générale pour assurer l'ordre à l'intérieur et l'indépendance à l'extérieur, me font un devoir de mettre mon épée au service du Gouvernement qui vient d'être institué.

» J'ai toujours considéré comme le plus saint des devoirs la défense du territoire de la patrie.

» Je vous prie de m'accuser réception de cette déclaration, et de recevoir l'assurance de ma haute considération. »

Cette lettre, écrite par le maréchal qui, dans la nuit du 23 au 24 février, avait reçu du roi le commandement des troupes, n'est-elle pas la preuve incontestable, évidente, de la vérité de nos assertions? Le maréchal avait fait son devoir, le plus fidèlement et le mieux qu'il avait pu, pour sauver la monarchie. Il avait été emporté par l'ouragan qui avait brisé le trône sans briser son épée. La Révolution n'avait d'humiliation ni pour l'armée ni pour lui, sinon cette lettre serait inqualifiable : dernier chef de cette armée, il l'eût abaissée en s'abaissant lui-même. Mais à notre point de vue, et dans le sentiment du maréchal, la lettre honore celui qui l'a écrite et le gouvernement à qui elle était adressée.

La polémique a pu chercher depuis, dans les professions de foi et dans les actes de cette époque, les tristes palinodies de la politique. L'historien n'y voit que le torrent des idées qui entraînait à l'acceptation franche et sincère de la République. Certes, ce mouvement ne fut pas durable. Plus tard, on tenta de flétrir ce qu'on avait encensé ; l'on abreuva de calomnies ce Gouvernement provisoire que l'on avait si chaleureusement acclamé. Mais les manifestations étaient si vives, si nombreuses, si libres, qu'on n'y peut soupçonner d'arrière-pensées.

XI

L'Église elle-même paya tribut d'hommages. Frappée de la grandeur du spectacle, émue du respect que le peuple lui avait témoigné pendant la lutte, impressionnée par la proclamation de ces principes sacrés qui lui rappelaient son origine et sa mission, elle sembla se réveiller d'un long sommeil, s'interrogeant et se demandant si les temps de la réalisation des lois chrétiennes n'étaient pas venus, si cette révolution qui distribuait à chacun, sans distinction ni violence, son droit et son devoir, n'était pas œuvre de Dieu. Elle offrit ses prières pour les morts, ses secours pour les blessés et son concours au Gouvernement.

L'archevêque de Paris, monseigneur Denis Affre, réservé au martyre du patriotisme, que l'on a vu, le 24 février, ordonner aux curés de son diocèse des messes pour les victimes et des quêtes publiques, quêtait lui-même (le 27) dans Notre-Dame, et invitait (le 29) les curés à se conformer aux ordres du Gouvernement, et à arborer sur tous les édifices religieux le drapeau de la République. Le 3 mars, il leur adressait un mandement où il ordonnait des prières pour les élections et pour l'Assemblée future. Nous nous plaisons à citer les passages suivants de ce document remarquable :

« Nos destinées ne dépendent ni du hasard ni des combinaisons les plus savantes...... Qui de nous, lorsqu'il a entendu cet épouvantable coup de tonnerre qui, sans signe précurseur, a brisé en un instant un trône entouré de tant de puissance, n'a reconnu aussitôt le dessein mystérieux de Celui qui se plaît à montrer aux rois *que toute majesté est empruntée?*

» ..... Un vœu s'échappe de notre cœur comme un cri d'amour et d'espérance. Ce vœu, qui est unique, nous en prenons Dieu à témoin, est le salut de la patrie. — Le salut du peuple, voilà la loi suprême, disait un de nos prédécesseurs en 1789, voilà le premier principe et comme la fin dernière de tout gouvernement juste..... Comment en effet la sagesse et la bonté divines auraient-elles pu sacrifier le bonheur de la multitude des hommes à la gloire d'un petit nombre d'heureux? En donnant des chefs au peuple, Dieu a prétendu lui donner des protecteurs. Il a voulu, suivant la sublime parole de Jésus-Christ, *que les premiers d'entre les hommes fussent les serviteurs de tous.*

» ..... Vous êtes des frères, parce que vous avez au ciel un Père commun, un Père dont vous êtes les enfants par droit de création et par droit de régénération. Un frère, s'il est investi de quelque autorité, ne peut dominer. Il ne peut qu'aider et servir..... Vous devez donc aimer.....

» N'oublions pas enfin que Jésus-Christ, en déclarant que son royaume n'est pas de ce monde, a déclaré par là même qu'il ne commandait et ne prescrivait aucune forme de gouvernement. Saint Paul s'est borné à dire à tous ceux qui gouvernent qu'ils étaient ministres de Dieu pour le bien des peuples. »

L'archevêque donne comme exemple les républiques italiennes du moyen âge, la Confédération suisse, et les gouvernements démocratiques des deux Amériques, où jamais le clergé n'a manifesté d'opposition à cette forme du pouvoir. Il fait un long et beau panégyrique de la liberté, inhérente au christianisme et dont l'Église a, de tout temps, été le temple. Il stigmatise le despotisme et la tyrannie.

« Nous ne voulons pas vous flatter, nos très-chers frères, mais nous ne pouvons nous empêcher de vous bénir, vous qui, sur les débris encore fumants du pouvoir qui vient de tomber, avez montré un respect si profond pour les droits de ce maître souverain qui *apprend aux rois, d'une manière si digne de lui, qu'ils doivent user de leur puissance comme il le fait lui-même, pour le bien du monde.....*

» Peuple de Paris, nouveau Samson, il t'a suffi de secouer un instant les colonnes d'un immense édifice pour en faire un monceau de ruines ; souviens-toi qu'il te faut encore plus de force morale pour conserver la paix et la liberté de ton illustre cité ; souviens-toi que ton incomparable courage, que nul peuple n'a égalé, ne saurait te sauver sans le secours de Dieu. Invoquons-le donc, ce Dieu qui a fait à la France une si belle part dans le monde...... »

Le 7, monseigneur Affre, assisté de ses deux vicaires, se présentait au Gouvernement provisoire, et protestait du loyal concours de tout le clergé de Paris.

L'archevêque de Lyon, cardinal de Bonald, mandait (27 février) à ses coopérateurs : « Donnez aux fidèles l'exemple de l'obéissance et de la soumission à la République ! Vous formiez souvent le vœu de jouir de cette liberté qui rend nos frères des États-Unis si heureux. Cette liberté, vous l'aurez. Si les autorités désirent arborer le drapeau de la nation, prêtez-vous avec empressement au désir des magistrats. Le drapeau de la République sera toujours pour la religion un drapeau protecteur. »

Le nonce, accusant réception (27 février) de la notification de la République, faite au corps diplomatique par le ministre des affaires étrangères, écrivait :

« Je ne résiste pas au besoin de profiter de cette occasion pour vous exprimer la vive et profonde satisfaction que m'inspire le respect que le peuple de Paris a témoigné à la religion au milieu des grands événements qui viennent de s'accomplir. Je suis convaincu que le cœur paternel de Pie IX en sera profondément touché, et que le père commun des fidèles appellera de tous ses vœux la bénédiction de Dieu sur la France. »

En un mot, le clergé adhérait unanimement à la République et au Gouvernement provisoire.

L'impulsion pénétrait jusque dans les communautés d'hommes.

Les dames du Sacré-Cœur, l'Œuvre des dames de charité envoyaient leurs offrandes.

XII

Une cérémonie touchante émut profondément la population de Paris. Les dames inspectrices et patronesses des crèches, salles d'asile et ouvroirs, parmi lesquelles on distinguait mesdames de Lamartine, Jules Mallet, la princesse de Beauvau, la duchesse de Marmier, suivies d'un grand nombre de petits enfants, escortées par des ouvriers et des gardes nationaux, se rendirent au siége du Gouvernement pour presser l'organisation définitive des institutions qui doivent assurer à l'enfance les soins maternels et l'éducation. Partout où ce cortége passait, le peuple attendri le saluait ainsi que le drapeau de la République, les bannières et leurs devises : « Éducation pour tous les enfants du peuple. — Crèches, salles d'asile, écoles, apprentissage. — Principes sacrés de la famille. — Laissez venir à moi les petits enfants. » Sur une de ces bannières, qui précédait les ministres des différents cultes, le grand rabbin, un pasteur protestant et des prêtres catholiques, on lisait : « Union des cultes, fraternité universelle ! »

XIII

La jeunesse avait donné l'élan à la Révolution, le 22 février, à dix heures du matin. Ardeur et courage pendant la lutte, modération et générosité après le combat, discipline les jours suivants, dévouement partout et toujours, elle avait élevé ses sentiments à la hauteur des circonstances. La République était son œuvre et son bien : elle voulait la conserver pure; elle voulait ne pas la laisser dévier dans l'indifférence de l'égoïsme, dans les honteux calculs de l'intérêt matériel, dans les basses intrigues d'ambitions vulgaires, dans les saturnales de vices méprisables. Si parfois elle se laissait éblouir par l'éclat de théories impossibles ou par l'exagération de vertus inapplicables, elle savait du moins qu'elle avait à préserver la Révolution des excès de la multitude ou du despotisme d'un homme. Elle avait conscience de son mandat; et pour le remplir dignement, elle était prête à mourir. Aussi les jeunes gens des Écoles, de l'industrie, du commerce, des administrations publiques et privées, vigilantes et infatigables sentinelles, se tenaient alertes et disposés à tout dévouement auprès des fondateurs de la République.

XIV

Les ouvriers sentaient sourdre une vie jusqu'alors inconnue. Ils avaient acquis le droit de cité; ils étaient citoyens! Pour eux, ce mot n'était pas une parole creuse, une insignifiante appellation : c'était la reconnaissance de leur égalité politique, le signe d'une situation morale nouvelle, le présage d'un sort meilleur. Ils avaient l'instinct des principes, sinon la science. Ils se voyaient relevés de leur état séculaire d'infériorité et de minorité, montés au sommet de l'échelle sociale; l'espace qu'ils avaient franchi, la lumière qui jaillissait, leur donnaient le vertige. Affranchis d'un jour, subitement maîtres de leur part de souveraineté, forts de leur nombre, tout les entraînait à ne plus connaître de limite à leur puissance, à aspirer à la domination. Mais la République imprégnait leurs âmes de ses principes, et s'ils étaient faciles à céder aux inspirations les plus diverses, aux ardeurs les plus soudaines, ils conservaient leurs sympathies profondes pour les membres du Gouvernement provisoire qui, depuis longtemps, jouissaient près d'eux d'une juste popularité. Tous les métiers accouraient à l'Hôtel de ville, prodiguant leurs acclamations, célébrant leur résurrection et leur amour de la République par les chants de la *Marseillaise* et des *Girondins*.

XV

Les partis et les hommes politiques savaient gré au Gouvernement de relever le pouvoir, de gouverner sans violence, de diriger la Révolution par la grandeur des idées, de ne s'appuyer que sur les bons sentiments du peuple, de n'exercer qu'une autorité provisoire, et de fixer pour limite à sa dictature la prochaine représentation de la France. Ils appréciaient surtout sa volonté de constituer une République où toutes les intelligences et toutes les opinions pourraient venir puiser et verser leurs forces.

XVI

Les députés de la gauche, du centre gauche et du tiers parti se réunissaient chez M. Odilon Barrot. MM. Thiers, Duvergier de Hauranne, Rémusat, Malleville, Dufaure, Billault, Gustave de Beaumont, Abbatucci et leurs amis décidaient, à l'unanimité, qu'ils offriraient au Gouvernement provisoire un loyal concours. Certes, la Révolution avait dépassé leurs prévisions. Ils eussent préféré la régence de la duchesse d'Orléans, qui présentait, suivant eux, plus de sécurité à la liberté, à l'ordre et à la paix. Mais cette régence avait été emportée malgré leurs efforts! Soumis aux lois de la nécessité, partisans d'ailleurs du régime parlementaire, désarmés de tout prétexte d'agression contre une république où ils entrevoyaient leur rôle, ils considéraient comme un devoir de se rallier à ce pouvoir qui maintenait les principes et les bases de la société. En députation et individuellement, ils venaient à l'Hôtel de ville; et un certain nombre acceptaient, sans hésiter, la mission de Commissaires dans leurs départements, chargés d'inaugurer la République et de représenter le Gouvernement provisoire.

XVII

Les légitimistes savouraient, dans la Révolution de Février, une vengeance de la Révolution de Juillet. Élevé sur les barricades, le trône de Louis-Philippe, brisé sur les barricades, était frappé par l'équitable fatalité de son destin : il devait succomber là où il était né. La dévastation du Palais-Royal, foyer de la dynastie d'Orléans, était le châtiment infligé par la justice divine. Puis, comparant les chutes des deux monarques, exhaussant l'une, rabaissant l'autre, admirant la dignité de la royale retraite de Charles X, méprisant la honte de la fuite solitaire de Louis-Philippe, ils se réjouissaient au spectacle de cette révolution qui donnait satisfaction au plus violent de leurs désirs.

A la séance de la Chambre des députés du 24 février, on avait vu, sans étonnement, MM. Berryer et de la Rochejaquelein soutenir, avec insistance, la formation d'un gouvernement provisoire en opposition à la constitution de la régence. M. de la Rochejaquelein était partout : à l'Hôtel de ville, dans les ministères. M. Berryer écrivait (25 février) à M. Nègre, avocat républicain de Marseille, ville dont il était le député :

« Vous savez les événements de Paris. Dites à tous mes amis et à tous que ma règle de conduite est absolument et fermement celle-ci :

» *Soutenir le Gouvernement provisoire,* faire respecter les personnes et les propriétés, maintenir la liberté des votes, attendre l'Assemblée nationale.

» Toute autre pensée est funeste, toute autre manifestation est coupable. »

Le journal légitimiste, *l'Union,* qui insérait cette lettre (5 mars), l'accompagnait de cet entre-filets : « Toutes les lettres que nous recevons témoignent de l'admiration et de la gratitude pour les hommes qui se sont chargés du gouvernement provisoire dans les conjonctures périlleuses où Paris s'est trouvé...... Dans le temps où nous sommes, il n'y a pour tous qu'un sentiment et qu'un devoir, c'est d'être justes. »

L'Union annonçait aussi que M. de Polignac, second fils du ministre de Charles X, s'était enrôlé, le 1er mars, dans le bataillon de la garde mobile de la 10e légion, où il avait été élu capitaine à l'unanimité.

M. de Falloux écrivait, le 25 février, sous l'impres-

CHAPITRE QUATRIÈME.

sion du moment, à *l'Union de l'Ouest,* journal d'Angers :

« Le mouvement actuel a cela d'évident qu'il ne peut blesser aucune conscience. Il ne s'agit plus d'une fidélité à transporter lâchement d'un prince à un autre, il ne s'agit pas d'une ambition à badigeonner de la couleur du jour : désormais c'est le gouvernement de tous par tous, qu'il importe de régulariser...

» Tout est nouveau, tout est inouï dans les événements actuels. Notre conduite ne doit plus relever à cette heure que de notre patriotisme, sans aucun souvenir de nos vieilles démarcations de parti.

» Le Gouvernement provisoire installé à Paris est lui-même le meilleur emblème de ce devoir social, qui sera, je l'espère, compris par tous nos compatriotes. Beaucoup de ses membres me sont particulièrement connus, et je m'honorerai toujours des relations qui m'ont rapproché d'eux depuis mon entrée dans la Chambre. Ils consacrent en ce moment de grands efforts à rendre au pays la sécurité, le calme dont il a besoin pour vaquer aux grandes questions qui vont se soulever : la Constitution d'abord, la liberté des cultes, la paix ou la guerre.

» Dites-vous bien que l'Europe va prendre feu d'un bout à l'autre à la nouvelle des événements de Paris. Cela, grâce à Dieu, nous dispense en France de songer à l'étranger. Les puissances étrangères, comme on disait jadis, sont aujourd'hui les *impuissances étrangères.* Tout ce que leurs attaques ont entraîné de violences, de passions, en 92 et 93, ne peut plus se reproduire. Le mouvement actuel, d'ici à six mois, enveloppera 60 millions d'hommes. Nous sommes séparés de toute agression possible par un boulevard de trois cents lieues, par un rempart de peuples qui tournent vers nous leurs cœurs et non leurs armes. »

M. de Falloux recommande ensuite à ses amis « de travailler à bien faire comprendre au clergé des campagnes que la religion fleurit dans les républiques américaines ; qu'elle a fait au moyen âge la splendeur des républiques italiennes... M. de Chateaubriand a écrit, il y a bien des années : Je suis monarchique par principes, je suis républicain par nature. Ce mot est parfaitement sincère dans la bouche de Chateaubriand et des hommes de l'Ouest en général... »

M. de Falloux finit ainsi :

« Je ne puis, du reste, terminer ce griffonnage sans consigner ici ce qui n'étonnera que ceux de nos amis éloignés du théâtre des événements, c'est mon *admiration*, je souligne le mot, pour le peuple de Paris ; sa bravoure a été quelque chose d'héroïque, ses instincts d'une générosité, d'une délicatesse qui dépassent celle de beaucoup des corps politiques qui ont dominé la France depuis soixante ans. On peut dire que les combattants, les armes à la main, dans la double ivresse du danger et du triomphe, ont donné tous les exemples, sur lesquels n'ont plus qu'à se régler aujourd'hui les hommes de sang-froid. Ils ont donné à leur victoire un caractère sacré. Unissons-nous à eux pour que rien désormais ne la dénature ou ne l'égare... »

XVIII

Les conservateurs n'étaient pas les moins empressés auprès du Gouvernement provisoire. Pour eux, ce Gouvernement c'était le pouvoir, c'est-à-dire la sauvegarde universelle ; c'était leur unique refuge. Blessés dans leurs affections, ils n'étaient pas atteints plus que les autres dans leurs intérêts. Ils ne redoutaient pour leurs personnes ni proscription, ni persécution, tant que les hommes de bonne volonté qui gouvernaient l'État en garderaient la direction. Ils les appelaient les protecteurs de l'ordre, les défenseurs de la propriété, les soutiens de la société. Ils leur prodiguaient les éloges pour avoir repoussé le drapeau rouge et aboli la peine de mort. Ils payaient d'applaudissements enthousiastes leurs efforts surhumains contre l'anarchie. Ils les accueillaient et les escortaient de vivat. Était-ce la voix de la reconnaissance ou le cri de la peur ?

XIX

La famille Bonaparte faisait acte spontané d'adhésion à la République et au Gouvernement provisoire. Elle écrivait :

A Messieurs les membres du Gouvernement provisoire de la République.

« La nation vient de déchirer les traités de 1815. Le vieux soldat de Waterloo, le dernier frère de Napoléon, rentre dès ce moment au sein de la grande famille.

» Le temps des dynasties est passé pour la France !

» La loi de proscription qui me frappait est tombée avec le dernier des Bourbons. Je demande que le Gouvernement de la République prenne un arrêté qui déclare que ma proscription était une injure à la France, et a disparu avec tout ce qui nous a été imposé par l'étranger.

» Recevez, Messieurs les membres du Gouvernement provisoire de la République, l'expression de mon respect et de mon dévouement.

» JÉRÔME BONAPARTE.

» Paris, 26 février. »

A M. M......

« Au moment même de la victoire du peuple, je me suis rendu à l'Hôtel de ville. Le devoir de tous les bons citoyens est de se réunir autour du Gouvernement provisoire de la République, et je tiens à être un des premiers à le faire, heureux si mon patriotisme peut être utilement employé.

» Recevez, Messieurs, l'expression des sentiments de respect et de dévouement de votre concitoyen

» NAPOLÉON BONAPARTE.

» Paris, 26 février. »

« Messieurs,

» Fils de Lucien Bonaparte, nourri de ses opinions républicaines, idolâtre, comme lui, de la grandeur et du bonheur de la France, j'accours, enfant de la patrie, me mettre à la disposition des éminents citoyens qui forment le Gouvernement provisoire. Le sentiment qui me domine, c'est un patriotique enthousiasme, et la conviction que la prospérité et l'avenir de la République ont été résolus le jour où le peuple vous a mis à sa tête. Comme mon père, qui n'a jamais trahi son serment, j'engage le mien entre vos mains à la République française.

» Recevez, Messieurs, cet acte d'une profonde sympathie et d'un dévouement qui ne demande que d'être mis à l'épreuve.

» Pierre-Napoléon Bonaparte.

» Paris, le 29 février 1848. »

« Messieurs,

» Le peuple de Paris ayant détruit, par son héroïsme, les derniers vestiges de l'invasion étrangère, j'accours de l'exil pour me ranger sous le drapeau de la République qu'on vient de proclamer.

» Sans autre ambition que celle de servir mon pays, je viens annoncer mon arrivée aux membres du Gouvernement provisoire et les assurer de mon dévouement à la cause qu'ils représentent comme de mes sympathies pour leurs personnes.

» Recevez l'assurance de ces sentiments.

» Napoléon-Louis Bonaparte. »

Napoléon-Louis Bonaparte était à Londres lorsque la révolution de Février éclata. Il accourut à Paris. Le Gouvernement provisoire pensa que sa présence et son nom pouvaient servir de prétexte à des troubles, à des conspirations. Afin de déjouer une nouvelle complication, il lui manda de s'éloigner momentanément. Napoléon-Louis Bonaparte se retira sur-le-champ, faisant cette réponse :

« Messieurs,

» Après trente-trois années d'exil et de persécution,

je croyais avoir acquis le droit de retrouver un foyer sur le sol de la patrie.

» Vous pensez que ma présence à Paris est maintenant un sujet d'embarras. Je m'éloigne donc momentanément; vous verrez dans ce sacrifice la pureté de mes intentions et la sincérité de mon patriotisme.

» Recevez, Messieurs, l'assurance de mes sentiments de haute estime et de sympathie.

» Napoléon-Louis Bonaparte.

» Paris, le 29 février 1848. »

XX

Dans les départements, le bruit de la lutte de Paris avait causé un émoi général. Les populations attendaient avec anxiété les arrivées des diligences, des malles-poste, des convois de chemin de fer. L'agitation suivait la marche des événements. L'ignorance des détails, laissant les faits inexplicables, enfiévrait les esprits. Un grand nombre de préfets dissimulaient les nouvelles, supprimaient les dépêches télégraphiques. Cependant, peu à peu, la vérité perçait : on apprenait successivement la chute du Cabinet, le projet d'un ministère Thiers et O. Barrot, l'abdication du roi, la régence, l'élection du Gouvernement provisoire, la proclamation de la République.

Dans plusieurs chefs-lieux d'arrondissement, les patriotes n'attendirent pas les derniers renseignements et devancèrent hardiment le mouvement. Mais presque partout il y eut entre le peuple et les autorités une espèce de compromis tacite. De part et d'autre on savait que Paris seul pouvait décider du sort du pays, et l'on se préparait à suivre l'impulsion de la capitale.

Dès que les faits furent connus, les hommes du parti libéral et ceux du parti radical s'emparèrent de la direction. D'un commun accord avec les préfets, les généraux et les maires, ils organisèrent des Conseils. Chaque cité eut des incidents divers curieux à raconter, des situations dangereuses, des actes d'énergie, des témérités heureuses, des dignités soutenues, des faiblesses honteuses, que le cadre de cette histoire ne comporte pas, mais qui doivent trouver place dans les annales des villes. De luttes réelles, de combats sanglants, il n'y en eut nulle part. Partout le peuple ratifia avec ardeur la révolution de Paris; partout le Gouvernement provisoire rencontra de vives sympathies; partout la République fut acceptée sans opposition et accueillie avec une joie poussée jusqu'au délire.

Aussitôt, comme à Paris, un rapprochement immédiat se fit entre toutes les opinions. Un empressement général entoura les chefs de l'Opposition, citoyens influents, estimés, connus la plupart pour leurs principes avancés. Accablés de soins, d'attentions, de prévenances, d'offres de service, ils virent mettre à leur disposition fortunes, personnes, dévouements absolus. Ralliant les populations sous leur efficace protection, ils devinrent les intermédiaires du pauvre et du riche, du chef d'industrie et des ouvriers, de tous les intérêts opposés. Ils représentèrent, tout à la fois, les communes et le Gouvernement provisoire. Ils établirent des relations de parfait accord avec les généraux commandant les divisions et subdivisions militaires. Par une communauté de sentiment, l'amour de la patrie, ils unirent l'armée et la garde nationale spontanément réorganisée. Pleins de courage et de bienveillance, inspirés par l'étendue de leurs devoirs, dédaignant les considérations étroites, regardant de haut, surchargés de travaux urgents, présents partout et à toute heure, conciliants, rassurant les timides, encourageant les peureux, protégeant tous les partis, sauvegardant tous les intérêts, ils obtinrent ce résultat immense que, pour l'honneur et pour les destinées du pays, il faut signaler avec orgueil : dans toute la France la révolution s'accomplit sans confiscation, sans proscription, sans une goutte de sang.

Ainsi disposés, les départements ne ménagèrent ni les députations ni les adresses au Gouvernement provisoire.

XXI

Le même feu qui embrasait la France embrasait tous les peuples. L'impulsion des idées se propageait chez toutes les nations. La commotion ébranlait l'Europe. Les trônes vacillaient. Les vieilles constitutions dépérissaient. Le progrès faisait pénétrer ses lois jusque dans les palais des rois. La Liberté planait sur le monde, qui se sentait grandir.

Les étrangers présents à Paris, enflammés par cet enthousiasme débordant, se précipitaient à l'Hôtel de ville : Anglais, Américains, Allemands, Italiens, Belges, Hongrois, Espagnols, Polonais, citoyens de toutes les contrées, y portaient leurs félicitations et leurs vœux !

Le premier ambassadeur qui se présenta fut celui des États-Unis, M. R. Rush. Son discours finissait par ces paroles : « Permettez-moi, Messieurs, d'employer les mots dont le grand et excellent Washington, l'immortel fondateur de notre République, s'est servi dans une occasion pareille à celle-ci, et de terminer cette adresse en ajoutant à nos félicitations ce souhait fervent que l'amitié des deux Républiques soit égale à leur durée. »

Le ministre des affaires étrangères recevait de tous les ministres plénipotentiaires les communications les plus pacifiques.

XXII

La presse, dans les premiers jours, se montra pénétrée de ses devoirs. Interprète des opinions de parti, des pensées des hommes politiques, des passions de la foule, elle ne propageait que les idées d'ordre, de modération, de conciliation et de confiance mutuelle. Elle racontait les faits avec sincérité, adoucissait les causes d'irritation, calmait les impatiences. Indulgente pour les hommes et pour les choses, son examen était consciencieux, sa polémique sans haine, sa critique sans amertume. Laissant de côté les querelles personnelles, les reproches, les banalités, elle cherchait ses inspirations dans la grandeur des événements, dans l'amour de la patrie.

Les principaux rédacteurs vinrent, les 24, 25, 26 février, à l'Hôtel de ville. M. Merruau, rédacteur en chef du *Constitutionnel,* s'y trouvait en même temps que M. Lubis, rédacteur en chef de *l'Union.* Le sentiment qui les y amenait, ainsi que leurs collègues, n'était pas l'égoïsme, la personnalité, mais le désir sincère de servir le pays, d'aider à la réorganisation du pouvoir, et de concourir, de leur plume et de leur influence, à la réédification de l'ordre social. Leurs offres de service étaient accueillies comme elles étaient offertes, avec convenance et dignité.

Les Débats savaient garder fidélité à la famille royale et observer le respect dû à la souveraineté du peuple. La position de cette feuille était des plus délicates. Organe semi-officiel du gouvernement déchu, elle exprimait ses regrets avec une émotion calme, et se soumettait sans bassesse aux nécessités de la Révolution. Sans éloge, mais sans blâme, elle ne cherchait à susciter aucun embarras au pouvoir nouveau; souvent même, ne considérant dans le Gouvernement provisoire que le principe d'autorité, elle approuvait les mesures prises, et elle encourageait ses amis à soutenir les hommes qui étaient devenus les soutiens de la société.

Le Siècle, dirigé par MM. Chambolle et Perrée, avait contribué puissamment à la révolution. Partisan du principe de la souveraineté du peuple, il en acceptait les conséquences. M. Perrée fut nommé, le 25, maire du 3° arrondissement, où il déploya un zèle et une activité inépuisables.

Le National et *la Réforme* avaient leurs représentants au Gouvernement provisoire.

Le journal de M. Cabet démontrait à ses partisans l'utilité de reconnaître un gouvernement qui proclamait la République et les principes fondamentaux de la liberté, de l'égalité et de la fraternité.

L'Atelier, journal publié par des ouvriers, adressait à leurs camarades les conseils les plus sages, avec un bon sens pratique et un patriotisme éprouvé.

Les autres feuilles, chacune suivant sa ligne et ses opinions, aidaient également à éclairer la nation sur les circonstances et sur les devoirs qu'elles imposaient.

La presse départementale, fidèle image de celle de Paris, savait surmonter les rancunes et les vengeances. Elle ne songeait qu'à bien dire et à bien faire.

Qu'on relise les journaux de ces premiers jours, et l'on verra que nous exprimons la plus stricte vérité. On ne pourra refuser son admiration à cet ensemble de volontés associées, pour le salut de la société, dans la défense du Gouvernement provisoire contre l'anarchie, la discorde et la guerre civile.

Ces beaux jours d'entente universelle s'écoulèrent bien vite! Du moins ils avaient vu la presse élever sa mission à la hauteur d'un sacerdoce.

XXIII

Une scène émouvante complétera le tableau. Le 2 mars, jour anniversaire des funérailles d'Armand Carrel, mort à la suite d'un duel avec M. Émile de Girardin, un cortége nombreux de citoyens, gardes nationaux, élèves des Écoles, précédé de M. Armand Marrast, se transporta sur sa tombe, à Saint-Mandé, afin de lui rendre de pieux devoirs. Dans une oraison funèbre, M. Marrast avait rappelé que Carrel n'admettait ni classes ni distinctions autres que celles des services rendus, qu'il ne tolérait ni ostracisme ni exclusion. Ce discours avait profondément touché les cœurs. Un sentiment indicible saisit la foule lorsqu'on vit s'avancer M. Émile de Girardin, lorsqu'on l'entendit exprimer des regrets amers et douloureux, et demander que le Gouvernement provisoire complétât son œuvre glorieuse de l'abolition de la peine de mort par la proscription du duel. M. Armand Marrast accepta cette expiation solennelle au nom des sentiments de concorde et d'union. Puis M. Marrast et M. Émile de Girardin se donnèrent la main; et la foule silencieuse, émue, se dispersa.

XXIV

Ce récit rapide et incomplet des adhésions qui accueillirent la fondation de la République et le Gouvernement provisoire ne donne qu'une imparfaite idée de cette explosion d'enthousiasme qui éclatait de toutes parts, de ce courant électrique qui surexcitait les esprits les plus inertes, de cette exaltation qui s'emparait des imaginations les plus froides, de cet entraînement qui absorbait toutes les volontés dans la Révolution, et qui groupait autour de quelques hommes de bonne volonté la banque, le commerce, l'industrie, l'agriculture, la magistrature, le barreau, la science, l'art dans ses diverses expressions, l'armée, la marine, l'Église, les femmes, la jeunesse, les ouvriers, les partis politiques, les députés, les conservateurs, les légitimistes, les bonapartistes, les départements, les étrangers et la presse.

CHAPITRE CINQUIÈME.

Excès du droit de réunion : clubs; affiches.—Les intérêts matériels ont été exaltés par le gouvernement déchu et par certaines sectes socialistes; ils se déchaînent.—Une députation des partisans des doctrines de M. Louis Blanc réclame la création d'un ministère du progrès. — Illusions des ouvriers; inopportunité de leurs exigences; dangers de leur agitation; leurs égarements. — M. Louis Blanc insiste, dans le Conseil, sur la création d'un ministère du progrès; opposition; il offre sa démission; sa retraite est un péril pour la République; conciliation; création de la Commission de gouvernement pour les travailleurs; M. Louis Blanc, président; M. Albert, vice-président. — M. Louis Blanc annonce cette création aux pétitionnaires. — Le lendemain, une nouvelle députation se rend, pour le même objet, à l'Hôtel de ville; des membres du Gouvernement provisoire descendent sur la place et vont, de groupe en groupe, faire connaître les dispositions favorables du Gouvernement. — La création de cette Commission donne satisfaction aux idées de M. Louis Blanc comme à celles des économistes; enquête sur le travail.—L'opinion publique, au début, accueille favorablement cette création.—Les ouvriers ne retournent pas à l'atelier; une proclamation les convoque au Luxembourg. — Première séance de la Commission : sa formation est basée sur la représentation égale des intéressés. — Deuxième séance : les chefs d'industrie y assistent; abolition du marchandage; réduction des heures de travail; mobiles du Gouvernement provisoire dans ces questions. — Exigences des ouvriers; M. Louis Blanc en est assailli; il adresse aux travailleurs une proclamation qui les exhorte à la patience; il fait appel à tous les hommes qui se sont occupés des questions sociales.—Condamnés politiques : hors de prison, ils obéissent à des inspirations sans limite; mot de M. Barbès; blessés de Février; le Gouvernement provisoire nomme une commission des récompenses nationales. — Nécessités commerciales et financières : les échéances des effets de commerce sont prorogées; large escompte de la Banque; le maire de Paris ordonne l'ouverture de la Bourse; impossibilité; liquidation de fin de mois. — Séance du Conseil, au ministère des finances : pièces frappées à l'effigie de la République; M. Pelouze nommé directeur de la Monnaie de Paris; délibération sur les biens de la Liste civile, du domaine privé et de la famille royale; les biens de la Liste civile sont mis sous scellé; les biens du domaine privé et ceux des princes et des princesses sont placés sous séquestre provisoire; la confiscation est repoussée; nomination de M. Marrast à l'administration de la Liste civile; perception des impôts; réclamations universelles; danger de les satisfaire; résistance de M. Goudchaux.—Proclamation du Gouvernement; son appel à la patience n'est pas entendu; insistance des journalistes pour obtenir l'affranchissement du timbre; leur démarche à l'Hôtel de ville; suppression de l'impôt du timbre; abolition des lois de Septembre et d'autres lois contraires à la liberté et aux intérêts de la presse. — Fièvre des places; les solliciteurs assiégent le Gouvernement, qui résiste et réduit les emplois; distinction entre les fonctions politiques et les fonctions purement administratives; mutations complètes dans les premières; respect des secondes. — Bureaux du Gouvernement; l'ordre s'établit.—Les séances du Conseil se tiennent au Petit Luxembourg. — MM. Buchez, Recurt, Flottard, Lagrange, Rey, Beaumont, à l'Hôtel de ville. — Le maire de Paris fait décréter qu'il ne relève que du Gouvernement; ses projets d'ensemble sur Paris et sur la préfecture de police.—État financier laissé par la monarchie; son mécanisme de crédit; imminence de la banqueroute; M. Goudchaux convoque le Gouvernement; réunion au ministère des finances : exposé du ministre; stupeur; rejet de la banqueroute; anticipation du payement du semestre de la rente cinq pour cent. — Nouvelle réunion du Conseil; démission de M. Goudchaux; le Conseil demande à M. Garnier-Pagès de se charger du ministère des finances; il accepte; M. E. Duclerc, sous-secrétaire d'État. — Résumé.

I

Cependant, au milieu de cet accord universel, on voyait poindre, comme conséquence naturelle des faits antérieurs à la Révolution et de la Révolution elle-même, des besoins, des exigences, des nécessités, qui devaient créer au Gouvernement provisoire des obstacles presque insurmontables.

Le peuple s'était soulevé au nom du droit de réunion : le lendemain de la victoire, tout le monde voulut se réunir; partout s'ouvrirent des clubs. Issu de cette lutte même, le Gouvernement provisoire devait-il s'opposer à leur formation, se redresser contre sa propre origine? Il n'en eut ni le désir, ni la pensée. Il n'en aurait pas eu le pouvoir.

On se rassemblait d'abord dans le but de discuter

une question spéciale : démarche, pétition, réclamation, adresse au Gouvernement. On nommait un président et un secrétaire. Le bureau formé, on se déclarait en permanence ; le club était constitué. Alors on exposait le but de la réunion. La discussion s'engageait ; la proposition était adoptée ou rejetée ; puis l'on prenait un autre sujet. On passait en revue tous les systèmes. Chaque assistant parlait à propos de tout, émettant son idée et voulant l'imposer. Les applaudissements et les sifflets étaient frénétiques. On se pressait, on se poussait, on s'exaltait de mouvement et de bruit.

La curiosité conduisait au club. On s'y animait, malgré soi, à une opinion, à une proposition, et l'on se jetait dans le débat. — Bien des hommes graves et froids seraient fort surpris et se renieraient eux-mêmes si on leur rappelait aujourd'hui leurs paroles, leurs conseils de ces jours de vertige. Chacun voulait voir, entendre, parler ; chacun disait son rêve et faisait son projet. Jamais les imaginations ne furent en proie à un tel trouble. C'était une fièvre qui s'abattait, comme une épidémie, sur la population tout entière et la frappait de délire.

Les clubs dans les salles ne suffisant pas, on multiplia les clubs en plein vent. Sur les places publiques, aux coins des rues, le jour, la nuit, pauvres, riches, ouvriers, bourgeois, femmes, enfants, s'arrêtaient, s'attroupaient, causaient, péroraient, s'enivraient de discours et de passions.

On s'assemblait autour d'une affiche. Les murs en étaient couverts et en offraient de toutes couleurs, de toutes grandeurs. Toutes étaient lues, commentées par les passants. — Elles furent prodiguées à tel point que les proclamations du Gouvernement se trouvant perdues et noyées dans ce pêle-mêle, le maire de Paris dut rappeler (28 février) que seul le Gouvernement pouvait faire ses publications sur papier blanc. De plus, l'exagération et l'extravagance se donnèrent si libre carrière, que les imprimeurs, n'osant apposer leur signature, le Gouvernement provisoire fut obligé de décréter (29 février) qu'aucune affiche ne pourrait paraître sans nom d'imprimeur.

II

Les intérêts matériels devaient aussi susciter au Gouvernement provisoire des embarras sans cesse renaissants.

Ce n'était pas impunément que le culte en avait été enseigné pendant dix-huit ans. Cette maxime égoïste « Chacun pour soi, » cette doctrine qui enfouissait les droits du citoyen dans le sac de ses écus, ce système énervant résumé dans la parole ministérielle « Enrichissez-vous! » avaient fait au cœur de la nation une plaie profonde. On avait éveillé toutes les convoitises. Chemins de fer, ponts, canaux, étaient convertis en primes, chiffrés, joués à la Bourse, livrés à l'agiotage le plus effréné. Les emplois avaient cessé de récompenser les services rendus et le mérite; monnaie électorale, ils payaient les complaisances serviles et le vice oisif. Chacun, par une pente insensible dans cette décadence morale, se laissait entraîner à l'adoration du veau d'or.

D'autre part, parmi les doctrines économiques socialistes, il en était qui, tout en cherchant à éclairer les travailleurs et à améliorer le sort de l'humanité, avaient réhabilité les intérêts matériels et provoqué l'égoïsme le plus âpre. Des novateurs avaient pris texte de la misère qui accable les masses des populations : prêchant d'ingénieux systèmes contre ces souffrances, ils avaient semé les idées d'un matérialisme absolu. Ils avaient affirmé, soutenu que le droit politique, pure satisfaction morale, n'était que le moyen, mais que le vrai but de la vie, c'était la jouissance dans la satisfaction des appétits matériels.

De telle sorte qu'entre la royauté et certaines sectes socialistes, il y avait eu comme une émulation à surexciter la partie fangeuse du cœur humain.

III

Il advint que le lendemain d'une révolution accomplie au nom du droit contre la force, de l'égalité contre le privilége, de la liberté contre l'oppression, de la moralité contre la corruption, de la grandeur et de la gloire de la France contre son abaissement et son humiliation, il y eut débordement de réclamations et d'exigences de tous les intérêts.

A ce moment suprême où chacun, par un léger sacrifice, pouvait aider à sauver le pays, le pauvre par son travail, le riche par sa fortune, on ne vit dans la Révolution que les améliorations matérielles, qu'on avait, il est vrai, le droit d'en attendre avec le temps, mais auxquelles on refusait le moindre délai. Alors que chacun devait chercher le salut dans ses propres forces, tous couraient solliciter le Gouvernement provisoire, le mettre en demeure d'agir, et d'agir sur-le-champ. Il lui fallait avoir des soulagements pour toutes les douleurs, des mesures pour toutes les circonstances, des secours pour tous les besoins, des ressources pour toutes les nécessités. Certes, son œuvre était vaste : il avait les abus à réprimer, les impôts à modifier, les innovations à créer, les réformes politiques, économiques, sociales, à étudier, à pratiquer! Mais chaque désir, chaque appétit, voulait une réalisation soudaine. Tous exigeaient que la société, les lois, les mœurs, les relations, les rapports d'intérêts, la propriété, les associations, fussent subitement transformés. Le Gouvernement provisoire n'avait-il pas son talisman : la rédaction de quelques lignes sur un papier, un décret!

Ce n'étaient pas seulement les théoriciens, les politiques, les ouvriers, qui s'emparaient de la Révolution pour arracher des concessions, c'était la nation entière ; banquiers, commerçants, industriels, agriculteurs, propriétaires, producteurs, consommateurs, entrepreneurs, employés, militaires, marins, universitaires, etc.; c'étaient les réfugiés eux-mêmes.

On verra, en poursuivant le cours de cette histoire, cette pression haletante, sans limites, tourmenter, harceler, absorber le Gouvernement, ne lui laisser ni trêve ni repos jusqu'à l'heure dernière, où il remit fidèlement son pouvoir aux représentants de la France.

IV

Les diverses écoles de réformes sociales, antérieures même à la Révolution de 1830, avaient eu d'abord peu de succès parmi les ouvriers. Cependant, depuis la répression des nombreuses grèves qui soulevèrent plusieurs grands centres d'industrie durant les dernières années de la royauté, les nouvelles doctrines s'étaient répandues ; mais presque toutes encore à l'état de théories, peu étudiées, imparfaitement formulées. Une seule avait rencontré sa réalisation dans une association qui avait prospéré : l'association des ouvriers bijoutiers, dirigée par MM. Leroy et Thibault. Sa base était la rétribution suivant le travail. La liberté des associés était complète : ils pouvaient se retirer, n'ayant à sacrifier que leur droit à la réserve destinée à former un capital inaliénable. D'autres tentatives avaient été essayées sous d'autres inspirations, mais sans résultat heureux.

V

Les ouvriers, trompés souvent dans leurs espérances, réduits pendant les deux dernières années, années de disette et de crise, à ne gagner que péniblement un salaire insuffisant même pour vivre, soumis aux privations extrêmes, ne voyaient, ne pouvaient voir qu'une seule chose : leur impuissance à nourrir leur famille avec le prix de leur travail. Aussi, le 24 février, les membres du Gouvernement provisoire, se rendant à l'Hôtel de ville, avaient-ils pu lire sur une bannière l'expression énergique de cette position désespérée, tracée à Lyon en traits de feu et de sang : « Vivre en travaillant, ou mourir en combattant ! »

VI

Un pouvoir né de la victoire de ce peuple devait donc s'attendre à voir surgir de tous les ateliers une explosion de plaintes, de gémissements, de réclamations sur les salaires, sur les heures de travail, sur les règlements, sur la discipline, sur les engagements, sur les livrets, sur les congés, sur les admissions, sur les apprentissages, sur les outils, sur la distribution des travaux, sur le marchandage, sur la concurrence des ouvriers étrangers, etc., etc.

Dans l'impossibilité de résoudre instantanément les difficultés immenses que le progrès social rencontre à chaque pas de l'humanité, et que le temps seul permet de vaincre, le premier devoir du Gouvernement était du moins de chercher la voie, d'adoucir les transitions, et de concilier les intérêts opposés. Repousser l'exagéré, le faux, l'injuste, appliquer l'utile sur les bases de la vérité et de la justice, apaiser les esprits, calmer les souffrances, limiter les prétentions, telle fut sa volonté ! Le salut de la France était là !

VII

Le moment était-il d'ailleurs favorable aux réformes voulues et aux solutions exigées ? Les ouvriers en avaient la conviction ; mais ils se brisaient contre l'impossible.

Ce n'est pas aux jours de troubles, de révolutions, qu'il faut demander la guérison sociale. A ces époques d'ébranlement, toute dissolution est aisée, toute organisation est difficile. Cela tient à l'irrésistible logique des faits. Le fabricant souffre déjà de l'interruption des affaires, de l'arrêt de la consommation ; s'il doit ajouter à ces pertes les augmentations de salaire, les diminutions d'heures de travail, il ne peut plus soutenir la concurrence étrangère. Il ferme sa fabrique. Cette suspension augmente la crise; la crise, le chômage des ouvriers; et le chômage, leur misère.

C'est aux temps réguliers, à l'industrie active, au commerce productif, que sont réservées les réformes utiles, les associations, les essais de systèmes nouveaux, les innovations fécondes, toute satisfaction rêvée par les travailleurs. Espérer d'une situation ruinée des améliorations immédiates, c'est s'abandonner à une illusion que partageaient avec les ouvriers les théoriciens, savants dans les généralités de la science, mais peu habiles dans l'application des phénomènes sociaux.

Ainsi, justifiée par les souffrances passées, l'agitation des travailleurs allait droit contre leur but. Plus elle devenait vive, plus le travail diminuait et plus la misère croissait : l'agitation se créait ainsi une nouvelle activité : funeste et terrible série de conséquences désastreuses, cercle fatal qui devait entraîner le peuple et la Révolution jusqu'à leur perte !

VIII

Les ouvriers ne comprirent pas la haute portée des institutions politiques et des conquêtes morales que le peuple avait le droit de recueillir de la Révolution, et dont le Gouvernement versait à flots les applications diverses sans restriction aucune. Maîtres des moyens, ils eussent, la crise passée, poursuivi et obtenu successivement ces améliorations, ardents objets de leurs vœux. Capital, crédit, lois réglementaires, facilités d'association, limitation des heures de travail, concessions de grandes entreprises, réductions d'impôts sur les matières premières et sur la vie du pauvre, ils eussent trouvé tout dans le calme d'un État libre et prospère, dans la fortune publique. Ils eussent puisé des ressources infinies dans leurs propres efforts unis aux efforts d'un gouvernement sans cesse élu par tous, et nécessairement appliqué au bonheur de tous. Ils eussent senti que l'*Idée*, fille de Dieu, dépositaire du mot de l'humanité, et d'essence souverainement morale, se développe par le sacrifice, grandit par le dévouement, et n'est accordée qu'aux nations prédestinées à enseigner et à conduire le monde. Ils eussent élevé l'âme du peuple français à la hauteur d'un apostolat. Ils se fussent associés, sang et chair, au Gouvernement dans sa mission de législateur des institutions républicaines.

Le Gouvernement provisoire tenta de les pénétrer de ces incontestables vérités. Heureux s'il y fût parvenu! La République qu'il avait fondée eût été consolidée pour jamais, et la liberté ne porterait pas son deuil.

Nous avons dû nous laisser aller à ces considérations préliminaires, parce qu'elles sont l'explication vraie, la clef même des événements.

IX

Le 28 février, une députation des partisans et disciples de M. Louis Blanc, suivie de deux mille ouvriers, vint à l'Hôtel de ville appuyer la demande d'un ministère du progrès. Cette demande avait été faite par M. Louis Blanc, qui la considérait comme le complément de son organisation du travail.

M. Louis Blanc insista vivement près du Conseil sur la création de ce ministère. Suivant lui, « ..... la Révolution avait un sens social : que tardait-on à la définir ? La Révolution venait de révéler le vrai souverain, et ce souverain, le prolétariat le retenait esclave : que tardait-on à le reconnaître ? Créer un ministère qui fût celui de l'avenir, remplacer par une organisation fraternelle du travail l'abominable anarchie qui couvrait sous son vaste désordre l'oppression de la multitude et faisait hypocritement porter à son esclavage les couleurs de la liberté, voilà ce qui était à résoudre. »

On lui répondait : « Nous sommes, comme vous, autant que vous, préoccupés des questions de l'avenir et des besoins des travailleurs, et nous désirons ardemment trouver des solutions. Mais la création d'un ministère en est-elle le moyen ? Vous voulez un ministère du travail : il y a le ministère des travaux publics. Voulez-vous changer sa définition, modifier ou étendre ses attributions ?... Si ce n'est pas cela, que constituera votre ministère ? que fera-t-il ? qu'administrera-t-il ? que dirigera-t-il ! Rien. Un titre ! un mot ! un nom ! un bon vouloir ! Ce n'est pas suffisant pour la création d'un nouveau ministère ! »

M. Louis Blanc persistait. Après les considérations générales, longuement et habilement développées, il émettait les considérations personnelles : « Parmi les membres du Gouvernement provisoire, la plupart dirigeaient un ministère. Les autres, dépourvus d'attributions spéciales, n'étaient-ils pas tenus dans un état d'infériorité vis-à-vis de leurs collègues, et ne devaient-ils pas, non pour eux, mais pour les principes, exiger une égalité de position ? »

Les ministres de l'instruction publique, du commerce, des finances, de la guerre, lui firent observer fort justement qu'ils étaient, eux, bien mieux fondés à réclamer, puisqu'ils faisaient partie du Conseil sans être membres du Gouvernement provisoire.

La discussion devenait pénible. — M. Louis Blanc finit par déclarer qu'il ne voulait pas le pouvoir pour le pouvoir, et que, ne réussissant pas à faire triompher son idée, il se voyait à regret contraint d'offrir sa démission.

X

Cette démission, offerte dans les circonstances qui viennent d'être exposées, devait-elle être acceptée? La majorité ne le pensa point. Elle crut qu'il n'était pas permis de se diviser. La retraite de M. Louis Blanc pouvait donner lieu à mille bruits, à mille interprétations erronées, exploitées. Ce ne serait pas le refus de la création d'un ministère qui l'expliquerait : cette raison ne paraîtrait point plausible. On prétendrait, on répéterait que le refus seul de s'occuper des questions du travail, c'est-à-dire du sort, de la vie des ouvriers, avait pu déterminer M. Louis Blanc à une démarche aussi grave. Bientôt une clameur immense s'élèverait contre un gouvernement indifférent d'abord, puis hostile aux travailleurs. Une scission ainsi motivée pouvait être le signal de l'insurrection. Née la veille, en proie dès le lendemain à la guerre civile, la République expirerait dans le sang et l'anarchie.

XI

Comme conciliation, il fut proposé de nommer une commission qui élaborerait toutes les questions relatives au travail et à l'amélioration morale et matérielle des ouvriers. M. Arago, qui s'était énergiquement opposé à la création d'un ministère du progrès, offrit à M. Louis Blanc la présidence de cette commission et le concours de sa propre expérience.

M. Louis Blanc accepta. Nommé président (M. Albert, vice-président), il rédigea lui-même le décret constitutif :

« Considérant que la Révolution, faite par le peuple, doit être faite pour lui ;

» Qu'il est temps de mettre un terme aux longues et iniques souffrances des travailleurs ;

» Que la question du travail est d'une importance suprême ;

» Qu'il n'en est pas de plus haute, de plus digne des préoccupations d'un gouvernement républicain ;

» Qu'il appartient surtout à la France d'étudier ardemment et de résoudre un problème posé aujourd'hui chez toutes les nations industrielles de l'Europe ;

» Qu'il faut aviser sans le moindre retard à garantir au peuple les fruits légitimes de son travail ;

» Le Gouvernement provisoire de la République arrête :

» Une commission permanente, qui s'appellera *Commission de gouvernement pour les travailleurs*, va être nommée avec mission expresse et spéciale de s'occuper de leur sort.

» Pour montrer quelle importance le Gouvernement provisoire de la République attache à la solution de ce grand problème, il nomme président de la *Commission de gouvernement pour les travailleurs* un de ses membres,

M. Louis Blanc, et pour vice-président un autre de ses membres, M. Albert, ouvrier.

» Des ouvriers seront appelés à faire partie de la commission.

» Le siége de la commission sera au palais du Luxembourg.

» Armand Marrast, Garnier-Pagès, Arago, Albert, Marie, Crémieux, Dupont (de l'Eure), Louis Blanc, Ledru-Rollin, Flocon, Lamartine. »

XII

M. Louis Blanc descendit sur les marches de l'Hôtel de ville pour faire connaître aux pétitionnaires la décision du Gouvernement. Il engagea les ouvriers à reprendre leurs travaux, à se confier au dévouement du Gouvernement provisoire, et à donner l'exemple de l'ordre et de la modération. Les ouvriers se retirèrent en criant : *Vive la République!* et en chantant la *Marseillaise.*

Le lendemain, vers trois heures, une nouvelle colonne revint, plus nombreuse et composée de diverses corporations. MM. Arago, Marie, Bethmont, Louis Blanc, allèrent lui transmettre la pensée du Gouvernement. Se mêlant aux ouvriers sur la place de l'Hôtel de ville, ils annoncèrent la réunion de la Commission pour le lendemain et son travail immédiat d'investigations et d'études. M. Arago, allant de groupe en groupe faire entendre de pacifiques exhortations, fut accueilli partout, ainsi que ses collègues, par de chaleureux vivat. M. Louis Blanc ajouta « que la force du Gouvernement provisoire était dans la confiance du peuple et la force du peuple dans sa modération; qu'il fallait à la fois que sa fermeté imposât aux malveillants, et que son calme laissât aux membres du Gouvernement provisoire la liberté d'esprit nécessaire à ses délibérations ».

Les plus vifs applaudissements suivirent ces paroles, et M. Louis Blanc, que sa petite taille dérobait aux regards de la foule, enlevé sur les épaules de deux ouvriers, fut porté autour de la place au milieu des acclamations. (*Moniteur* du 1ᵉʳ mars.)

Un décret du 29 mit le palais du Luxembourg à la disposition de MM. Louis Blanc et Albert, pour y constituer et installer la Commission.

XIII

Si M. Louis Blanc n'avait pas obtenu satisfaction pour son désir le plus vif, la création d'un ministère du progrès, il avait du moins acquis une tribune d'où il allait pouvoir exposer, commenter, propager ses doctrines. Homme de conviction, il avait une foi absolue dans son système, dans son œuvre régénératrice, qui devait délivrer le pauvre du servage de l'atelier et briser les dernières entraves opposées à son affranchissement. L'heure de la prédication, de la réalisation peut-être, venait de sonner pour ses idées. Ce premier succès ouvrait à ses espérances la perspective de succès plus vastes, définitifs. Cette ambition légitime, il ne la dissimulait pas. Mais n'est-il pas permis de lui en attribuer aussi une autre, celle d'exercer sur les ouvriers une influence directe, souveraine, et d'entourer son nom du prestige de cette popularité qui, seule force réelle aux époques révolutionnaires, avait livré à Danton et à Robespierre la puissance suprême, et qui pouvait la donner encore ?

La majorité des membres du Gouvernement provisoire voyait dans cette Commission du travail la voie à une enquête sérieuse, sollicitée depuis longtemps par les économistes, sur l'état de l'industrie, sur les modes divers de la production, sur les rapports des patrons et des ouvriers, sur les salaires comparés avec les besoins des travailleurs. Cette Commission leur offrait d'ailleurs la possibilité de concentrer, de régulariser les réclamations qui assiégeaient l'Hôtel de ville, de dissoudre les grèves commencées, de concilier les intérêts qui accouraient implorer son arbitrage. Quant à la crainte de répandre des théories dangereuses, devait-elle exister ? Une enquête publique allait rassembler au grand jour les idées et les utopies de chacun : elle devait donc ou fournir des solutions praticables, ou démontrer l'inanité des doctrines prêchées et les faire avorter dans l'impossibilité de leur application.

Et si la lumière existait, était-il permis de la mettre sous le boisseau ? Si ce n'était qu'un faux reflet, il ne résisterait pas à l'expérience.

Sous la royauté, le socialisme des Saint-simoniens, des Fouriéristes, des Icariens, etc., n'avait-il pas eu des organes, des tribunes ? Sous la République, pouvait-on refuser à ces théories contradictoires, hostiles les unes aux autres, l'élaboration publique, les débats, la lutte intestine ? La conquête du droit de réunion ne donnait-elle pas plein loisir de créer des écoles, de fonder des journaux où le socialisme saurait bien parler et se faire des prosélytes ?

N'est-il pas d'une incontestable vérité que c'est à la liberté qu'il appartient de corriger les abus de la liberté, et à la discussion, non à la compression, de dissiper les vaines chimères ?

XIV

L'opinion publique, enseignée par les mêmes faits, par les mêmes nécessités, interprétait de la même façon le programme de la Commission d'enquête ; elle accueillit favorablement cette création, qui permettait aux chefs d'industrie et aux ouvriers de se rapprocher et de s'entendre.

La plupart des fabricants tremblaient pour leurs usines ; redoutant la suspension du travail, l'exagération des concessions exigées, leur ruine, ils étaient les premiers à chercher auprès du pouvoir une protection conciliatrice. Les principales Compagnies de chemins de fer prévenaient les réclamations et n'hésitaient pas à proposer aux travailleurs une prime sur les bénéfices de l'exploitation [1]. Le congrès agricole avait, officiellement et avec instance, demandé « que des agriculteurs fussent admis dans la Commission chargée de l'organisation du travail ».

D'autre part, les ouvriers ne retournaient pas à leurs ateliers. Charpentiers, menuisiers, serruriers, maçons, tailleurs de pierre, scieurs de long, paveurs, fondeurs, mécaniciens, tailleurs, chapeliers, cordonniers, cochers d'omnibus, etc., se réunissaient, exhalaient leurs griefs, élisaient des délégués auprès du Gouvernement provisoire. Le 1er mars, une proclamation invitait tous les

---

[1] Consulter *le Constitutionnel* du 3 mars : note donnée par la Compagnie du chemin de fer du Nord, présidée par M. Rothschild.

délégués à se rendre au Luxembourg, siége de la Commission, et à reprendre leurs travaux. « Songez, » leur disait-elle, « qu'une heure de retard est un trésor perdu pour la patrie... »

XV

Le 1ᵉʳ mars, en effet, avait lieu la première séance de la Commission, dans la salle même des délibérations de la pairie. Éclatant contraste! Là où peu de jours auparavant se rassemblaient les élus de la royauté, là siégeaient les élus des ouvriers; aux représentants du privilége monarchique, de la noblesse, des hautes dignités, des grandes fortunes, avaient succédé les représentants du travail! Des membres du Gouvernement, seul, M. Arago put assister à cette réunion. On s'y occupa tout d'abord de la formation de la Commission, assise sur une représentation égale des intéressés, puis des questions les plus urgentes : règlement des heures de travail, abolition du marchandage.

Le lendemain, à huit heures, furent réunis les chefs d'industrie. Un sage esprit de conciliation ne cessa de régner entre patrons et ouvriers.

On posa les bases d'une mesure appelée à supprimer les abus de ce genre de marchandage où un ouvrier prend à tâche un travail qu'il fait faire par d'autres ouvriers sur lesquels il prélève un bénéfice. Vint ensuite la réglementation des heures de travail. Après une discussion intéressante et approfondie, des résolutions furent adoptées pour être formulées en décret par le Gouvernement.

Ce décret, signé le 2 mars, diminua d'une heure la journée de travail, ainsi réduite, à Paris, de onze à dix heures, en province, de douze à onze heures. — Le marchandage fut aboli. — Un arrêté explicatif de MM. Louis Blanc et Albert (3 mars) appliqua aux journées exceptionnelles de douze heures, pour Paris et la banlieue, la règle générale des dix heures. Cette règle fut (9 mars) déclarée également applicable au travail des femmes.

XVI

Cette fixation des heures de travail n'avait pas été acceptée sans discussion par le Conseil. Tous les débats relatifs à l'intervention de l'État dans cette matière avaient été soulevés. Raisons de liberté, raisons d'humanité, avaient été sérieusement examinées. Les raisons d'économie politique avaient paru présenter des solutions presque impossibles. La marchandise fabriquée pouvait-elle, en effet, supporter ce surcroît de prix d'un dixième ou d'un onzième de la main-d'œuvre sans une hausse proportionnelle qui, en présence de la concurrence étrangère, limiterait la demande? Non! La réduction des heures de travail avait donc pour conséquence logique la réduction de la production. L'ouvrier, alors, ne souffrirait-il pas davantage du chômage que d'une heure en plus de peines et d'efforts? On avait répliqué qu'en fait les forces de l'homme produisaient autant par un travail suivi de dix heures que par un travail exagéré de onze heures.

Quoi qu'il en fût, le salut public parlait, dans le moment, plus haut que toutes les considérations secondaires. Les ouvriers demandaient, les patrons concédaient : le Gouvernement provisoire ne pouvait refuser son assentiment à cette œuvre de conciliation.

XVII

L'augmentation des salaires et l'infinie variété des questions spéciales à chaque corps d'état présentaient des problèmes beaucoup plus compliqués, problèmes qu'un décret ne peut trancher, que la pratique seule résout avec le temps. Mais, dans leur impatience, les ouvriers ne distinguaient pas : ils ne voyaient dans chaque concession qu'un encouragement à de nouvelles exigences.

M. Louis Blanc fut bientôt accablé de tous côtés. Il entendit s'élever autour de lui un bourdonnement de plaintes justes et exagérées, de demandes raisonnables et insensées. Démêler le vrai du faux, le possible de l'impossible, à l'heure même, souvent en présence d'une multitude exaltée et sans frein, devint son labeur de tout instant. Il sentait la responsabilité peser sur lui, et il en était profondément ému. Maintes fois réduit à opposer une inflexible résistance à des prétentions exorbitantes et à braver les clameurs, il assista à des scènes dont il était le modérateur obligé et quelquefois le patient. Souvent, le soir, il confia aux membres du Gouvernement les émotions qui l'avaient assailli dans la journée.

Le 4 mars, MM. Louis Blanc et Albert adressaient aux travailleurs cette exhortation :

RÉPUBLIQUE FRANÇAISE.
LIBERTÉ, ÉGALITÉ, FRATERNITÉ.

« Citoyens travailleurs,

» La Commission du Gouvernement instituée pour préparer la solution des grands problèmes qui vous intéressent s'étudie à remplir sa mission avec une infatigable ardeur. Mais, quelque légitime que soit votre impatience, elle vous conjure de ne pas faire aller vos exigences plus vite que ses recherches.

» Toutes les questions qui touchent à l'organisation du travail sont complexes de leur nature. Elles embrassent une foule d'intérêts qui sont opposés l'un à l'autre, sinon en réalité, du moins en apparence. Elles veulent donc être abordées avec calme, et approfondies avec maturité.

» Trop d'impatience de votre part, trop de précipitation de la nôtre, n'aboutirait qu'à tout compromettre.

» L'Assemblée nationale va être incessamment convoquée. Nous présenterons à ses délibérations les projets de lois que nous élaborons en ce moment, avec la ferme volonté d'améliorer moralement et matériellement votre sort, projets de lois d'ailleurs sur lesquels vos délégués vont être appelés à donner leur avis.

» Or, cette Assemblée nationale ne sera plus une chambre de privilégiés; elle sera, grâce au suffrage universel, un vivant résumé de la société tout entière.

» Donc ayez bon courage et bon espoir; mais, dans votre intérêt même, ne mettez pas obstacle à l'action de ceux qui sont bien décidés à faire triompher la cause de la justice ou à mourir pour elle. »

XVIII

Fidèle au programme tracé, M. Louis Blanc s'adressa aux chefs d'industrie et aux ouvriers; il convoqua à une séance préparatoire (9 mars) tous les hommes connus, tous les écrivains distingués, tous les économistes célèbres qui s'étaient occupés de questions sociales, quels que fussent leurs principes et leurs doctrines : MM. Vidal, Victor Considérant, Dupont White, Duveyrier, Dupoty, Pecqueur, Malarmet, rédacteur de *la Fraternité;* Pascal et Corbon, rédacteurs de *l'Atelier;* Jean Reynaud, Pierre Leroux, Olinde Rodrigues, Émile de Girardin, Dussart, Wolowski, etc. Si les graves occupations du moment et l'absence ne permirent pas à tous d'assister aux réunions, M. Louis Blanc n'en avait pas moins fait appel aux représentants de tous les systèmes.

Telle fut, à son début, la Commission du Luxembourg.

XIX

Pour défendre son institution, son autorité, son action, la monarchie avait frappé ses adversaires suivant la rigueur des lois préexistantes, renforcées par ses propres lois. Des condamnés politiques languissaient dans les prisons; des prévenus attendaient leur jugement. Les journées de Février avaient brisé leurs fers.

Ils sortaient des profondeurs des cachots, victimes de leur dévouement à la patrie et martyrs de leur foi. Vaincus de la veille, ils triomphaient avec les vainqueurs du jour. Mais la délivrance et la joie du triomphe étaient-elles une suffisante réparation pour des hommes qui avaient tout donné, tout perdu, qui avaient consumé dans les douleurs du corps et de l'âme leur jeunesse et leur santé? N'avaient-ils pas des droits légitimes au juste dédommagement d'une vie de sacrifices? Ne devaient-ils pas recevoir de la nation une récompense méritée; eux, les premiers soldats de son affranchissement? Ils en avaient l'espérance.

Aigris par les souffrances, enivrés par la félicité, élevés soudain de l'abîme au sommet, exaltés par des colères concentrées et par une victoire resplendissante, imprégnés de l'air étouffant des prisons, jetés à pleins poumons dans l'atmosphère vivifiante de la liberté, ils sentaient leur sang circuler violemment et leur imposer le besoin de vivre de toute la vie qui leur avait été retranchée. Leurs aspirations dépassaient toute limite. Ils dévoraient l'espace et le temps. Le but était là, sous la main : on l'atteindrait sans effort. Pas de délai, pas d'examen. La Révolution ne saurait marcher trop vite. La démocratie ne saurait aller trop loin. — M. Barbès disait à M. Garnier-Pagès, qui demandait une semaine pour des mesures dont l'étude eût exigé une année de soins en temps ordinaire : « Une semaine ! mais d'ici là le monde sera bouleversé, et vous n'existerez plus. »

Le peuple, toujours sympathique à ceux qui souffrent comme lui et pour lui, devait subir l'influence de ces hommes marqués entre tous par la souffrance. Les condamnés politiques pouvaient donc prêter au Gouvernement provisoire une force réelle, ou lui opposer un péril sérieux.

XX

Les blessés des journées de Février avaient également des droits incontestables, droits admis par tous les gouvernements en faveur de ceux qui ont contribué à leur élévation. Mais, rare exemple! dans la circonstance l'État n'avait à solder ni trahison ni honteuse complicité, il n'avait à payer ni sang ni services cupides, il n'avait à gager ni valets ni bourreaux : il n'avait à récompenser que le dévouement à la liberté et le sacrifice à la patrie.

XXI

Le Gouvernement provisoire comprit son devoir vis-à-vis de tous ces droits. Il résolut d'acquitter la dette de reconnaissance de la France, et de distribuer à chacun d'eux une récompense proportionnée au sacrifice et au mérite.

Il nomma (1er mars) une Commission des récompenses nationales, qui devait siéger à la mairie de Paris; et pour témoigner combien les droits seraient largement appréciés, il en donna la présidence à M. Albert, si bien placé pour connaître les titres vrais et justifiés.

XXII

Les nécessités commerciales et financières étaient les plus urgentes. Le cours des affaires s'était arrêté pendant les journées de Février; la circulation, interrompue dans Paris et entre Paris et les départements, ne permettait ni payement ni encaissement d'effets.

Sur la proposition du ministre des finances, des décrets successifs (26, 28 février, 3 mars) prorogèrent de dix jours, en France, les échéances des effets de commerce. C'était concéder un délai, assez restreint pour ne pas nuire, assez étendu pour être utile à des négociations suspendues par force majeure. En vue de faciliter la liquidation de fin de mois, la Banque de France escompta (26 février) plus de sept millions de valeurs.

Le 25 février même, le maire de Paris avait, au nom du Gouvernement, envoyé l'ordre d'ouvrir la Bourse, afin de ne pas interrompre les transactions. Il était important de poursuivre les opérations de banque et de commerce; la transition des cours, laissés à leur pente naturelle, devait en être moins brusque et moins violente. Les intentions du Gouvernement ne purent être réalisées. Voici les motifs énoncés par le commissaire de la Bourse, M. Baudesson de Richebourg, dans son rapport aux ministres : « Sur l'ordre du Gouvernement provisoire, à nous transmis par M. Garnier-Pagès, maire de Paris, la Bourse a été, vers une heure et demie, ouverte au public, sans qu'il ait été possible de réunir assez d'agents de change pour procéder à la reprise des opérations légales du parquet. L'absence de ces officiers ministériels se trouve expliquée par le service qu'ils font dans la garde nationale, et par la persuasion où ils étaient que, d'après les ordres reçus ce matin de M. le délégué de la préfecture de police, l'ouverture de la Bourse serait encore différée. Le public, auquel nous avons cru devoir annoncer l'impossibilité de la reprise des opérations du parquet, a généralement paru apprécier l'opportunité de notre démarche. »

Ce qui avait déterminé M. Caussidière à donner ce premier ordre, c'était la crainte, avouée par lui quelques jours après, de voir la Bourse envahie par des bandes d'ouvriers hostiles à l'agiotage. Cette crainte contribua à retarder cette ouverture de plusieurs jours encore.

D'autre part, les agents de change s'abstinrent de réclamations. On touchait à la fin du mois : avant de reprendre les négociations, ils crurent devoir s'occuper de la liquidation. Cette liquidation, en effet, subissant, aux cours des 25, 26, 27 et 28, les différences occasionnées par la fatalité des événements, eût été presque impossible et eût ruiné la Compagnie.

XXIII

Les agents de change avaient donc (le 26) pris la résolution suivante : « La liquidation se fera demain dimanche, 27 février, le 3 pour 100 à 73 francs 35 centimes, le plus bas cours du mois, et toutes les autres valeurs de même au cours le plus bas du mois. » Mais les vendeurs à terme se soulevèrent contre cette mesure.

La solution présentait une grande difficulté. Les uns disaient : « Nous sommes possesseurs de rentes; nous les avons achetées au comptant; nous les avons vendues fin courant. Entre le cours que vous fixez et celui auquel nous pourrons réaliser, il y aura une différence énorme, une perte considérable qui devrait être supportée par les acheteurs; et ce sont les vendeurs qui la supporteront : c'est violer toute justice et toute vérité. » Les autres se prévalaient du cas de force majeure, établi par les précédents. Ils citaient à l'appui de leur opinion les liquidations de 1818, époque d'une crise commerciale terrible, et de Juillet 1830. On comptait MM. Rothschild parmi les vendeurs du 3 p. 100, pour des quantités importantes qu'ils tenaient directement de l'État, en vertu du dernier emprunt non encore réalisé.

M. Goudchaux fit de nouveau examiner la question. Il fut déclaré « qu'aucune opération de fonds publics ni d'actions n'avait été faite en dehors de la Bourse depuis le 23; qu'il ne serait conclu aucun marché avant que

CHAPITRE CINQUIÈME.

la Bourse fût ouverte, et qu'il serait établi un cours de compensation pour les marchés à terme contractés pour le 29 février et pour le 15 mars suivant ». La liquidation de fin de mois fut ainsi fixée : 3 p. 100, 70 fr. 50 c.; emprunt, 71 fr. 40 c.; 5 p. 100, 113 fr.; actions de la Banque, 3 080 fr.; Nord, 520 fr.; Orléans, 1 150 fr.; Rouen, 840 fr.; le Havre, 401 fr. 50 c.; Marseille, 515 fr.; Paris à Lyon, 370 fr.; Strasbourg, 387 fr. 50 c.; etc. Cette conclusion excita encore des plaintes des deux côtés; mais il fut passé outre.

XXIV

Le 29, dans la soirée, le Conseil tint séance au ministère des finances. Les questions les plus pressantes devaient être examinées. M. Flocon, frappé d'une maladie grave, résultat de la fatigue des derniers jours, ne put venir. Tous les autres membres du Gouvernement étaient présents, ainsi que M. Pagnerre, dont les fonctions, jusque-là officieusement remplies, avaient été, le matin même, régularisées par un décret.

M. Goudchaux donna connaissance des ordres transmis pour frapper les pièces de monnaie à l'effigie de la République. — Il fut autorisé à remplacer le directeur de la Monnaie de Paris par M. Pelouze, savant distingué. — Sur sa proposition, le Gouvernement provisoire décida qu'afin de manifester sa ferme volonté d'observer les contrats et de respecter les engagements de l'État, il serait sur-le-champ payé à MM. Rothschild une somme de 522 019 fr. 83 c. pour le service des intérêts et de l'amortissement du semestre à échoir, le

1ᵉʳ mars, de la portion de l'emprunt grec garantie par la France.

Après l'adoption unanime de ces mesures, une délibération solennelle s'engagea sur la disposition des biens de la Liste civile, du domaine privé et de la famille royale.

XXV

Le Gouvernement provisoire avait prodigué ses soins et ses veilles à la conservation des châteaux royaux ou princiers. Il avait placé les Tuileries sous la sauvegarde du peuple, en décrétant qu'elles serviraient désormais d'asile aux invalides du travail, idée humanitaire jetée en passant pour être recueillie dans l'avenir. Les mots « *Propriété nationale* », inscrits sur les murs des autres palais, les couvraient d'une égide populaire.

Le 25 au soir, sous la direction de MM. Denghen, sous-lieutenant de la garde nationale, Revin et Dusausey, élèves de l'École polytechnique, Allory, etc., les bijoux, diamants, pierreries des princesses, et les effets de portefeuille, s'élevant à une somme de quatre millions, avaient été transportés au Trésor public sur un brancard, couverts de matelas et de traversins, par des inconnus de bonne volonté.

Le lendemain, MM. le général Courtais, Guinard, chef d'état-major de la garde nationale, Gustave de Wailly, Prudhomme, de Vertbois, employés supérieurs de la Liste civile, et les citoyens fidèles gardiens des diamants de la Couronne, chacun chargé de plusieurs écrins ou objets divers, en effectuèrent le transport, par l'intérieur des caves, à l'État-major; de l'État-major, enfermés dans cinq sacs et placés sur un fourgon, ces

CHAPITRE CINQUIÈME.

diamants avaient été conduits au ministère des finances par MM. Degousée, colonel de la 3ᵉ légion, Monduit, Samson, Denissel, Chatel, officiers de la garde nationale, Carbonel, élève de l'École polytechnique. Le caissier central, M. Thomas, les avait reçus et en avait dressé procès-verbal.

Mais le Gouvernement provisoire serait-il toujours en mesure de protéger les propriétés royales contre des haines aveugles ou des fureurs insensées, dans les troubles que la malveillance pourrait faire naître et que le crime voudrait exploiter? Un seul moyen était assez puissant pour faire échouer de semblables complots : l'apposition des sceaux de l'État sur tout ce qui passait pour appartenir à la famille déchue.

Ce moyen ne soulevait aucune discussion quant aux biens de la Liste civile, dont la Couronne n'était qu'usufruitière. Aussi le ministre des finances n'avait-il pas hésité à donner l'ordre de les mettre immédiatement sous scellé. La même facilité ne s'accommodait pas aux biens du domaine privé et aux biens particuliers des princes et des princesses. Cependant, les placer provisoirement sous le séquestre était faire acte de conservation, acte utile en toute prévision, acte indispensable dans l'intérêt des propriétaires et des nombreux créanciers. Le Conseil s'y détermina.

Ces solutions laissaient entières de plus délicates questions.

XXVI

La donation du 7 août 1830, faite à ses enfants par Louis-Philippe, lieutenant général du royaume, l'avant-veille du jour où il acceptait la couronne, avait été longtemps l'objet de vives attaques. N'y avait-il pas lieu à étudier de nouveau la circonstance, le fait, le droit ? Et quel que fût le résultat de ces études, des considérations politiques ne les dominaient-elles pas et n'imposaient-elles pas certaines résolutions ?

« Les rois et les princes s'étaient toujours mis, de leur propre volonté, en dehors de la loi commune : devait-on leur appliquer la coutume qu'ils avaient créée eux-mêmes ? Napoléon s'était emparé des biens des Bourbons, dont il disposait à son gré par décrets. Louis XVIII avait fait main basse sur les biens de la famille Bonaparte. Louis-Philippe avait refusé à la duchesse de Berry, traîtreusement tombée en ses mains, la justice du droit commun. Le Gouvernement provisoire était-il tenu de respecter, contre l'intérêt de la nation, ce que les princes n'avaient pas respecté dans leur intérêt personnel ou dynastique ?

» Cette fortune, d'ailleurs, ces richesses, quelle en était la source unique ? le pays. Le pouvoir seul avait permis à ces hommes de s'en saisir et de les accumuler. Ressaisissant le pouvoir, le pays n'avait-il pas à les revendiquer comme ses biens propres ? Vainqueurs, les rois se partageaient les trésors de l'État ; vaincus, ne devaient-ils pas restituer ce qu'ils avaient conquis par la force ou par la ruse ? Au milieu d'une crise effroyable, la nation ne pouvait-elle appliquer au soulagement de ses misères la dîme de son travail extorquée par ses maîtres ?

» Dans la désastreuse situation des finances léguée par la monarchie, on trouvait là des ressources considérables. De leur produit surgiraient des banques commerciales, industrielles, agricoles, des commandites d'associations ouvrières, le travail pour les villes, la prospérité pour les campagnes. Renoncer à de tels avantages serait une faute, un crime. Rejeter, par pusillanimité, l'emploi si utile et si juste de ces richesses, serait s'exposer aux chances d'impôts extraordinaires, que les orléanistes seraient les premiers à exploiter contre la République.

» Le Gouvernement avait pour lui la coutume, les précédents, le droit de la victoire, la nécessité. Hésiter serait faiblesse : l'énergie seule sauve les États. Déjà des affiches réclamaient ouvertement cette mesure. Il fallait donc agir, agir sur-le-champ, à l'heure où le salut public imposait sa loi souveraine. »

Ces considérations exerçaient toute leur force sur la pensée des membres du Gouvernement. Des arguments contraires, aussi puissants, répliquaient :

« S'emparer du domaine privé et des biens particuliers des princes et des princesses, de quelque raison plus ou moins fondée, plus ou moins spécieuse que l'on cherche à se couvrir, c'est la confiscation. Pour les fondateurs de la République, qui viennent si glorieusement de renverser l'échafaud politique, faire revivre la confiscation est un acte contradictoire; c'est raviver d'une main les signes de terreur qu'on a effacés de l'autre. Nos pères de la démocratie ont usé de la confiscation, loi féodale et monarchique. Mais cette loi a disparu de nos codes, de nos mœurs. Évoquer ce fantôme des ténèbres du passé, c'est jeter l'effroi sur la propriété. Jusqu'où le Gouvernement ira-t-il dans cette voie ? Déjà les clubs parlent de reprendre le milliard distribué aux émigrés. Où s'arrêtera cette réaction ? Ne vaut-il pas mieux rassurer, concilier, pousser même jusqu'à la générosité le respect du Gouvernement pour la propriété ? Si les nécessités de salut public contraignent à demander au pays un sacrifice, la calomnie, sans aucun doute, exploitera la circonstance, mais l'histoire léguera à la postérité la vérité et la justification. La justice et la probité fécondent un principe plus sûrement que les millions.

» Au surplus, y a-t-il excès de réserve, de générosité, envers la famille royale ? Eh bien, tant mieux pour la grandeur du peuple et de la Révolution ! Il appartient à une grande nation de dire à son roi tombé : « Nous t'avons repris la couronne que nous t'avions abandonnée; reprends tes trésors : c'est la liberté, l'égalité, la fraternité, le progrès, la justice, le suffrage universel, le droit de réunion, tous ces droits qui constituent notre souveraineté, que nous avons voulu reconquérir ; ce ne sont pas tes parcs, tes forêts, tes châteaux, tes richesses ! La République se pare de l'éclat des nobles idées et des sublimes actions ! » Et si le roi et les princes déchus soutiennent à l'étranger la splendeur du rang où la France les avait élevés, ce sera pour le monde entier le spectacle le plus solennel de la modération et de la majesté de la République française ! »

Après avoir délibéré, le Conseil repoussa la confiscation et réserva à l'Assemblée nationale le droit de décider. Toutefois le séquestre fut ordonné. L'argenterie de la Liste civile fut mise à la disposition du ministre des finances, pour être fondue et transformée en espèces. Les objets d'art devant être conservés, une commission fut nommée.

M. Marrast fut chargé spécialement de l'administration des biens de la Liste civile et des meubles et immeubles appartenant soit au domaine privé, soit aux princes et aux princesses.

XXVII

Le ministre des finances soumit ensuite à la délibération du Conseil la perception des impôts, qui se trouvait presque absolument suspendue et qui soulevait des réclamations générales.

XXVIII

La situation était déplorable.

La destruction des barrières de Paris avait rendu presque impossibles les recettes de l'octroi. Dès le 27 février, l'adjoint du maire de Paris, M. Buchez, avait publié une proclamation où il rappelait que, pour repaver les rues, reconstruire les édifices municipaux renversés et employés aux barricades, secourir les familles des citoyens morts pour la liberté, assurer aux classes ouvrières le travail et le pain, et satisfaire à tous les services, la ville de Paris avait comme ressource principale, presque unique, les droits d'octroi. En attendant les modifications qui devaient rendre ces droits moins lourds aux travailleurs, il adjurait tous les citoyens de faciliter la rentrée de ces impôts, dont une partie était d'ailleurs destinée à nourrir les défenseurs du peuple.
— Cette proclamation, si justement motivée, avait cependant rencontré de nombreuses critiques et de bruyantes contradictions.

Les débitants de boissons protestaient contre l'exercice. Les bureaux des receveurs des contributions indirectes avaient été renversés sur plusieurs points de la France. L'abolition des droits sur les vins et sur les eaux-de-vie était le vœu ardent de tous les propriétaires de vignes et commerçants en vins. La suppression du droit sur le sel était due à l'agriculture et au pauvre; la Chambre des députés l'avait votée; le décret en était déjà rédigé. La réforme postale semblait indispensable. Les droits de navigation devaient disparaître, comme obstacle au commerce. Le libre échange exigeait la réduction des droits de douane à un taux uniforme et modique. Les droits d'enregistrement devaient être abaissés, pour la plus grande mobilisation de la propriété. Les patentes étaient trop élevées. L'impôt des portes et fenêtres était odieux : il faisait payer l'air et le jour! Les forêts devaient être ouvertes aux besoins de chacun, et dans plusieurs localités elles étaient envahies. La propriété foncière, victime tour à tour de la disette et de l'abondance, réclamait la diminution de ses charges, la régularisation du cadastre.

Parmi ces innombrables et interminables protestations, l'une des plus sérieuses était celle de la presse. Les journalistes s'étaient réunis et entendus : ils demandaient, d'un commun accord, l'affranchissement du timbre pour les feuilles publiques. Leurs représentations inspiraient de vives sympathies. La République ne pouvait imposer la pensée. La presse avait fait la Révolution; elle était la vie de l'ordre nouveau. La persistance, à son égard, dans les errements du régime déchu, constituait non-seulement une injustice, mais une faute. Le Gouvernement devait favoriser la création de nouveaux organes, attachés par l'intérêt et par la reconnaissance au nouvel état de choses.

XXIX

Tout en avouant l'urgente nécessité de réformer le système général des impôts, tout en ayant la volonté de modifier les recettes de l'État de manière à les mettre en harmonie avec l'esprit de la Révolution, le Gouvernement provisoire se demandait si le moment était opportun pour troubler l'ordre accoutumé. Alors qu'il avait à fournir des ressources extraordinaires à une situation extraordinaire, pouvait-il amoindrir, même momentanément, les ressources ordinaires? Certes, s'il contentait toutes ces exigences, il se faisait une popularité; mais il achevait de ruiner les finances publiques, il conduisait la France à l'abîme, il flétrissait la jeune République du déshonneur d'une honteuse banqueroute.

XXX

M. Goudchaux luttait, avec une énergie désespérée, contre la désorganisation imminente du budget des recettes. Il avait écrit le matin même au Gouvernement provisoire : « ..... Je dois donc insister auprès de vous, de la manière la plus formelle, pour que le Gouvernement ne diffère pas un moment de donner au peuple une manifestation sur la nécessité de maintenir, jusqu'à examen ultérieur, toutes les taxes et impositions qui alimentent aujourd'hui le Trésor public. » Le soir, il présentait au Conseil de nouvelles réflexions : « il comprenait, comme tout autre, les améliorations nécessaires au système financier; mais le salut de l'État parlait plus haut que tout. Chaque impôt, sans exception, était discuté, contesté. L'abandon d'un seul amenait le renversement immédiat de tous les autres. Alors, plus de recettes, plus de rentrées! Le Trésor arrêtait ses payements, le pays était perdu! » Il concluait en demandant « qu'aucune mesure concernant les finances ne fût prise sans que le ministre des finances eût été consulté ». — Le Gouvernement adhéra à cette proposition, qui fut décrétée. Ensuite il adopta la déclaration suivante :

RÉPUBLIQUE FRANÇAISE.

LIBERTÉ, ÉGALITÉ, FRATERNITÉ.

« Le Gouvernement provisoire

» Déclare que tout système nouveau de politique doit se résumer dans un nouveau système de crédit et d'impôt;

» Que le système de taxes de la République française doit avoir pour objet une répartition plus équitable des contributions publiques;

» Que cette justice aura naturellement pour résultat d'améliorer la condition du peuple, et de diminuer les charges qui pèsent sur le travail;

» Qu'il existe aujourd'hui des impôts dont la suppression est très-légitimement réclamée;

» Qu'une des premières lois présentées à l'Assemblée nationale sera un nouveau budget, où le Gouvernement provisoire donnera satisfaction à des vœux qu'il partage, et notamment à ce qui touche les impôts indirects, l'octroi, le timbre de la presse périodique, et toutes les autres taxes qui frappent les subsistances du peuple et l'expression de la pensée.

» Le Gouvernement provisoire est résolu à proposer

sincèrement à l'Assemblée nationale un budget établi sur les principes qui précèdent.

» Mais il croit de son devoir le plus rigoureux de rappeler aux citoyens que tout système d'impôt ne saurait être décidé par un gouvernement provisoire ; qu'il appartient aux délégués de la nation tout entière de juger souverainement à cet égard ; que toute autre conduite impliquerait de sa part la plus téméraire usurpation.

» Il rappelle en outre que la République française, bien qu'elle soit héritière d'un gouvernement de prodigalité et de corruption, accepte et veut fermement tenir tous les engagements, rester fidèle à tous les contrats ;

» Qu'au milieu des difficultés passagères, inséparables de toute grande commotion, il serait de la plus haute imprudence de diminuer les ressources du Trésor ;

» Qu'on risquerait ainsi de suspendre ou de compromettre les services les plus importants, qu'on pourrait encore moins songer à faire face aux événements dont la France et l'Europe peuvent être les témoins.

» Par ces motifs, le Gouvernement provisoire arrête :

» Art. 1er. Tous les impôts, sans exception, continueront à être perçus comme par le passé.

» Art. 2. Les bons citoyens sont engagés, au nom du patriotisme, à ne mettre aucun retard dans le payement de leurs taxes.

» Art. 3. Le Gouvernement provisoire s'engage à présenter à l'Assemblée nationale un budget dans lequel seront supprimées les taxes sur le timbre de la presse périodique, l'octroi, le sel, et une loi qui modifiera profondément le système des contributions indirectes. »

XXXI

Les intérêts n'ont ni raison ni sentiment; ils n'ont que des passions. Les sages exhortations du Gouvernement se perdirent dans le tourbillon des désirs et des exigences. Aucun appétit ne fut calmé. Les réclamations ne furent que plus impérieuses. Les journalistes eux-mêmes, les plus aptes à apprécier les nécessités du moment et la haute valeur des vérités énoncées, persistèrent dans leurs instances.

Le soir même du 1er mars, à dix heures, dans les bureaux du *Courrier français*, se réunirent les rédacteurs de *la Réforme*, de *l'Union*, de *l'Estafette*, de *la Presse*, du *National*, du *Constitutionnel*, de *la Démocratie pacifique*, du *Courrier français*, du *Charivari*, de *la Patrie*, du *Commerce*, du *Droit*, de *la République*, du *Représentant du Peuple*, du *Peuple constituant*, du *Populaire*, de *la Revue indépendante*, journaux anciens et nouveaux. — *Les Débats* s'étaient abstenus. — Une démarche auprès du Gouvernement provisoire fut décidée, à l'unanimité moins une voix.

Le lendemain soir, les délégués de cette réunion se présentèrent à l'Hôtel de ville, où ils furent reçus par MM. Garnier-Pagès, Carnot et Pagnerre. Ils exprimèrent le regret de se trouver forcés d'insister, non pour eux, mais pour le public, seul tributaire de cet impôt qui étouffait la pensée. Quelques rédacteurs de journaux antérieurs à la révolution firent observer que la mesure sollicitée était surtout favorable à la presse nouvelle, appelée à leur faire concurrence.

M. Garnier-Pagès répondit au nom du Gouvernement provisoire (*Moniteur*, 3 mars) :

« Lorsque le mouvement révolutionnaire s'est accompli, nous avons été convaincus que l'appui le plus solide du Gouvernement provisoire était la presse ; et, quoi qu'il arrive, quelque décision que prenne le Gouvernement, comme il s'agit de fonder une nouvelle ère, une ère glorieuse de liberté publique et de grandeur pour le pays, je suis convaincu que l'appui de la presse ne nous manquera pas.

» Quant aux principes, nous sommes complétement d'accord avec vous. La pensée doit être affranchie radicalement ; il ne peut plus y avoir de loi préventive, il ne peut y avoir que des lois répressives ; il ne peut plus y avoir d'impôt du timbre, de cautionnement, parce que rien ne doit entraver la libre circulation de la pensée.

» Quels sont les appuis de notre révolution? La justice, la morale et la vérité. La justice, la morale et la vérité ne craignent pas la lumière, c'est au contraire par la lumière qu'elles se vivifient. Nous devons donc faciliter par tous les moyens la circulation des idées ; vous pouvez compter sur le Gouvernement provisoire pour proclamer hautement ces principes, et les défendre à la tribune nationale lorsque l'Assemblée constituante sera rassemblée.

» Mais il y a une difficulté, c'est la situation du moment. S'il n'y avait que l'impôt du timbre qui fût lourd, pénible, dur, il n'y aurait pas la moindre hésitation ; mais il y a d'autres impôts : il y a les octrois, il y a l'impôt sur le sel qui touchent à la vie du pauvre, et cette révolution est faite pour le pauvre et pour le peuple.

» La première chose qu'il faut sauver, c'est la République. Il ne faut pas que la crise financière, conséquence naturelle des dilapidations de l'ancien gouvernement, se prolonge. Si nous touchons aux recettes sans pouvoir combiner cette suppression de recettes avec les autres impôts, nous porterons une atteinte profonde au crédit; or, il faut que le crédit et la confiance se rétablissent le plus tôt possible; il faut que, par les moyens les plus rapides, nous venions en aide aux souffrances du peuple; notre embarras est grand, placés que nous sommes entre les nécessités de la pensée et les nécessités de la crise financière; nous croyons pouvoir concilier ces deux graves intérêts par les mesures que nous avons prises.. »

Le Moniteur poursuit le récit en ces termes :

« M. le secrétaire général donne lecture à MM. les journalistes du décret qui supprime le timbre dix jours avant la réunion des assemblées primaires. Cette mesure a pour but de permettre à la presse de faire connaître au pays tout ce qu'il lui importe de savoir, à la veille du jour où, pour la première fois, le pays tout entier sera appelé à nommer ses représentants pour le grand acte de la Constitution. »

XXXII

En fait, le timbre des journaux n'était plus payé. La perception devait être rétablie le 5 mars; mais, le 4, après avoir pris différentes mesures propres à satisfaire les ouvriers, les commerçants, les industriels, les rentiers, le Gouvernement provisoire croyait devoir faire en même temps un sacrifice à la presse. Il fit insérer au *Moniteur* :

« La presse, cet instrument si puissant de civilisation, de liberté, et dont la voix doit rallier à la République tous les citoyens, la presse ne pouvait rester en dehors de la sollicitude du Gouvernement provisoire : résolu comme il l'est à maintenir tous les impôts pour acquitter les engagements et assurer le service de l'État, il ne pouvait considérer comme un simple revenu fiscal une taxe essentiellement politique. Le timbre des écrits périodiques ne saurait être continué à un moment où la prochaine convocation des assemblées électorales exige l'expression libre de toutes les opinions, de tous les sentiments, de toutes les idées. La pleine liberté de discussion est un élément indispensable de toute élection sincère. »

Le 6, le Gouvernement décrétait l'abolition des lois de Septembre et de tous les articles de lois qui avaient changé l'ordre et la nature des juridictions, et appliqué, contre tous les principes de droit, à des faits qualifiés contraventions, les peines réservées aux délits. Ce décret ne se contentait pas de rendre le jury à la presse : il portait qu'à l'avenir toute condamnation par jurés ne serait prononcée qu'à la majorité de plus de huit voix.

Le Gouvernement provisoire fit plus encore : il retira aux Cours d'appel l'attribution des annonces judiciaires aux journaux de leur ressort. Cette faculté était devenue un moyen de subvention pour les feuilles ministérielles, un monopole honteux exploité par l'intermédiaire complaisant de la magistrature. Dans un grand nombre de villes, la presse départementale de l'Opposition avait succombé sous un tel arbitraire.-Le faire cesser, c'était rendre à cette presse la vie et la liberté.

XXXIII

Par sa résistance aux réclamations des journalistes, le Gouvernement provisoire avait d'abord sauvé les apparences et sa dignité ; mais, en définitive, il avait cédé. Mieux eût valu céder dès le premier jour. Obligé de vivre d'accord avec la presse, n'eût-il pas mieux fait d'aller au-devant de ses demandes? Le journalisme, de son côté, n'eût-il pas dû témoigner plus de patience ? Nous avons donné les détails de cet incident comme un exemple des mille exigences du moment, et aussi parce que toute question de presse est une question de premier ordre.

XXXIV

De toutes les fièvres du jour, la fièvre des places n'était pas la moins dévorante. Ce dissolvant avait pénétré toutes les couches de la société. La monarchie, afin de rallier la bourgeoisie électorale, avait développé le système d'une surabondante création d'emplois rétribués par le Trésor public. Cette subvention détournée, payée des deniers de la nation au profit de la royauté, avait éveillé toutes les cupidités, surexcité toutes les convoitises. L'industrie et le commerce en souffrance, les arts peu rémunérateurs, laissaient une multitude inoccupée et pressée par le besoin. La nécessité de vivre faisait déserter les carrières indépendantes, et augmentait indéfiniment le nombre des solliciteurs. Chaque famille, riche ou pauvre, avait son candidat à une place, depuis celle de conseiller d'État jusqu'à celle de garde champêtre.

A peine la Révolution triomphait, qu'il y eut débordement de pétitions, de suppliques. Ce fut un assaut général, sans repos. Les lettres se succédaient par milliers! Les antichambres s'encombraient, sans jamais se vider. Chacun se précipitait à cette curée pour en arracher un lambeau. Apte à tout, le premier venu exigeait tout. Énergiquement réclamés par les postulants, les emplois étaient énergiquement défendus par les possesseurs. Les uns et les autres se croisaient, se dénigraient. Aux prétentions nouvelles répliquaient les services rendus. — Les moins empressés étaient les républicains, peu nombreux, qui avaient pour eux les droits de la victoire et qui répugnaient à l'exploiter. Les plus ardents étaient ces convertis de l'heure présente, adorateurs de tout pouvoir naissant, gens sans conviction, égoïstes, peu soucieux du pillage du Trésor public s'ils en ont un écu. Les hommes investis de droits légitimes, ceux-là qui avaient un mérite réel et modeste, se taisaient et se cachaient.

Loin de céder à cette cohue, le Gouvernement provisoire, bravant les mécontentements, les rancunes, les haines impitoyables, résolut de réduire le nombre des places, et de suivre ce principe de bonne administration : peu d'emplois, mais larges rétributions.

XXXV

Le nombre des fonctions réduit, le Gouvernement devait-il conserver ou changer les fonctionnaires? A une forme d'autorité nouvelle fallait-il des hommes nouveaux? Depuis longues années, l'Opposition avait reconnu la distinction entre les fonctions politiques, dont les ministres avaient la faculté de disposer à leur gré, et les fonctions purement administratives, qu'ils devaient respecter lorsqu'elles étaient dignement et loyalement remplies ; ces dernières ne pouvant, sans préjudicier à la bonne expédition des affaires, suivre les mobiles constitutions de ministères ; les premières, au contraire, dévouées à la politique personnelle des Cabinets, liées à elle par un commerce intime, condamnées à partager ses vicissitudes.

Le Gouvernement s'attaqua résolûment aux fonctions politiques : les préfets furent remplacés, les parquets renouvelés, les ambassadeurs rappelés. Mais au moment de toucher aux fonctions administratives, il s'arrêta. Fidèle aux traditions de l'Opposition, respecterait-il dans les titulaires cette liberté de conscience réclamée avec une constante ténacité? Ou bien, imitateur des errements de MM. Guizot et Duchâtel, traiterait-il à sa guise tous les emplois? et, sans nul égard pour les travaux assidus, pour les droits acquis, sévirait-il contre des employés qui n'auraient pas eu le bon esprit d'être républicains alors que la République n'existait pas ?

Le personnel du parti républicain était-il du reste assez nombreux ? pouvait-il fournir assez d'hommes capables de remplir les fonctions judiciaires et administratives? La plupart, d'ailleurs, par une délicatesse exagérée ou par un sentiment indéfinissable, répugnaient à accepter une position qui eût donné à leur dévouement une apparence intéressée.

D'autres considérations accroissaient les doutes du

Gouvernement. Dans un moment où les ressorts de l'État devaient jouer avec une facilité sans entraves, irait-on désorganiser toutes les administrations, surtout l'administration financière, si régulière, si précise, et compromettre par là les recettes déjà si compromises? Pouvait-on improviser des administrateurs? Aux pouvoirs nés d'une révolution, il faut des agents d'un mérite supérieur, de connaissances étendues. Et ces pouvoirs se trouvent dans cette inextricable situation, de tolérer les hommes en place, rompus aux affaires, mais dénués par la routine de toute aptitude aux applications des idées nouvelles, ou bien de recourir à des hommes neufs, doués du génie progressif et de l'amour des réformes, mais qui, inhabitués à la pratique des choses, trouvent devant eux le vide de l'inconnu. Ajoutons que si, en temps normal, la volonté peut choisir, dans les temps de troubles, le hasard impose sa loi.

Ces difficultés étaient tellement évidentes, que certains républicains se concertèrent, et vinrent offrir au Gouvernement de l'éclairer dans ses choix. Parfaitement accueillis, ils ne purent longtemps continuer leurs avis.

XXXVI

Le dévouement et le hasard, avons-nous dit, avaient présidé à la composition du personnel qui entourait le Gouvernement provisoire. Tout d'abord, MM. Martin (de Strasbourg), Bastide, Payer, Bixio, Corbon, Desmarest, Charles Royer, Mallefille, d'Artigues, Delanoue, Alexandre Rey, etc., lui prêtèrent leur actif concours pour la rapide expédition des affaires. M. Martin (de

Strasbourg) tomba épuisé de travail et de veilles ; quelques-uns se retirèrent, appelés à de hautes missions ; les autres restèrent. Tous avaient déployé un zèle éprouvé. Ils étaient de ceux-là que n'arrêtent ni sacrifices ni périls.

M. Pagnerre prit la direction des bureaux, secondé par M. Bixio, puis par M. Barthélemy Saint-Hilaire. On élimina quelques inconnus, qui, les uns dans un but de trahison, les autres par simple présomption, s'étaient parés du titre de délégués des arrondissements, qui ne les avaient pas nommés, ou de celui de délégués du peuple, qui ne les connaissait point. L'ordre commençait à dominer la confusion. Les procès-verbaux des séances du Gouvernement provisoire furent faits et conservés avec soin. — C'est sur ces procès-verbaux qu'est rédigée cette histoire. — Des employés habiles, parmi lesquels on distinguait MM. Demolière, Clavel, s'occupèrent de la réception des dépêches et de leur transmission aux différents ministères.

Le 29 février, les membres du Gouvernement, qui siégeaient encore dans l'arrière-cabinet du préfet, se transportèrent dans les grandes salles de l'Hôtel de ville, où affluaient les députations ; et les séances du Conseil eurent lieu au petit Luxembourg, demeure officielle de M. Dupont (de l'Eure).

MM. Buchez et Recurt s'étaient partagé, avec M. Flottard, l'administration de la ville, et assumaient sur eux une responsabilité digne de leur caractère. Le Conseil municipal ayant été dissous (27 février), ils agirent et se dévouèrent sans réserve, régularisant les rapports avec les maires des arrondissements et de la banlieue, rétablissant les octrois, faisant disparaître les barricades, repaver les rues, réparer les monuments, reprendre les travaux, fonctionner tous les services.

M. Lagrange, gouverneur de l'Hôtel de ville, succomba à la peine, et dut se démettre de ses fonctions, repoussant par excès de générosité toute offre de dédommagement. Comme successeur, M. Flocon présenta M. Rey, l'un des partisans les plus résolus du journal *la Réforme*. Avant de l'accepter, MM. Arago et Garnier-Pagès lui posèrent franchement cette question : « Dans un moment critique, le Gouvernement provisoire, sans exception, peut-il compter sur vous? » — « Oui, sur mon honneur! » — « Votre parole nous suffit. » M. Rey fut agréé. M. Beaumont, décoré de Juillet, homme de cœur et de courage, lui fut adjoint et partagea avec lui le soin de veiller sur la Maison commune.

XXXVII

M. Garnier-Pagès, tout en veillant à ce rétablissement de l'ordre à l'Hôtel de ville, se préparait à reprendre une autorité entière sur la préfecture de police, qu'il voulait tenir sous sa direction absolue. Son droit et son devoir le lui commandaient. Réunie à la mairie de Paris, elle lui donnait en effet la puissance dont il avait besoin pour ramener la tranquillité et la sécurité, pour connaître et déjouer les complots, pour suivre les progrès des clubs, étudier leurs intentions et prévoir leur but, pour sonder l'opinion publique, la satisfaire et l'éclairer, pour lutter contre tous les adversaires de la République et du Gouvernement. Son plan était tracé.

Déjà il avait accepté de MM. Léon Faucher et Vivien,

pour l'appliquer immédiatement, un projet préparé de longue main, sur la création d'un corps de gardiens de Paris.

Il avait loyalement prévenu M. Caussidière qu'il ne le nommait que provisoirement son délégué à la préfecture de police ; il avait également fait part au Conseil de sa résolution de confier cette grande mission à un homme auquel l'unissait une fraternité morale, M. E. Duclerc, qui fut nommé à cet effet adjoint du maire de Paris. Le 2 mars, déterminé à rester libre dans son action, il déclara au Conseil « que, membre du Gouvernement, comme le ministre de l'intérieur, il ne pouvait, ne devait, ne voulait relever que du Gouvernement provisoire ». M. Ledru-Rollin répondit par les précédents. M. Garnier-Pagès s'appuya sur la Révolution. « Notre situation est égale, » disait-il, « membre du Gouvernement, j'ai le droit d'intervenir dans la direction qui vous est attribuée sur les départements; vous pouvez de même intervenir dans mes actes. » M. Ledru-Rollin accéda, et le Gouvernement décréta :

« Le maire de Paris relève du Gouvernement provisoire ; pour tous les objets de police, il doit faire les communications à M. le ministre de l'intérieur. S'il y a dissentiment entre le ministre et le maire sur quelques mesures à prendre, il en sera immédiatement référé au Gouvernement provisoire. »

Lorsque le décret fut rendu, M. Garnier-Pagès s'approcha de M. Ledru-Rollin et lui dit : « J'étais de bonne foi lorsque je vous ai tendu la main, le 24 février. Je veux éviter entre nous des discussions et des divisions qui seraient funestes à la République, à son avenir et au repos de la cité. Cet arrêté préviendra toute scission, parce que, la ligne des droits de chacun étant bien tracée, nos collègues seront nos arbitres amiables en cas d'opinion divergente. » — « Si votre intention est l'union, » répliqua M. Ledru-Rollin, « je ne puis qu'applaudir et approuver. » Et de nouveau le ministre et le maire se pressèrent la main.

Le maire de Paris était désormais en mesure de remplir sa mission d'ordre, de paix, de conciliation, de progrès ; il était armé des moyens de surveillance et de répression. M. E. Duclerc, républicain estimé, homme énergique, esprit net et clairvoyant, dirigeant la préfecture de police comme adjoint du maire, garantissait l'unité et l'ensemble à l'action du Gouvernement. De son côté, M. Caussidière, appelé à des fonctions plus conformes à sa vocation, devait rendre d'incontestables services. Les rivalités, les tiraillements entre les deux administrations, allaient faire place à l'accord et à l'harmonie. Les rouages de la police municipale sensiblement modifiés, le repos de la ville était assuré, et l'avenir de la Révolution plus certain.

Un incident inattendu vint renverser ce plan si résolûment conçu et anéantir toutes ces espérances. Les conséquences de cet incident furent immenses ; on les verra peser sur les événements qui vont suivre.

XXXVIII

Au delà de tous les dangers dont nous avons déroulé le sombre et trop réel tableau, la banqueroute apparaissait comme le dénoûment fatal de la situation du Trésor au 24 février. Nous donnons cette situation, d'après les chiffres et documents officiels, vérifiés, contrôlés, reconnus incontestables [1].

De 1840 à 1847, les recettes s'étaient accrues de 40 millions par an. Et pourtant, « à la fin de 1847 les découverts tombés successivement à la charge du Trésor, dans le cours de huit années seulement, formaient un total de 897 764 093 fr., et le produit de la réserve de l'amortissement n'avait servi à les atténuer que dans la proportion de 448 249 115 fr. Durant le même laps de temps, l'emprunt de 450 millions, contracté en vertu de la loi du 25 juin 1841, avait été consommé, et 35 millions de rentes perpétuelles avaient pris place au grand-livre, tant pour le compte de l'emprunt qu'à titre de consolidation des ressources de l'amortissement [2]. »

Le budget de 1847 s'était élevé à 1 712 millions, et devait donner un déficit de 257 millions [3].

Le budget de 1848 [4] présentait, sur les dépenses ordinaires, un découvert probable de 76 millions [5], et, sur l'extraordinaire, 169 millions : ensemble, 245 millions.

L'État s'était engagé pour 1 081 millions de travaux

---

[1] Rapport sur les comptes du Gouvernement provisoire, par une commission de l'Assemblée nationale. (*Moniteur*, 26 avril.)

[2] Budget de 1850, page 8, discours du ministre des finances, M. Passy.

[3] Le budget de 1847, suivant le rapport du 8 janvier 1850, a été réglé ainsi :

Crédits ouverts.	1 708 660 300 fr.	
Dépenses liquidées.	1 605 302 683	
Le déficit a été ; sur le budget ordinaire		109 417 311 fr.
Sur le budget extraordinaire		147 873 328
Total.		257 290 639 fr.

[4] Le budget de 1848 n'est pas, comme on l'a dit, le premier budget de la République, mais le dernier budget de la monarchie, dressé par les ministres de la monarchie.

[5] Rapport, page 15.

publics, dont 514 millions restaient à dépenser au 1ᵉʳ janvier 1848. Mais la somme nécessaire était de beaucoup supérieure aux prévisions. On en jugera par ce seul fait que toutes les réserves de l'amortissement y étaient exclusivement destinées jusqu'en 1855, et même jusqu'en 1859 [1].

Déduction faite des rentes appartenant à la Caisse d'amortissement, le capital de la dette publique montait :

> Le 1ᵉʳ janvier 1841, à 4 267 000 000 fr.
> Le 1ᵉʳ janvier 1848, à 5 067 000 000 fr.

Huit cents millions, telle était donc la charge dont, en sept années de paix intérieure et extérieure, la monarchie avait grevé la dette de la France.

Et chaque jour ce mouvement s'accélérait. Pendant les deux cent soixante-huit derniers jours de son existence, malgré l'accroissement journalier des recettes, le gouvernement de Louis-Philippe avait dépensé, au delà de ses ressources ordinaires, 294 millions : environ 1 100 000 francs par jour.

Les bons du Trésor atteignaient un chiffre inconnu jusqu'alors : 318 millions. Cet emprunt perpétuel ne suffisant pas, on en avait ouvert un en rentes, de 250 millions, dont 82 millions étaient déjà perçus.

Enfin, selon le témoignage contradictoire de MM. Thiers et Dumon, la dette flottante, officiellement reconnue et constatée [2], était de 960 millions, plus 170 millions pour les travaux qui ne pouvaient être interrompus. En tout, 1 130 millions.

---

[1] Rapport, page 21.
[2] Rapport, page 13.

Le 25 février au matin, les caisses du Trésor renfermaient une somme de 192 millions, savoir : en numéraire, 135 millions, dont 127 millions à la Banque; en valeurs de portefeuille, échelonnées sur tous les mois de l'exercice, et dont le payement devenait problématique, 57 millions [1]. De cette somme de 135 millions espèces, il fallait distraire, pour le semestre de la rente 5 p. 100, 73 millions.

Comme ressource immédiatement disponible, pour faire face aux échéances d'une dette flottante écrasante, pour couvrir les dépenses courantes d'environ 125 millions par mois, pour continuer les travaux publics, pour secourir les ouvriers, pour soutenir l'industrie et le commerce, pour réorganiser les forces de terre et de mer, le gouvernement de la République trouvait donc en tout, dans les caisses de la monarchie, quoi? soixante-deux millions.

XXXIX

Comment les hommes d'État du pouvoir déchu avaient-ils conduit les finances à cette extrémité mortelle? en usant et abusant de l'impôt et du crédit. Ils avaient tendu tous les ressorts jusqu'à les briser. Par un mécanisme compliqué, ils étaient parvenus à prolonger une situation régulièrement impossible. D'une part, ils émettaient autant de bons du Trésor que le

---

[1] Rapport, page 22.

Effets de commerce.	8	millions.
Traites de douanes.	14	»
Traites de coupes de bois	23	»
Valeurs diverses.	12	»
	57	millions.

public en voulait prendre; d'une autre, ils augmentaient à outrance tous les éléments de la dette flottante, puis ils consolidaient cette dette par des emprunts. Le lendemain, ils recommençaient : nouvelle émission de bons, nouvelle aggravation de la dette, nouveaux emprunts, et ainsi jusqu'à extinction. Ce mécanisme pouvait-il durer encore longtemps? Il fallait pour cela, suivant les expressions déjà citées de M. Jules de Lasteyrie, « qu'il n'y eût désormais ni mauvaise récolte, ni inondation, ni pluie, ni vent, ni soleil; aucun événement enfin ».

Or, la Révolution de Février éclata au moment précis où la situation était le plus violemment engagée. Toutes les ressources étaient absorbées d'avance; tous les moyens de crédit, paralysés pour longtemps.

La dette flottante, qui se compose des versements opérés par les établissements publics et par les communes, des dépôts publics, des mandats et traites sur le Trésor, des avances des receveurs généraux, des fonds des caisses d'épargne et des bons du Trésor, ne pouvait rien offrir le lendemain de la révolution. Bien loin de là, les capitalistes ne prenaient plus de bons du Trésor et ne renouvelaient pas les anciens, dont ils exigeaient le montant. Aux caisses d'épargne, plus de nouveaux apports, mais des demandes innombrables de remboursement. De la part des receveurs généraux plus d'avances, mais des retraits considérables. Toutes les traites, présentées au payement, et non remplacées. A la Caisse des consignations, plus de dépôts. Plus de fonds des communes, qui toutes réclamaient leur dû, et même des subventions. Plus de versements des particuliers, qui conciliaient leurs procès pour retirer le montant de leurs créances. Plus rien de ce qui soutenait, la veille encore, les opérations financières de la monarchie.

Quant à l'emprunt, bien loin de pouvoir en contracter un nouveau, on entrevoyait l'abandon de celui de l'ancienne administration ; et le banquier qui l'avait souscrit aurait quitté la France s'il n'eût été rassuré par la fermeté du Gouvernement provisoire. Les autres banquiers réclamaient avec instance les crédits dont ils avaient besoin.

Ainsi la catastrophe prédite était arrivée, plus redoutable cent fois qu'il n'était possible à l'intelligence humaine de le prévoir.

XL

A la vue des profondeurs de cet abîme, où allaient tomber la fortune de l'État et l'honneur de la France, le ministre des finances fut terrifié. Aussitôt il convoqua le Gouvernement. La séance s'ouvrit, le 3 mars au soir, sous la présidence de M. Dupont (de l'Eure). A l'exception de M. Flocon, le Conseil était complet.

M. Goudchaux prit la parole. Il exposa le mal sans l'exagérer, sans l'atténuer. Il se plaignit amèrement de l'espèce d'insurrection qui partout éclatait contre tous les impôts ; il protesta contre les agitations de la rue, qui, paralysant la confiance, entravaient les recettes et la reprise du travail ; il accusa l'imprudence de certaines prédications qui portaient le trouble dans les esprits et dans les affaires. Il conclut à la nécessité de trouver les moyens de conjurer un désastre imminent. La voix du ministre était sensiblement émue.

Que faire? à quel moyen recourir? entre tous ces périls, lequel choisir? Dresser le bilan de la monarchie, publier le tableau des misères qu'elle léguait, et lui laisser la responsabilité d'une suspension générale? Ou bien faire bravement tête au péril, chercher à ranimer le crédit par l'audace de la confiance, et satisfaire à tous les engagements jusqu'au dernier écu, jusqu'au dernier effort?

Dans ces conjonctures suprêmes de salut public, il est permis de trembler pour la patrie. Le ministre des finances était sous le poids d'une oppression visible; tous les membres du Conseil partageaient sa douloureuse anxiété. En ce premier moment de stupeur, M. Lamartine, placé auprès de M. Garnier-Pagès, se pencha vers lui et lui dit avec l'accent du désespoir : « Est-ce donc vrai? Sommes-nous donc perdus? » — « Je le crains, » répliqua celui-ci, « mais il ne faut pas encore désespérer! »

XLI

Successivement, toutes les questions furent posées, discutées, résolues. Avant tout, on écarta avec horreur l'idée de la banqueroute. A aucun prix le Gouvernement provisoire ne laisserait infliger à la République naissante le stigmate d'un tel opprobre. Si, un jour, l'on était acculé à une impossibilité flagrante, l'on ne s'arrêterait du moins que devant l'insurmontable force des choses, et après avoir témoigné, jusqu'à la dernière preuve, l'énergique volonté de sauver l'honneur du pays. La discussion ranima l'espérance; les esprits se raffermirent. L'on se détermina à marcher hardiment en avant, après appel à la confiance et au patriotisme des citoyens.

Déjà cependant des bruits fâcheux avaient circulé. Les débats parlementaires avaient éclairé l'état des finances. Le vide du Trésor était connu. La crainte s'était répandue que le Gouvernement n'eût pas les moyens de payer les semestres de la rente 5 p. 100 à l'échéance du 22 mars. Pour mettre à néant ces rumeurs et rassurer complétement le pays, pour prouver par une mesure vigoureuse la volonté et la possibilité d'acquitter toutes les dettes de l'État, M. Goudchaux proposa d'anticiper ce payement, de payer le 6 au lieu du 22. Cette mesure plut par sa ferme loyauté. Elle fut adoptée et annoncée le lendemain.

XLII

Cette décision prise, le Conseil se sépara.

Le 4 mars, M. Goudchaux fit part à MM. Marie et Garnier-Pagès de son intention formelle de se retirer. L'un et l'autre la combattirent avec force. A toutes les objections, M. Goudchaux opposa d'invincibles refus. Il ne concéda qu'un ajournement de vingt-quatre heures.

Le 5 au matin, il y eut réunion au ministère de la justice. Après un court incident, relatif à l'ancienne maison Laffitte, dont la ruine allait frapper le commerce de Paris, et dont le chef, M. Gouin, était venu solliciter les secours du Gouvernement, M. Goudchaux prit la parole et présenta sa démission. Il renouvela ses plaintes de l'avant-veille : difficulté de conduire les finances de l'État au milieu des incessantes agitations de la rue; audacieuses prédications de doctrines qui épouvantaient les esprits; menaces publiques contre la perception des impôts, etc... Il ajoutait des raisons personnelles : il n'avait accepté le ministère que temporairement et par dévouement ; ses forces épuisées ne lui permettaient pas de maîtriser les événements, qui l'entraînaient malgré lui. Enfin il faisait valoir l'impérieuse nécessité de pourvoir à la gestion de ses propres affaires. En effet, M. Goudchaux était banquier; la France était dans un de ces moments où, pour n'être pas ébranlée et même renversée, la maison la plus riche, le plus solidement établie, le plus droitement menée, a besoin du cœur, de l'œil, de la main du maître.

Tous les membres du Gouvernement firent auprès de M. Goudchaux les plus vives instances pour le décider à conserver le ministère. Il résista à toutes les sollicitations, et il exprima sa détermination si énergiquement, qu'il devint impossible de le presser davantage.

Le Conseil demanda à M. Garnier-Pagès de vouloir bien se charger de cette succession.

XLIII

M. Garnier-Pagès se voyait contraint de renoncer à la mairie de Paris, où l'avait appelé le peuple pendant la lutte, à cette magistrature qui lui promettait influence, honneur et popularité, à ses projets mêmes, au moment où il allait en tenter l'application. En échange, il passait à un poste où le cœur le plus ferme pouvait être troublé, où il n'y avait que douleur et impopularité à recueillir, où il assisterait au spectacle de toutes les souffrances du commerce et de l'industrie, où il serait assailli par toutes les réclamations, par tous les besoins, par toutes les misères, par toutes les calomnies, et cela quand les recettes interrompues, des payements exigibles, inévitables, et le Trésor vide [1], ne laissaient entrevoir nulle ressource, et menaçaient le nom du ministre des finances de la flétrissure de l'histoire et de cette infamante épithète : Ministre de la banqueroute!

Mais là où le péril était le plus grand, là était le devoir. M. Garnier-Pagès ne pouvait hésiter. Il accepta, « confiant, » dit-il, « non dans sa capacité, mais dans le concours de ses collègues, dans l'ardente volonté du bien dont il se sentait animé, et dans la Providence, qui l'avait soutenu parmi toutes les amertumes de la vie! »

M. E. Duclerc consentit à partager, en qualité de sous-secrétaire d'État, les responsabilités de M. Garnier-Pagès.

XLIV

A cette heure, embrassons d'un coup d'œil la situation.

Le Gouvernement provisoire avait surmonté les premiers obstacles; sur les décombres de la monarchie, il avait assis les bases de la République. Mais, pour la consolidation de l'édifice, au lieu de s'aplanir, les difficultés surgissaient. Le Gouvernement avait à diriger l'État à travers les mouvements révolutionnaires : les clubs, sortis armés d'une lutte entreprise au nom du droit de réunion; les détenus politiques, apportant du fond de leurs cachots des passions aigries par d'atroces persécutions; les Ateliers nationaux, engendrés

---

[1] Le 6 mars, il n'y avait plus en caisse que 107 millions, sur lesquels il fallait payer 73 millions pour le semestre : 34 millions seulement restaient donc disponibles.

par la misère des deux dernières années; la Commission du Luxembourg, née des grèves jugées et condamnées sous Louis-Philippe, et des doctrines antérieures; les affiches politiques, accumulées sur les murailles; la liberté de la presse, sans frein et à l'abri de toute mesure répressive; les intérêts matériels, actifs directeurs de toutes les âmes; la soif des places, excitée comme moyen de gouvernement; des administrations monarchistes (sans personnel suffisant pour les renouveler), disposées à trahir si on les laissait intactes, menacées de désorganisation si on les modifiait; les finances, perdues; une dette flottante d'un milliard; les crises, industrielle, commerciale, métallique; enfin, les complots tramés dans l'ombre, fomentés par la haine, nourris par l'ambition, vivant de calomnies, exploitant les circonstances, toujours prêts à éclater et à répandre le carnage et le deuil.

CHAPITRE SIXIÈME.

Les membres du Gouvernement provisoire ont hâte de se démettre de leur dictature. — Adoption du suffrage universel et direct; liberté de réunion et de publicité. — La raison est la vie; la force est la mort. — Note du *Moniteur* sur la convocation des assemblées électorales, de l'Assemblée nationale constituante et sur diverses mesures électorales. — Nécessité du scrutin de liste; bulletin de vote, préparé à l'avance; droits des domestiques, des soldats; indemnité aux représentants; publication de la loi électorale. — Suppression des titres de noblesse. — Funérailles des victimes de Février. — Discussion sur la paix et la guerre : M. de Lamartine présente une déclaration diplomatique; politique extérieure de la monarchie; conséquences des mariages espagnols; isolement de la France; elle n'a ni l'alliance des rois, ni les sympathies des peuples; la Révolution de Février lui rend ces sympathies; que doit faire le Gouvernement provisoire? avantages de la guerre; avantages plus grands d'une paix armée en faveur de l'indépendance des peuples et du principe de l'émancipation de l'humanité; le manifeste de M. de Lamartine est adopté à l'unanimité; pour soutenir ce programme, le ministre des affaires étrangères demande 220 000 hommes; le ministre des finances répond qu'il fournira l'argent; les généraux Lamoricière et Bedeau démontrent l'insuffisance des forces militaires; nomination d'une commission de gouvernement pour l'organisation de la défense nationale; ses travaux; son rapport; mesures militaires adoptées par le Conseil; crédit total de 114 millions applicables à ces mesures. — Impulsion donnée par le ministre de la marine à l'organisation de la flotte, aux constructions, à l'administration centrale, etc. — MM. Arago et Schœlcher se vouent à l'abolition de l'esclavage; le Gouvernement la proclame.

I

Le 24 février, une des premières aspirations du Gouvernement provisoire avait été de convoquer instantanément la nation, afin que la nation elle-même pût décider de ses destinées. Peu envieux de conserver la dictature, les hommes que la Révolution venait d'élever au pouvoir n'aspiraient qu'à remettre au peuple le dépôt de la souveraineté. Cependant, cette souveraineté, ils l'exerçaient de la manière la plus absolue : le décret du jour était la loi. Quinze citoyens (onze membres du Gouvernement provisoire, un secrétaire général, trois ministres), sans contrôle autre que celui de l'opinion publique, gouvernaient la France. Certes, il y avait là assez de grandeur pour éblouir, assez de gloire pour donner le vertige; mais la pensée du devoir les préservait de toute faiblesse; et loin de chercher à se perpétuer au pouvoir, ils avaient hâte de rédiger le décret qui appelait l'Assemblée nationale, et qui fixait un terme à leur autorité.

II

MM. Cormenin et Isambert, chargés d'élaborer un projet de loi électorale, avaient été mandés à la séance du 2 mars, au ministère des affaires étrangères. M. Cormenin donna lecture du travail préparatoire. Le principe fut mis aux voix et adopté en ces termes : « Le Gouvernement provisoire arrête, en principe et à l'unanimité, que le suffrage sera universel et direct, sans la moindre condition de cens. » La discussion des articles fut ajournée.

Cette résolution produisit une sensation profonde dans le cœur même de ceux qui l'acclamaient. Pour la première fois, la vieille Europe voyait une de ses grandes nations faire une application réelle, complète, de la souveraineté du peuple. Jamais l'égalité des droits civiques n'avait été si solennellement célébrée. L'institution du baptême avait été la reconnaissance de la fraternité devant Dieu; l'institution du suffrage universel était la reconnaissance de la fraternité devant l'humanité. Il avait fallu dix-huit siècles de prédications, de luttes, de souffrances, de martyres, de révolutions, pour passer du principe à l'application. La prétendue utopie était faite réalité. A une loi qui mesurait à regret à 200 000 Français le droit de choisir les représentants du pays, qui avait traversé la Révolution de Juillet sans admettre d'autre amélioration que l'adjonction de quelques milliers d'électeurs et de quelques demi-capacités, succédait une loi sans restriction, qui proclamait le droit absolu de chaque citoyen et qui appelait au scrutin de la souveraineté neuf millions de Français.

III

Le principe décrété, l'exécution serait-elle possible? L'expérience faisait défaut. On entrait dans l'inconnu. L'exemple de l'Angleterre, réduit à des proportions moins étendues, inspirait des appréhensions. Le caractère de la nation est vif, ardent; ne se laisserait-elle pas emporter au delà des limites de la raison? N'aurait-on pas à apaiser des querelles, des troubles? — La première épreuve fut décisive : le calme profond des jours de vote prouva, une fois de plus, que le sentiment du devoir dignement rempli fait taire les passions.

Le Gouvernement provisoire n'avait pas la prétention de résoudre, du premier coup, toutes les difficultés. Une vérité cependant lui apparut, éclatante, incontestable : c'est que le suffrage universel ne peut exister sans la liberté pour tous les citoyens de se réunir, de se concerter, de parler, d'écrire, de publier, d'afficher; que hors de là il n'est plus le suffrage universel, mais une apparence, un mensonge légal, un leurre constitutionnel.

Aussi, dans cette séance du 2 mars, immédiatement après la proclamation du principe, le Gouvernement provisoire, avisant aux moyens, s'empressait-il, au milieu même de sa résistance à la suppression des impôts, de déclarer « que le droit du timbre sur les journaux et écrits périodiques serait suspendu dix jours avant la convocation des assemblées électorales, *pour laisser aux électeurs la plus grande publicité possible* ».

IV

Quoi qu'il advienne dans la variable série des temps, le suffrage universel sera la loi des lois! On pourra le fausser, le dénaturer, le violenter, le suspendre, l'anéantir; tôt ou tard le peuple saura lui redonner la vie et la splendeur, avec la justice pour règle, la vérité pour lumière, la morale pour guide, la liberté pour action. Le suffrage universel, dans son plein et pur essor, est la raison de tous substituée à l'oppression d'un despote ou de quelques privilégiés. La raison ou la force, voilà les deux moyens extrêmes de la souveraineté. La raison vivifie; la force tue! Par la raison, les nations grandissent, s'éclairent, marchent vers Dieu; sous la force, elles s'abrutissent, s'affaissent et tombent, ne laissant que ruines et cadavres!

¡Un jour, le jour de la résurrection, la France et l'Europe sauront choisir. Alors, dans les annales de l'humanité, la séance du 2 mars, qui fit jaillir le suffrage universel comme un symbole d'affranchissement, prendra sa place parmi les étapes du progrès.

V

Dans la séance du 4 mars, le Gouvernement examina le projet de loi, article par article. Il décida que la France serait divisée en autant de cercles électoraux qu'il y avait de représentants à élire; que la population seule servirait de base.

La France devant être divisée comme les cases d'un échiquier, sans égard aux limites départementales, ce travail demandait des calculs considérables. M. Mathieu, ancien député de Saône-et-Loire, savant distingué, beau-frère de M. Arago, fut invité à l'entreprendre, avec faculté de s'adjoindre toute personne qui pourrait l'aider dans le rapide accomplissement de cette œuvre. Le Gouvernement, ne pouvant prévoir le temps nécessaire, mais impatient de répondre à l'impatience du pays et de faire connaître une première solution, arrêta qu'en attendant la publication de la formule définitive du décret, on insérerait la note suivante dans le *Moniteur* du lendemain :

« Dans sa séance du 4 mars, le Gouvernement provisoire de la République a fixé la convocation des assemblées électorales au 9 avril prochain, et la réunion de l'Assemblée nationale constituante au 20 avril.

» Il a, dans la même séance, adopté pour principes généraux du décret qui va être rendu :

» 1° Que l'Assemblée nationale décréterait la Constitution;

» 2° Que l'élection aurait pour base la population;

» 3° Que les représentants du peuple seront au nombre de neuf cents;

» 4° Que le suffrage serait direct et universel, sans aucune condition de cens ;.

». 5° Que tous les Français âgés de vingt et un ans seraient électeurs, et que tous les Français âgés de vingt-cinq ans seraient éligibles ;

». 6° Que le scrutin serait secret. »

VI

Le lendemain, le Gouvernement apprit que ce travail de division exigeait beaucoup plus de temps qu'on ne pensait..

M. Marrast proposa le scrutin de liste par département. Il exposa avec chaleur tous les griefs accumulés contre les élections de clocher, soumises à toutes les influences locales : « Ce sont des intérêts, et non des principes qui formeront la représentation du pays. Une assemblée de propriétaires seuls sortira du scrutin, une assemblée imbue d'idées personnelles, mesquines, sans élan, sans initiative, sans grandeur, qui vous fera une république à son image, si elle ne restaure pas la monarchie ! » On lui répliquait : « Vous confondez le suffrage restreint avec le suffrage universel. Sous le suffrage restreint, vous êtes dans le vrai ; vous vous trompez avec le suffrage universel. Il ne subit pas les influences locales : il les impose. Le mérite vrai et obscur ressortira plus facilement. L'homme de dévouement, le cultivateur honnête, l'ouvrier capable, trouveront des sympathies aussi vives que le riche égoïste ou que le gros propriétaire. Le vote par unité de député permet à chaque électeur d'interroger, d'apprécier individuellement celui à qui il veut confier son mandat;

et à chaque candidat de se présenter personnellement à l'examen de celui qui doit le lui confier. Le scrutin de liste est un scrutin de hasard qui contrarie le choix éclairé de l'électeur, et les rapports directs de l'éligible avec ses commettants. Vous redoutez les influences de clocher : vous allez subir les influences départementales. Quelques individus, habitant le chef-lieu, dresseront les listes et feront l'élection. Ce n'est point là le suffrage universel que vous voulez fonder. »

Tous les arguments discutés, la question de temps l'emporta. Le scrutin de liste, qui rendait possible la publication de la loi dès le jour même, fut adopté.

Restait une difficulté matérielle. On avait imposé à tout citoyen l'obligation d'écrire ou de faire écrire son bulletin. Facile pour une élection unique, ce moyen était impraticable pour un scrutin de liste : l'inscription par chaque électeur d'un aussi grand nombre de noms éterniserait le vote. L'on se résolut à autoriser le dépôt d'un bulletin préparé, écrit ou imprimé à l'avance.

VII

D'autres détails suivirent.

Les domestiques seraient-ils admis au vote ? L'affirmative fut décidée.

Une résidence de six mois fut jugée indispensable. Ce délai n'était exigé qu'afin de donner la possibilité de dresser les listes électorales. D'ailleurs des instructions ministérielles en affranchiraient tout citoyen qui, à raison d'éloignement momentané, se trouverait forcé de voter dans une commune autre que la sienne.

Le vote au canton fut préféré au vote à la commune : il assurait aux électeurs une plus grande liberté.

Le principe d'une indemnité aux représentants fut reconnu indissolublement lié à la nouvelle forme démocratique de la France : sans indemnité, le riche seul peut accepter la représentation du pays; et tout citoyen, quelque pauvre qu'il soit, ne doit-il pas pouvoir remplir cette première fonction sociale? Le chiffre de l'indemnité fut fixé à vingt-cinq francs, et réglé par jour. Ce règlement était motivé par le passé républicain et par l'assimilation du travail moral au travail manuel; il relevait à la hauteur de la représentation nationale le salaire à la journée du travailleur. — L'ouvrier ne sut pas apprécier cette idée philosophique. Sans calculer que la somme de vingt-cinq francs ne dépassait pas les nécessités de déplacement, de perte d'état, d'existence dans la capitale, de distributions de secours, il fit, d'un œil d'envie, la comparaison avec son salaire, et il blâma cette juste et stricte compensation, quand il eût volontiers donné le double par mois ou par année. Cette mesure vraiment démocratique tourna contre la démocratie.

Vint la question du vote de l'armée : « Si elle vote, elle pourra délibérer; si elle délibère, la discipline est à néant, l'armée est en pleine dissolution; et de plus, le Gouvernement, maître de transporter à sa guise des masses de troupes d'un endroit à un autre, pourra obtenir, par ces mouvements, des majorités factices dans les colléges qu'il choisira. » D'autres objections furent encore émises, qui firent adopter la négative. Le procès-verbal de la séance, que nous avons devant les yeux, dit : « Non! attendu l'impossibilité de faire voter les soldats dans leur commune, sans disperser l'armée d'une manière arbitraire et dangereuse pour la sécurité nationale. » Réservée pour être jointe aux instructions, cette question fut de nouveau débattue dans la séance du 7 : « Cette espèce d'ostracisme allait être regardée comme une défaveur après les journées de Février ; ce déni du droit commun allait blesser au cœur l'armée, au moment même où le Gouvernement provisoire s'efforçait de rétablir entre elle et le peuple une confiance mutuelle. » Cette considération enleva la décision. Le droit électoral fut reconnu à l'armée.

VIII

Signée le 5 mars, publiée le 6, la loi fut complétée le 8 par des instructions conformes aux principes. On ne pouvait mettre plus de promptitude à rédiger la formule d'une mesure aussi urgente, où tout apparaissait sous un aspect inusité.

IX

La proclamation du suffrage universel avait été précédée d'un décret, en date du 29 février, « abolissant tous les anciens titres de noblesse, et interdisant les qualifications qui s'y rattachent ».

Ce décret fut diversement interprété. Inutile suivant les uns, nécessaire suivant les autres, il fut l'objet de critiques et d'approbations.

Le Gouvernement n'avait fait qu'obéir à la logique de l'histoire. La première Révolution avait détruit les priviléges de la noblesse ; du passé il ne restait que des noms illustres et des titres sans valeur. Les noms sont gravés dans nos annales, rien ne peut les effacer ; les titres ne sont plus que de frustes empreintes. Des ducs sans duché, des marquis sans marquisat, des comtes sans comté, des barons sans baronnie, se paraient d'appellations vides et mensongères, qui devaient disparaître devant la République. Leur contraste avec l'époque, avec le régime nouveau, était si bizarre, si étrange, que leur suppression semblait un simple accord avec l'état des choses. Plus d'un noble avait pris déjà l'initiative. Le Gouvernement ne voulait donc pas arracher du cœur et de la mémoire de la nation le respect du nom ; il ne voulait que rétablir l'harmonie entre les faits et les institutions. Le peuple, qui aime les grands noms, comme une des gloires de la patrie, savait faire la distinction. Mais il avait entendu parler, sous l'Empire, sous la Restauration et même sous la royauté de Juillet, de créations de nobles ; il réagissait contre ce retour au vocabulaire féodal, et il applaudissait à la restriction d'une prétention où il ne voyait qu'une faveur sollicitée par la vanité, dédaignée par le vrai mérite.

Le Gouvernement provisoire respecta et maintint la Légion d'honneur et la décoration de Juillet, récompenses personnelles et non transmissibles.

X

Les obsèques des citoyens tués en Février n'avaient pas encore été célébrées. Le 2 mars, une cérémonie funèbre fut ordonnée pour le surlendemain.

Rien n'est plus touchant, plus imposant que le spectacle d'un peuple qui suit jusqu'à leurs tombes les victimes de leur amour pour la liberté, et qui prodigue ses regrets, ses larmes, ses honneurs, à ces martyrs de son affranchissement. Pour remplir ce pieux devoir, les membres du Gouvernement provisoire, les ministres, les députations de tous les corps constitués, l'Institut, les Facultés, les parents des victimes, les blessés et les décorés de Juillet, les blessés de Février, les élèves des Écoles, les ouvriers, tout Paris accourut à ces funérailles. Le Gouvernement, qui recherchait les occasions d'unir l'armée au peuple, avait convoqué des détachements de cavalerie, d'infanterie, d'artillerie, les officiers généraux de terre et de mer : des escadrons de dragons, de cuirassiers, de gardes nationaux à cheval et un détachement d'artilleurs, ouvraient et fermaient la marche du cortége.

Un sentiment que les grandes époques peuvent seules inspirer peint bien cette lutte sans haine, cette révolution sans vengeance. Au milieu des chars funéraires marchait un char où étaient déposés les cadavres des soldats et des gardes municipaux tués dans la lutte ; il portait cette inscription : « *Respect au courage malheureux!* »

Après la célébration du service religieux à la Madeleine, le convoi s'avança lentement sur les boulevards, à travers une double haie de gardes nationaux et d'une foule immense, attentive et recueillie. Les cris de *Vive la République!* comme un écho incessant, accompagnèrent le cortége jusqu'à la colonne de Juillet. Là on s'arrêta, et les cercueils furent déposés dans les caveaux. A ce moment, les pères, les mères, les parents des morts, se précipitèrent pour dire un dernier adieu à ceux qu'ils avaient aimés, et envahirent les places réservées aux membres du Gouvernement provisoire. Par quelques paroles de cœur, M. Pagnerre, chargé de présider à cette cérémonie, leur fit comprendre « que leur douleur personnelle devait céder devant la douleur publique, et laisser au Gouvernement le soin d'exprimer le sentiment profond de la reconnaissance du pays ». Ils s'éloignèrent avec des sanglots déchirants.

Le respectable M. Dupont (de l'Eure) prononça un discours simple, ému, qui alla droit à l'âme du peuple ; puis, au bruit des acclamations, il déposa une couronne de laurier et d'immortelles sur le tombeau civique qui réunissait les hommes de Février aux hommes de Juillet. — M. Crémieux eut une de ces inspirations qui font tressaillir la foule. — M. Garnier-Pagès parla le dernier. De nouveaux cris de *Vive la République!* mirent fin à cette solennité.

On remarqua, comme un symptôme heureux, que certaines fenêtres des quartiers riches, restées fermées, le 27 février, à la première sortie du Gouvernement provisoire, étaient ouvertes et garnies de spectateurs agitant leurs mouchoirs au passage du cortége. Partout en effet ce fut une affluence empressée, une sympathie générale. C'est qu'en France une grande douleur publique concilie les esprits, absorbe toutes les opinions.

XI

Dans la séance où il avait proclamé le suffrage universel, le Conseil avait traité, discuté la question de la paix ou de la guerre. M. Lamartine avait proposé et présenté une déclaration aux puissances étrangères, sous forme de circulaire aux agents diplomatiques de la République française. Déjà notification de la proclamation de la République avait été adressée (27 février) aux membres du Corps diplomatique résidant à Paris.

XII

Si l'on jette un regard rétrospectif sur la dernière session de la Chambre des députés et sur les derniers actes de la politique extérieure de Louis-Philippe et de son ministère, l'on acquerra la douloureuse conviction de notre faiblesse.

Conséquence de cette politique de famille qui sacrifiait l'intérêt du pays à l'intérêt dynastique, les mariages espagnols avaient brisé l'entente cordiale avec l'Angleterre, nous avaient contraints de subir la spoliation de la République de Cracovie, et nous avaient poussés jusqu'à un rapprochement avec l'Autriche contre la Suisse, notre alliée naturelle, au moment où l'Italie tendait à s'affranchir du joug autrichien et tournait ses regards vers nous. Humiliée sous ce gouvernement débile qui avait prêché à plaisir la paix à tout prix, la France se sentait descendre de son rang.

Le principe de la souveraineté du peuple, qui avait présidé à l'intronisation de la branche cadette des Bourbons, avait séparé la cause de Louis-Philippe de celle des autres monarchies. Les efforts tentés pendant dix-huit ans pour sortir de cet isolement avaient donné à notre politique une direction hostile aux peuples, et nous les avaient complétement aliénés. Si bien que la France végétait, seule, sans alliance sincère avec les peuples ni avec les rois, sans force, sous ce vernis d'indépendance dont on recouvrait sa faiblesse.

XIII

La Révolution de Février, par son retentissement, par son éclat, par l'ébranlement des vieilles idées, par le spectacle d'un trône écroulé, par son action, devait frapper les rois d'épouvante, et nous rendre en même temps l'affection des nations. De notre vie elle faisait la vie des peuples, de notre gloire leur gloire, de notre liberté leur liberté. La France n'était plus isolée! Espérance des opprimés, symbole de l'affranchissement, foyer des lumières, rayonnement du progrès, âme rajeunie de l'Europe, elle avait reconquis à son influence le monde entier; elle avait repris sa vigueur, sa force, pour tout oser et tout entreprendre.

XIV

Que devait faire le Gouvernement provisoire? De ses délibérations allait sortir la paix ou la guerre! L'Europe immobile, le peuple de France impatient de délivrer les autres peuples, tous les proscrits, attendaient son premier acte.

Allait-il, prodigue de l'enthousiasme révolutionnaire, appeler aux armes, faire surgir des bataillons de chaque commune, de chaque rue de Paris, les précipiter, au chant de la *Marseillaise*, sur l'étranger, reprendre les lignes de la première République et soulever tous les peuples contre tous les rois?

Les avantages de ce système étaient incontestables à l'intérieur. Il rejetait au dehors un surcroît de population d'un million d'hommes, qu'il arrachait à la misère pour l'envoyer à la gloire ; la question des Ateliers nationaux se trouvait résolue : il payait à l'ouvrier soldat la solde qu'il fallait donner comme secours à l'ouvrier sans travail ; il livrait une vaste carrière aux esprits actifs, énergiques, qui, animés d'un redoublement de vie à ces époques de régénération, ont besoin d'air pour leur poitrine, de places publiques pour leurs paroles, de clubs pour leurs passions ; il assurait une diversion qui permettrait de gouverner sans appréhensions journalières d'émeutes et de troubles.

Mais obtiendrait-on par les armes ce qu'on avait la prétention d'obtenir, le but noble et réel, l'affranchissement, la fraternité des peuples ? Si la France en armes débordait sur ses voisins, après avoir déclaré qu'elle marchait au secours des peuples, ces peuples ne seraient-ils pas, malgré cette déclaration, trompés par l'apparence ? Égarés par les rois, au nom même de leur nationalité et de leur indépendance, soulevés contre cette violation de leur territoire, n'allaient-ils pas se resserrer autour de leurs princes, pour résister à des étrangers qu'on leur montrerait inspirés par l'esprit de conquête, tradition du passé, bien plus que par l'amour de leur liberté ? N'avaient-ils pas d'ailleurs pour se délivrer des bras et du fer, leur vie à sacrifier, comme les Français et sans leur secours ? De quel droit leur imposer une médiation qu'ils refusaient ? L'Allemagne frémissante s'armait pour ses libertés et son unité ; l'Italie exhalait sa haine contre l'Autriche, et se préparait à se délivrer ou à mourir. L'Allemagne, l'Italie, la Belgique, repoussaient notre intervention comme une honte et comme un danger.

CHAPITRE SIXIÈME.

XV

Ne valait-il pas mieux protester de notre respect des nationalités, rassurer les peuples, dont la méfiance, justifiée par les guerres de l'Empire, était prête à se réveiller; prouver par notre modération le désintéressement, la sincérité de notre politique; suppléer à la force des armes par la force morale de l'exemple; substituer à la propagande des bataillons la propagande des idées; avoir assez de foi dans l'action du principe de la souveraineté des peuples pour laisser aux peuples le soin et l'honneur de recouvrer leur indépendance; proclamer hautement le droit de chaque nation de disposer à sa guise de ses richesses, de son sang, de son avenir?

Enfin, si les deux principes éternellement ennemis devaient se livrer un combat d'extermination, si le jour en était venu, purs de toute pensée d'envahissement et de violence, forts de notre droit, nous n'aurions qu'à soulever jusqu'au dernier homme, prêcher la guerre sainte, rallier à notre drapeau tout ce qui aime et tout ce qui veut la liberté, déclarer au nom des peuples la destruction des trônes, lancer la démocratie contre la tyrannie, et instituer la République fédérative de l'Europe.

Cette politique loyale, juste, habile, respectueuse envers les peuples, assurée du succès, qui répondait à toutes les prévisions, à toutes les nécessités, à toutes les aspirations, rallia l'unanimité du Conseil. Il fut reconnu tout d'abord que, par la réalité même, la Révolution avait déchiré les traités de 1815; puis l'on décida que la France admettait les circonscriptions territoriales comme fait accompli, qu'elle proclamait le droit des peuples de disposer de leur sort, et qu'elle leur prêterait concours et assistance au jour et à l'heure où elle serait appelée.

XVI

Rédigé sous ces inspirations, le manifeste du ministre des affaires étrangères fut adopté par le Conseil. Nous l'insérons en entier, tel qu'il parut au *Moniteur* le 5 mars. Jamais langage international n'atteignit cette hauteur de vues et de sentiments.

XVII

CIRCULAIRE

DU MINISTRE DES AFFAIRES ÉTRANGÈRES AUX AGENTS DIPLOMATIQUES
DE LA RÉPUBLIQUE FRANÇAISE.

« Monsieur,

» Vous connaissez les événements de Paris, la victoire du peuple, son héroïsme, sa modération, son apaisement, l'ordre rétabli par le concours de tous les citoyens, comme si, dans cet interrègne des pouvoirs visibles, la raison générale était à elle seule le gouvernement de la France.

» La Révolution française vient d'entrer ainsi dans sa période définitive. La France est République : la République française n'a pas besoin d'être reconnue pour exister. Elle est de droit naturel, elle est de droit national. Elle est la volonté d'un grand peuple qui ne demande son titre qu'à lui-même. Cependant la République française désirant entrer dans la famille des gouvernements institués comme une puissance régulière, et non comme un phénomène perturbateur de l'ordre européen, il est convenable que vous fassiez promptement connaître au gouvernement près duquel vous êtes accrédité les principes et les tendances qui dirigeront désormais la politique extérieure du Gouvernement français.

» La proclamation de la République française n'est un acte d'agression contre aucune forme de gouvernement dans le monde. Les formes de gouvernement ont des diversités aussi légitimes que les diversités de caractère, de situation géographique et de développement intellectuel, moral et matériel chez les peuples. Les nations ont, comme les individus, des âges différents. Les principes qui les régissent ont des phases successives. Les gouvernements monarchiques, aristocratiques, constitutionnels, républicains, sont l'expression de ces différents degrés de maturité du génie des peuples. Ils demandent plus de liberté à mesure qu'ils se sentent capables d'en supporter davantage; ils demandent plus d'égalité et de démocratie à mesure qu'ils sont inspirés par plus de justice et d'amour pour le peuple. Question de temps. Un peuple se perd en devançant l'heure de cette maturité, comme il se déshonore en la laissant échapper sans la saisir. La monarchie et la république ne sont pas, aux yeux des véritables hommes d'État, des principes absolus qui se combattent à mort; ce sont des faits qui se contrastent, et qui peuvent vivre face à face en se comprenant et en se respectant.

» La guerre n'est donc pas le principe de la République française, comme elle en devint la fatale et glorieuse nécessité en 1792. Entre 1792 et 1848, il y a un demi-siècle. Revenir, après un demi-siècle, au principe de 1792 ou au principe de conquête de l'Empire, ce ne serait pas avancer, ce serait rétrograder dans le temps. La révolution d'hier est un pas en avant, non en arrière. Le monde et nous, nous voulons marcher à la fraternité et à la paix.

» Si la situation de la République française, en 1792, expliquait la guerre, les différences qui existent entre cette époque de notre histoire et l'époque où nous sommes expliquent la paix. Ces différences, appliquez-vous à les comprendre et à les faire comprendre autour de vous.

» En 1792, la nation n'était pas une. Deux peuples existaient sur un même sol. Une lutte terrible se prolongeait encore entre les classes dépossédées de leurs priviléges et les classes qui venaient de conquérir l'égalité et la liberté. Les classes dépossédées s'unissaient avec la royauté captive et avec l'étranger jaloux pour nier sa révolution à la France, et pour lui réimposer la monarchie, l'aristocratie et la théocratie par l'invasion. Il n'y a plus de classes distinctes et inégales aujourd'hui. La liberté a tout affranchi. L'égalité devant la loi a tout nivelé. La fraternité, dont nous proclamons l'application et dont l'Assemblée nationale doit organiser les bienfaits, va tout unir. Il n'y a pas un seul citoyen en France, à quelque opinion qu'il appartienne, qui ne se rallie au principe de la patrie avant tout, et qui ne la rende, par cette union même, inexpugnable aux tentatives et aux inquiétudes d'invasion.

» En 1792, ce n'était pas le peuple tout entier qui était entré en possession de son gouvernement : c'était la classe moyenne seulement, qui voulait exercer la liberté et en jouir. Le triomphe de la classe moyenne alors était égoïste, comme le triomphe de toute oligarchie. Elle voulait retenir pour elle seule les droits conquis par tous. Il lui fallait pour cela opérer une diversion forte à l'avénement du peuple, en le précipitant sur les champs de bataille, pour l'empêcher d'entrer dans son propre gouvernement. Cette diversion, c'était la guerre. La guerre fut la pensée des *monarchiens* et des *Girondins* ; ce ne fut pas la pensée des démocrates plus avancés, qui voulaient, comme nous, le règne sincère, complet et régulier du peuple lui-même, en comprenant dans ce nom toutes les classes, sans exclusion et sans préférence, dont se compose la nation.

» En 1792, le peuple n'était que l'instrument de la Révolution, il n'en était pas l'objet. Aujourd'hui la Révolution s'est faite par lui et pour lui. Il est la Révolution elle-même. En y entrant, il y apporte ses besoins nouveaux de travail, d'industrie, d'instruction, d'agriculture, de commerce, de moralité, de bien-être, de propriété, de vie à bon marché, de navigation, de civilisation enfin, qui sont tous des besoins de paix ! Le peuple et la paix, c'est un même mot.

» En 1792, les idées de la France et de l'Europe n'étaient pas préparées à comprendre et à accepter la grande harmonie des nations entre elles, au bénéfice du genre humain. La pensée du siècle qui finissait n'était que dans la tête de quelques philosophes. La philosophie est populaire aujourd'hui. Cinquante années de liberté de penser, de parler et d'écrire, ont produit leur résultat. Les livres, les journaux, les tribunes, ont opéré l'apostolat de l'intelligence européenne. La raison rayonnant de partout, par-dessus les frontières des peuples, a créé entre les esprits cette grande nationalité intellectuelle qui sera l'achèvement de la Révolution française et la constitution de la fraternité internationale sur le globe.

» Enfin, en 1792, la liberté était une nouveauté, l'égalité était un scandale, la République était un problème. Le titre des peuples, à peine découvert par Fénelon, Montesquieu, Rousseau, était tellement oublié, enfoui, profané par les vieilles traditions féodales, dynastiques, sacerdotales, que l'intervention la plus légitime du peuple dans ses affaires paraissait une monstruosité aux hommes d'État de l'ancienne école. La démocratie faisait trembler à la fois les trônes et les fondements des sociétés. Aujourd'hui les trônes et les peuples se sont habitués au mot, aux formes, aux agitations régulières de la liberté exercée dans des proportions diverses presque dans tous les États, même monarchiques. Ils s'habitueront à la République, qui est sa forme complète chez les nations plus mûres. Ils reconnaîtront qu'il y a une liberté conservatrice; ils reconnaîtront qu'il peut y avoir dans la République non-seulement un ordre meilleur, mais qu'il peut y avoir plus d'ordre véritable dans ce gouvernement de tous pour tous que dans le gouvernement de quelques-uns pour quelques-uns.

» Mais en dehors de ces considérations désintéressées, l'intérêt seul de la consolidation et de la durée de la République inspirerait aux hommes d'État de la France des pensées de paix. Ce n'est pas la patrie qui court les plus grands dangers dans la guerre, c'est la liberté. La guerre est presque toujours une dictature.

Les soldats oublient les institutions pour les hommes. Les trônes tentent les ambitieux. La gloire éblouit le patriotisme. Le prestige d'un nom victorieux voile l'attentat contre la souveraineté nationale. La République veut de la gloire, sans doute, mais elle la veut pour elle-même, et non pour des César ou des Napoléon.!

» Ne vous y trompez pas, néanmoins; ces idées que le Gouvernement provisoire vous charge de présenter aux puissances comme gage de sécurité européenne n'ont pas pour objet de faire pardonner à la République l'audace qu'elle a eue de naître, encore moins de demander humblement la place d'un grand droit et d'un grand peuple en Europe; elles ont un plus noble objet : faire réfléchir les souverains et les peuples, ne pas leur permettre de se tromper involontairement sur le caractère de notre Révolution, donner son vrai jour et sa physionomie juste à l'événement, donner des gages à l'humanité enfin, avant d'en donner à nos droits et à notre honneur, s'ils étaient méconnus ou menacés.

» La République française n'intentera donc la guerre à personne. Elle n'a pas besoin de dire qu'elle l'acceptera, si on pose des conditions de guerre au peuple français. La pensée des hommes qui gouvernent en ce moment la France est celle-ci : Heureuse la France, si on lui déclare la guerre, et si on la contraint ainsi à grandir en force et en gloire, malgré sa modération ! Responsabilité terrible à la France, si la République déclare elle-même la guerre sans y être provoquée ! Dans le premier cas, son génie martial, son impatience d'action, sa force accumulée pendant tant d'années de paix, la rendraient invincible chez elle, redoutable peut-être au delà de ses frontières. Dans le second cas, elle tournerait contre elle les souvenirs de ses conquêtes, qui désaffectionnent les nationalités, et elle compromettrait sa première et sa plus universelle alliance : l'esprit des peuples et le génie de la civilisation.

» D'après ces principes, monsieur, qui sont les principes de la France de sang-froid, principes qu'elle peut présenter sans crainte comme sans défi à ses amis et à ses ennemis, vous voudrez bien vous pénétrer des déclarations suivantes :

» Les traités de 1815 n'existent plus en droit, aux yeux de la République française ; toutefois, les circonscriptions territoriales de ces traités sont un fait qu'elle admet comme base et comme point de départ dans ses rapports avec les autres nations.

» Mais si les traités de 1815 n'existent plus que comme faits à modifier d'un accord commun, et si la République déclare hautement qu'elle a pour droit et pour mission d'arriver régulièrement et pacifiquement à ces modifications, le bon sens, la modération, la conscience, la prudence de la République existent, et sont pour l'Europe une meilleure et plus honorable garantie que les lettres de ces traités si souvent violés ou modifiés par elle.

» Attachez-vous, monsieur, à faire comprendre et admettre de bonne foi cette émancipation de la République des traités de 1815, et à montrer que cette franchise n'a rien d'inconciliable avec le repos de l'Europe.

» Ainsi, nous le disons hautement : si l'heure de la reconstruction de quelques nationalités opprimées, en

Europe ou ailleurs, nous paraissait avoir sonné dans les décrets de la Providence ; si la Suisse, notre fidèle alliée depuis François Ier, était contrainte ou menacée dans le mouvement de croissance qu'elle opère chez elle pour prêter une force de plus au faisceau des gouvernements démocratiques ; si les États indépendants de l'Italie étaient envahis ; si l'on imposait des limites ou des obstacles à leurs transformations intérieures ; si on leur contestait à main armée le droit de s'allier entre eux pour consolider une patrie italienne ; la République française se croirait en droit d'armer elle-même pour protéger ces mouvements légitimes de croissance et de nationalité des peuples.

» La République, vous le voyez, a traversé du premier pas l'ère des proscriptions et des dictatures. Elle est décidée à ne jamais voiler la liberté au dedans. Elle est décidée également à ne jamais voiler son principe démocratique au dehors. Elle ne laissera mettre la main de personne entre le rayonnement pacifique de sa liberté et le regard des peuples. Elle se proclame l'alliée intellectuelle et cordiale de tous les droits, de tous les progrès, de tous les développements légitimes d'institutions des nations qui veulent vivre du même principe que le sien. Elle ne fera point de propagande sourde ou incendiaire chez ses voisins. Elle sait qu'il n'y a de libertés durables que celles qui naissent d'elles-mêmes sur leur propre sol. Mais elle exercera, par la lueur de ses idées, par le spectacle d'ordre et de paix qu'elle espère donner au monde, le seul et honnête prosélytisme, le prosélytisme de l'estime et de la sympathie. Ce n'est point là la guerre, c'est la nature. Ce n'est point là l'agitation de l'Europe, c'est la vie. Ce n'est point là incendier le monde, c'est briller de sa place sur l'horizon des peuples pour les devancer et les guider à la fois.

» Nous désirons pour l'humanité que la paix soit conservée. Nous l'espérons même. Une seule question de guerre avait été posée, il y a un an, entre la France et l'Angleterre. Cette question de guerre, ce n'était pas la France républicaine qui l'avait posée, c'était la dynastie. La dynastie emporte avec elle ce danger de guerre qu'elle avait suscité pour l'Europe par l'ambition toute personnelle de ses alliances de famille en Espagne. Ainsi cette politique domestique de la dynastie déchue, qui pesait depuis dix-sept ans sur notre dignité nationale, pesait en même temps, par ses prétentions à une couronne de plus à Madrid, sur nos alliances libérales et sur la paix. La République n'a point d'ambition ; la République n'a point de népotisme. Elle n'hérite pas des prétentions d'une famille. Que l'Espagne se régisse elle-même ; que l'Espagne soit indépendante et libre. La France, pour la solidité de cette alliance naturelle, compte plus sur la conformité de principes que sur les successions de la maison de Bourbon !

» Tel est, monsieur, l'esprit des conseils de la République ; tel sera invariablement le caractère de la politique franche, forte et modérée que vous aurez à représenter.

» La République a prononcé en naissant, et au milieu de la chaleur d'une lutte non provoquée par le peuple, trois mots qui ont révélé son âme, et qui appelleront sur son berceau les bénédictions de Dieu et des hommes : *Liberté, égalité, fraternité.* Elle a donné, le lendemain, par l'abolition de la peine de mort en matière politique, le véritable commentaire de ces trois mots au dedans ; donnez-leur aussi leur véritable commentaire au dehors. Le sens de ces trois mots appliqués à nos relations extérieures est celui-ci : affranchissement de la France des chaînes qui pesaient sur son principe et sur sa dignité ; récupération du rang qu'elle doit occuper au niveau des grandes puissances européennes ; enfin, déclaration d'alliance et d'amitié à tous les peuples. Si la France a la conscience de sa part de mission libérale et civilisatrice dans le siècle, il n'y a pas un de ces mots qui signifie *guerre*. Si l'Europe est prudente et juste, il n'y a pas un de ces mots qui ne signifie *paix*.

» Recevez, monsieur, l'assurance de ma considération très-distinguée.

» LAMARTINE,

» *Membre du Gouvernement provisoire de la République et ministre des affaires étrangères.* »

XVIII

Pour tenir un pareil langage, et en prévision d'une guerre probable avec la Russie et l'Autriche, la France devait avoir l'épée au côté. Les généraux Bedeau et Lamoricière, chargés d'un rapport sur l'état de l'armée, furent convoqués au Conseil du 6 mars.

M. Lamartine demanda 30 000 hommes, immédiatement organisés sous le nom d'armée des Alpes, et prêts à entrer en Italie ; 20 000 hommes de vieilles troupes, soldats éprouvés, appelés d'Afrique à la frontière du Var ; 15 000 hommes aux Pyrénées ; 150 000 hommes sur le Rhin ; en tout, 210 à 220 000 hommes en dehors de l'effectif.

On interrogea le ministre des finances sur la possibilité de faire face à des dépenses aussi considérables, dépenses urgentes qui ne laissaient aucun délai. Lamartine attendait avec anxiété la réponse qui allait donner la vie ou la mort à sa politique généreuse. Le ministre des finances répondit « que pour défendre les peuples d'Italie, d'Allemagne et de Pologne, pour repousser l'invasion de la France et la sauver d'un nouveau Waterloo, pour assurer le triomphe à la Révolution, à la République, il ne doutait pas de pouvoir surmonter la pénurie du Trésor et les menaces d'une crise commerciale et industrielle, dût-il engager sa responsabilité jusqu'à demander à la France son dernier homme et son dernier écu ».

Le général Lamoricière donna ensuite lecture du rapport. L'effectif porté au budget était de 382 000 hommes, dont 100 000 en Afrique; mais il fallait déduire les incomplets, les congés, les compagnies hors ligne. A première vue, après un examen rapide et préparatoire, les deux généraux ne croyaient pas possible de mettre en ligne plus de 60 000 hommes. Les chiffres additionnés sur le papier, par l'ancien ministère, étaient loin de la réalité. Il en était de même du matériel. Les chevaux surtout manquaient. — Peut-être ce rapport assombrissait-il un peu le tableau, afin de lancer le Gouvernement dans des mesures plus énergiques, plus décisives. Mais le Gouvernement n'avait pas besoin d'incitation : il avait à cœur d'accomplir, dans toute leur étendue, ses devoirs envers le pays et la solidarité des peuples. Séance tenante, à l'unanimité, fut décrétée la création d'une *Commission pour l'organisation de la défense nationale.*

Après quelques modifications, cette Commission demeura composée de MM. Arago, président; les généraux de division Pelet et Oudinot, pour la cavalerie; Vaillant, pour le génie; Lamoricière et Bedeau, pour l'infanterie; Denniée, intendant militaire; et Charras, chef d'escadron, remplissant les fonctions de secrétaire.

Les commandants généraux de la garde nationale sédentaire et de la garde nationale mobile devaient assister aux séances de la Commission, avec voix délibérative sur toutes les questions relatives au service et à l'emploi de ces corps spéciaux.

XIX

La Commission de défense entreprit aussitôt et poursuivit ses travaux avec un zèle infatigable; chaque jour elle se réunit. Bientôt (le 13 mars), les bases de ses opérations arrêtées, elle put charger M. Arago de présenter au Gouvernement provisoire un rapport dont voici le résumé :

» 1° Effectif *disponible*. . . . . 101 000 hommes.

» 2° Rappel des contingents de 1842, 43, 44, 45, 46, et appel de 1847 (dont 15 000 hommes en congé) 107 000

» 3° A faire venir d'Algérie . . 15 000

» 4° Les vingt-quatre bataillons de la garde mobile 24 000

» Total disponible dans l'espace d'un mois et demi. . . . . 247 000 hommes. »

Ce rapport approuvé, le Conseil prit les décisions suivantes :

« 1° Le ministre de la guerre fera rentrer les hommes en congé ; 2° il fera réintégrer les soldats disponibles des contingents de 1844, 45 et 46 ; 3° des registres seront ouverts pour enrôlements volontaires, jusqu'à concurrence de 15 000 hommes. Dans le cas où ces enrôlements ne suffiraient pas, le ministre rappellera les contingents de 1843 et 1842 ; 4° il sera créé une compagnie de plus par bataillon. » Ces mesures devaient être prises dans le plus bref délai.

M. Arago avait annoncé, la veille, que tous les ordres avaient été expédiés pour la concentration, en quinze jours, d'un corps d'armée de 28 000 hommes aux environs de Dijon, et que des bateaux à vapeur étaient partis pour ramener d'Algérie 15 000 hommes de vieilles troupes, qui seraient remplacées par des recrues.

Le 15 mars, M. Arago fit la demande d'un premier crédit immédiat de 9 613 710 fr., applicables à l'organisation de 132 000 hommes, cavalerie et infanterie, 7 000 hommes de train des équipages, 5 015 chevaux de trait, et 1 020 caissons [1].

Le total du crédit spécial réclamé par la Commission s'éleva jusqu'à 114 millions. Plusieurs conférences eurent lieu entre les membres de la Commission et le ministre des finances. Les sommes nécessaires aux achats de chevaux, de matériel, d'équipements et de

---

[1] Note du procès-verbal de la Commission : Les corps existants pouvaient fournir 4 000 hommes de train des équipages, 600 chevaux, 550 caissons. Il fallait donc incorporer 3 000 hommes et acheter 4 415 chevaux, 470 caissons, 195 harnais et 245 selles.

vivres, furent mises à la disposition du ministre de la guerre.

XX

Comme ministre, M. Arago ne négligeait en rien la mise sur pied de guerre de notre marine. Il ordonnait de n'entreprendre aucune construction nouvelle, mais d'achever rapidement tous les vaisseaux sur chantier. Les arsenaux reçurent une impulsion inaccoutumée. L'amiral Baudin, parti pour Toulon, avait pris le commandement d'une escadre de six vaisseaux de haut bord, une frégate à voile, plusieurs frégates à vapeur et bâtiments de moindre dimension, « avec mission de montrer le pavillon de la République sur les rivages d'Italie, sur les côtes de la régence de Tunis, sur celles de nos possessions d'Afrique, du Maroc, sur les côtes d'Espagne, afin de prouver que la France républicaine avait la force nécessaire pour faire respecter ses amis ».

M. Arago s'occupait également de réorganiser l'administration centrale. Il améliorait le régime alimentaire des équipages; il abolissait, par un décret du Gouvernement, « les châtiments corporels, qui dégradent la dignité humaine, pour donner aux matelots une idée plus haute de leurs devoirs et leur inspirer plus de respect encore pour eux-mêmes et pour la discipline ».

C'est ainsi qu'il préparait les forces matérielles et qu'il relevait la force morale de notre marine.

XXI

Cependant M. Arago ne se laissait pas détourner du grand acte que son ministère avait mission d'accomplir.

Pour l'y aider, il avait appelé auprès de lui M. Schœlcher, en qualité de sous-secrétaire d'État, plus spécialement chargé des colonies et des mesures relatives à l'abolition de l'esclavage. Ce choix était déjà une solution. M. Schœlcher, âme loyale, esprit chevaleresque, avait consacré sa vie à poursuivre l'affranchissement des noirs.

Depuis longtemps des hommes d'État généreux, conservateurs, libéraux, républicains, s'étaient livrés à des études et à des travaux persévérants, dans le but d'effacer de nos mœurs et de nos lois cet héritage de barbarie, violation du droit humain. Il était réservé au Gouvernement provisoire de dire le dernier mot dans cette œuvre et de conclure par la rédemption. La République avait aboli la peine de mort, il lui appartenait bien d'abolir l'esclavage.

Une commission fut instituée, qui devait élaborer l'acte d'émancipation, conforme au principe que « nulle terre française ne peut plus porter d'esclaves ». Toute pensée de spoliation était à l'avance rejetée. Une large indemnité fut destinée à donner satisfaction aux propriétaires. Mais cette indemnité allait surcharger encore un trésor épuisé! La République était pauvre! Le Gouvernement provisoire n'écouta que le cri de l'humanité.

CHAPITRE SEPTIÈME.

Algérie : Appréhensions sur l'attitude des ducs d'Aumale et de Joinville ; le général Cavaignac, nommé gouverneur avec le grade de général de division ; exhortations et promesses du Gouvernement à l'armée et aux colons ; noble conduite des deux princes ; proclamation et ordre du jour du duc d'Aumale ; sa retraite en Angleterre. — La duchesse d'Orléans sort de France. — Le duc de Nemours, rue Madame ; concours de MM. d'Aragon, Biesta, Léon de Malleville ; sauf-conduit donné par M. Courtais ; insuccès à l'embarcadère du Havre ; chaise de poste chez M. Dailly ; barricades Monceaux et Batignolles ; le duc reconnu ; danger à Beauvais ; arrivée à Abbeville, à Boulogne ; embarquement ; Angleterre. — MM. d'Aragon et Biesta reviennent à Paris ; singulière rencontre. — La duchesse de Montpensier chez M. Jules de Lasteyrie ; ses paroles de courage ; accompagnée du général Thierry, elle se rend à Eu ; bruits de dangers ; départ précipité ; Abbeville ; groupes ; fuite à travers champs ; Boulogne ; embarquement. — Louis-Philippe, la reine, le duc de Montpensier et la duchesse de Nemours, à Dreux ; craintes ; séparation ; le duc et la duchesse se rendent à Granville, de là en Angleterre ; Louis-Philippe et la reine se dirigent sur Honfleur ; sympathies à Anet ; nouvelles craintes ; refuge dans une ferme ; Louis-Philippe et la reine se séparent ; arrivée à Honfleur ; attente ; l'on ne peut trouver un bateau pour passer en Angleterre ; offre d'un bateau pêcheur, à Trouville ; Louis-Philippe quitte la reine et s'y rend ; mauvais temps ; impossibilité d'embarquement ; la présence du roi est connue ; il revient près de la reine ; anxiétés ; offres du consul anglais ; passage au Havre ; l'*Express* ; le roi reconnu ; départ ; débarquement à Newhaven ; Claremont. — Générosité et mansuétude de la République : abrogation de l'article 119 du Code criminel ; mise en liberté provisoire des détenus pour dettes ; suppression de la contrainte par corps ; amnistie pour faits relatifs à l'exercice des cultes ; proclamation de la liberté de conscience.

I

La présence en Afrique du duc d'Aumale et du prince de Joinville inspirait des inquiétudes. Le duc d'Aumale, quoique jeune pour les fonctions de gouverneur général, avait su, par son mérite personnel, se faire estimer et aimer de l'armée. Le prince de Joinville, par ses travaux et son patriotisme, avait conquis l'affection de la marine. Réunis dans la dernière défense de la royauté paternelle, ils pouvaient s'illusionner sur leurs droits, et tourner contre la Révolution les forces qu'ils avaient sous la main. La flotte et l'armée avaient, il est vrai, le sentiment qu'elles appartenaient à la France et non à une famille; mais des tentatives pouvaient être hasardées, et le sang coulerait encore dans la guerre civile.

Le jour même où l'amiral Baudin était envoyé à Toulon, on expédiait au général Cavaignac ses pouvoirs de gouverneur de l'Algérie; et, pour donner plus d'éclat encore à sa situation, on lui conférait le grade de général de division. Le Gouvernement avait rétabli ce titre ainsi que celui de général de brigade, anciennes dénominations de la République et de l'Empire, changées, par ordonnance royale du 25 mai 1814, en celles de lieutenant général et de maréchal de camp.

Déjà, le 2 mars, le Gouvernement avait adressé une proclamation à l'armée et aux colons d'Algérie. Aux soldats, il rappelait leurs luttes héroïques, leur infatigable persévérance, leur gloire; il faisait appel à leur honneur, à leur amour pour le pays. Aux colons, il promettait l'assimilation progressive de leurs institutions aux institutions de la mère patrie; il leur reconnaissait le droit d'élire des représentants à l'Assemblée nationale, droit refusé par la monarchie.

Mais pour rester fidèles et dévoués à la France, l'armée et les colons n'avaient besoin ni d'exhortations ni de promesses; et les princes, pour accomplir leur devoir patriotique, n'avaient qu'à suivre l'impulsion de leur propre conscience.

II.

Les événements de Février furent connus à Alger les 27 et 28. Quoique privé de notification officielle, le duc d'Aumale, avec une grandeur d'âme et une simplicité d'action que les adversaires de la famille d'Orléans surent apprécier, annonça par des proclamations successives : l'abdication du roi, la régence de la duchesse d'Orléans et la formation du Gouvernement provisoire. « Rien n'est changé, » disait-il en terminant, « dans nos devoirs envers la France. La population et l'armée attendent dans le plus grand calme les ordres de la mère patrie. »

Le 2 mars, il fit connaître l'acclamation de la République et publia la dépêche du ministre de l'intérieur aux préfets et sous-préfets, qu'il avait extraite des journaux de Marseille, ainsi que celle qui ordonnait de tenir l'escadre de la Méditerranée prête à prendre la mer.

Le 3, sur l'avis de la nomination de son successeur, il laissait à l'histoire cet acte de sa soumission à la volonté de la France :

« Habitants de l'Algérie !

» Fidèle à mes devoirs de citoyen et de soldat, je suis resté à mon poste tant que j'ai pu croire ma présence utile au service du pays.

» Cette situation n'existe plus. M. le général Cavaignac est nommé gouverneur général de l'Algérie. Jusqu'à son arrivée à Alger, les fonctions de gouverneur général par intérim seront remplies par le général Changarnier.

» Soumis à la volonté générale, je m'éloigne; mais du fond de l'exil tous mes vœux seront pour votre prospérité et pour la gloire de la France, que j'aurais voulu servir plus longtemps.

» HENRI D'ORLÉANS. »

Son ordre du jour à l'armée était ainsi conçu :

« ..... En me séparant d'une armée modèle d'honneur et de courage, dans les rangs de laquelle j'ai passé les plus beaux jours de ma vie, je ne puis que lui souhaiter de nouveaux succès. Une nouvelle carrière va peut-être s'ouvrir à sa valeur. Elle la remplira, j'en ai la confiance.

» Officiers, sous-officiers, soldats, j'avais espéré combattre encore avec vous pour la patrie!... Cet honneur m'est refusé, mais, du fond de l'exil, mon cœur vous suivra partout où vous appellera la volonté nationale : il triomphera de vos succès. Tous ses vœux seront toujours pour la gloire et le bonheur de la France.

» HENRI D'ORLÉANS. »

Des lettres du duc d'Aumale et du prince de Joinville au Gouvernement provisoire, noblement senties et écrites, complétèrent ces adieux à la France.

III

Les princes écoutaient-ils un sentiment généreux ou bien obéissaient-ils à la pression de l'opinion publique? C'est le secret de leurs cœurs et de leurs pensées. Mais ce qu'il est donné à l'historien de constater, c'est qu'il n'y eut de leur part ni tentative de se soustraire à la volonté nationale, ni incitation à la résistance. Leur soumission fut simple, convenable, sans vaines colères, sans mauvaises passions, sans fausse humilité.

IV

Le 3 mars, le duc d'Aumale et le prince de Joinville s'embarquèrent sur le vapeur de l'État *le Solon,* et se dirigèrent sur Gibraltar. D'Espagne, ils firent route vers l'Angleterre, où la famille royale était réunie. Le 21, ils débarquèrent à Darmouth.

V

Seule de cette famille, la duchesse d'Orléans s'était réfugiée en Allemagne avec ses fils.

On se souvient qu'au sortir des Invalides elle avait été conduite au château de Ligny, à quelques lieues de Paris. Pendant deux mortelles journées elle y attendit, en proie aux inquiétudes maternelles, le jeune duc de Chartres, confié à madame de Mornay. Cet enfant, malade, caché dans une maison de la rue de l'Université, reçut la visite du docteur Marx, l'un de nos médecins les plus distingués, qui lui rendit bien vite la santé. En possession de son fils, la duchesse quitta le château de Ligny sous un déguisement. Elle prit le chemin de fer à Amiens jusqu'à Lille. De Lille elle gagna Ems.

Sortie d'Allemagne, jeune et justement fière, pour s'unir à l'héritier de la couronne de France, elle y rentrait déchue, exilée, voilée de noir, brisée dans son ambition et dans son amour, mais résignée, sans murmure, et forte contre son infortune.

VI

Le duc de Nemours s'était réfugié rue Madame. Vers quatre heures du matin, M. Jules de Lasteyrie lui apporta une lettre de la reine, écrite de Versailles au moment du départ pour Dreux. Cette lettre exprimait les affections et les souffrances d'une mère.

Un peu plus tard, MM. d'Aragon et Biesta se rendirent chez M. Léon de Malleville, afin de concerter avec lui un plan et des moyens de fuite. Après avoir fait d'inutiles démarches auprès d'amis qu'ils ne purent rencontrer, ils se décidèrent à aller tous les trois au ministère des affaires étrangères s'ouvrir franchement à M. Lamartine. M. Lamartine était à l'Hôtel de ville : ils y coururent. Pendant deux heures, ils essayèrent de franchir les murailles vivantes qui barraient le passage; il leur fut impossible d'y réussir; et ils durent se retirer, découragés, ne sachant plus où porter leurs pas ni à qui s'adresser. Ils retournaient auprès du prince, lorsque la pensée leur vint de voir M. Courtais. Le général était prêt à monter à cheval pour se rendre à Vincennes. Prévenu qu'ils avaient une confidence d'une haute gravité à lui faire, il les conduisit dans une chambre haute de l'État-major, afin d'y parler sans crainte d'interruption. Mis au courant de tout, il offrit généreusement son concours, et il fit rédiger, sur une feuille portant l'entête de l'État-major de la garde nationale, la formule suivante :

« Mission est donnée aux citoyens d'Aragon et Biesta, accompagnés d'un secrétaire, M. Durand (Charles-Édouard), d'aller, au nom de la République française, annoncer au gouvernement britannique l'avénement de la République, avec pouvoir de requérir toutes les autorités de leur faciliter le passage et de leur donner aide et protection. »

Puis, engageant sa responsabilité, il apposa sa signature. MM. d'Aragon et Biesta, munis de ce sauf-conduit, se séparèrent de M. Malleville et rentrèrent rue Madame (six heures du soir). Le prince se mit aussitôt à leur disposition pour le départ.

Mais quelle voie prendre? Les barricades s'opposaient à la circulation des voitures. Sortir à pied était périlleux. Et si, par un malheureux hasard, le duc de Nemours était reconnu, qu'adviendrait-il? Cependant le train de onze heures du soir pour le Havre était une occasion bien propice; la nuit protégerait la retraite; au Havre, le paquebot d'Angleterre était une suprême ressource! Cette combinaison parut la plus favorable : elle fut adoptée.

Vers neuf heures, le duc, déguisé, accompagné de MM. d'Aragon et Biesta, et de deux de ses aides de camp, fidèles amis, MM. Borel de Brétizel et Reille, prit, à pied, le chemin de l'embarcadère. Il y parvint sans accident. Mais là, contre-temps! on apprend que le pont d'Asnières vient d'être incendié, que le train ne peut partir. Que faire? qu'imaginer? Le hasard du voisinage les tire de ce nouvel embarras : la poste aux chevaux est rue Pigalle. On y va. Nouvel obstacle! nouveau danger! La maison de M. Dailly est remplie de citoyens aux ceintures rouges, torche à la main, délégués des Postes, qui requièrent des chevaux pour le service des courriers. M. Biesta se présente seul. M. Dailly s'empresse de faire préparer, dans une arrière-cour, une chaise de poste attelée de trois chevaux et conduite par un postillon de confiance. Mais la première cour ne désemplit pas d'hommes et de lumières; le duc se fait attendre. Enfin il arrive. MM. d'Aragon, Biesta et leur secrétaire, M. Durand, montent résolûment en voiture dans cette cour encombrée, trop bien éclairée. A la sortie de Paris, on devait prendre route vers les côtes de la Manche.

A la barrière Monceaux, première barricade, gardée par un poste de garde nationale. M. d'Aragon descend, fait connaître sa mission. Les gardes nationaux et des hommes de bonne volonté enlèvent la voiture, la soulèvent : la barricade est franchie. Pendant cette opération, un inconnu vient à la portière et leur jette ces mots : « Vous avez avec vous le duc de Nemours! mais je me tairai!... » Non encore revenus de leur surprise, ils s'éloignent aux cris de « Place! place aux ambassadeurs de la République!! » Un descendant des rois de France protégé par un tel cri!

A la barrière des Batignolles, seconde barricade, second poste de gardes nationaux, même temps d'arrêt; puis l'on court sur Beauvais. A chaque relai, M. d'Aragon surveille tout avec une activité et une présence d'esprit merveilleuses. Nul incident jusqu'à Beauvais, où l'on arrive à six heures, à la clarté du jour.

Une chaise de poste venant de Paris, ayant voyagé la nuit et se dirigeant vers la frontière, paraît suspecte. Les voyageurs sont d'abord l'objet de la curiosité, puis d'un examen sérieux et de rumeurs. Des citoyens revêtus des insignes de l'autorité surviennent et les interrogent. Ils exposent leur mission, montrent leur feuille de route. On ne les croit pas : ils ressemblent à des gens qui fuient bien plus qu'à des ambassadeurs. Ils s'irritent et persistent. On les menace de la prison. MM. d'Aragon et Biesta comprennent que l'audace seule peut les sauver : ils demandent à être conduits à la municipalité. On les y mène pendant que leur secrétaire, M. Durand, reste seul dans la voiture, en butte aux regards de la foule qui attend. MM. d'Aragon et Biesta expliquent ce qu'ils sont, où ils vont, l'importance de leur voyage ; si l'on y met obstacle, ils rendront la ville responsable ; et la République châtiera l'insulte faite à ses délégués. Leur maintien assuré, le ton haut de leur voix en imposent. L'ordre est donné de les laisser suivre leur route.

Sortis de ce mauvais pas, ils deviennent plus circonspects : au lieu de traverser les villes, ils les tournent. Ils vont être obligés de passer par Abbeville. Quelle direction prendront-ils? La lettre de la reine annonçait le départ de la famille pour Dreux ; de là, ira-t-elle à Eu ou au plus prochain port de mer? Le duc croit pouvoir compter sur le régiment de hussards en garnison à Abbeville. Au milieu de cette délibération, ils aperçoivent la station de Pont-Remy. Ils prennent des informations : le service n'est pas interrompu. A peine ont-ils le temps de descendre et de confier la chaise de poste au chef de station ; le convoi arrive. Ils montent en wagon.

A Abbeville, ils prennent l'omnibus de Boulogne. Ils font route avec un valet de chambre et deux servantes de la duchesse de Nemours, qui ne reconnaissent pas le prince. « Il paraît, » dit-il, « que je suis assez bien déguisé. »

Le soir, à la nuit tombante, ils sont enfin à Boulogne. Mais il faut un permis d'embarquer. Ils vont chez le consul d'Angleterre : il est sorti. Le temps presse. Ils attendent jusqu'à huit heures. Le consul arrive et les prend d'abord pour des aventuriers. C'était le 26 février ! L'avant-veille, le prince commandait Paris ! Il y avait entre le duc de Nemours, futur régent de France, et le secrétaire Durand une distance telle, et l'intervalle entre ces deux rôles était si court ! La vérité cependant se fait jour, et le consul s'empresse de demander au sous-préfet le permis nécessaire.

A trois heures du matin le prince s'embarquait. — Sur le bateau à vapeur, il retrouva la princesse Clémentine, son mari le duc de Saxe-Cobourg, et leurs enfants, ainsi que sa petite-fille la princesse Marguerite. Le 27 février, ils débarquèrent à Folkestone.

VII

MM. d'Aragon et Biesta avaient triomphé de tout obstacle. Ils retournèrent à Paris. — Par un singulier hasard, en montant en wagon, ils se trouvèrent avec Napoléon-Louis Bonaparte, qui venait offrir ses services au Gouvernement provisoire. Les détenus politiques sortis de la prison de Doullens étaient dans le même convoi.

VIII

La duchesse de Montpensier avait été confiée aux soins de M. Jules de Lasteyrie, député libéral, homme énergique. Le 24, traversant les Champs-Élysées, après les scènes des Tuileries, elle avait répondu à des paroles d'encouragement : « Oh! je n'ai pas peur! Le bruit des coups de fusil! le sifflement des balles! la guerre civile! les cris de la foule! Pendant mon enfance, n'y ai-je pas été accoutumée, en Espagne? »

Accompagnée par le général Thierry, aide de camp de son mari, elle quitta l'hôtel de M. Jules de Lasteyrie pour se rendre à Eu, premier rendez-vous de la famille royale. Elle y vit un habitant du pays, M. Estancelin, dévoué de cœur aux d'Orléans. Le roi et la reine n'étaient pas encore arrivés. Avaient-ils été contraints de changer d'itinéraire? étaient-ils arrêtés? L'anxiété était grande. Tout à coup le bruit se répand que le château va être envahi. La duchesse, le général Thierry et M. Estancelin se décident à partir précipitamment pour Boulogne.

Ils parviennent à Abbeville, assez tard dans la soirée. L'apparition de leur voiture attire les curieux; les groupes se forment. Craignant d'être reconnus, ils vont chercher un asile qui leur est durement refusé. Leurs inquiétudes augmentent. Pour fuir un péril qu'ils ignorent, la duchesse et le général profitent de l'obscurité et s'échappent, à pied, de la ville. Ils sortent par une porte latérale, heureusement ouverte, et cherchent à gagner la grande route par des chemins de traverse. Ces chemins sont défoncés, remplis de boue; il tombe une pluie froide et continue. La duchesse, courageuse mais affaiblie, chancelle. Soutenue par le général, elle arrache de la fange ses pieds meurtris et dépouillés de leurs chaussures. Elle se traîne ainsi jusqu'au grand chemin, où, pendant deux heures, elle attend M. Estancelin, qui doit dégager la voiture et venir les rejoindre. Enfin M. Estancelin paraît, et ils peuvent, sans autre événement, arriver à Boulogne et s'embarquer.

Le 28, la duchesse était en Angleterre.

IX

Louis-Philippe apprit à Dreux, le 25 au matin, l'impitoyable vérité. La régence était morte en naissant, la monarchie anéantie, la République proclamée ; le duc de Nemours et la duchesse d'Orléans étaient en fuite ; l'héritier de sa maison, le comte de Paris, et le duc de Chartres, étaient égarés dans le tumulte. Chaque nouvelle ajoutait une souffrance à ses souffrances. La reine dévorait dans son cœur ses afflictions. La terreur planait sur tous. On crut la vie du roi menacée : pour mieux la préserver, on ne songea plus qu'à l'isoler et à se diviser encore.

Le duc de Montpensier, la duchesse de Nemours et ses deux fils, louèrent une voiture, se firent accompagner de deux domestiques munis de passe-ports à noms supposés, et se dirigèrent sur Granville, où ils parvinrent sans encombre. Embarqués sur le paquebot de Jersey, de cette île ils se rendirent à Londres.

X

Louis-Philippe et la reine décidèrent de gagner les côtes de Normandie, où ils devaient trouver facilement les moyens de passer en Angleterre. Le général Dumas parla d'une maison de campagne de M. de Perthuis, son parent, ancien officier d'ordonnance du roi. Elle était située sur la colline qui domine Honfleur, et éloignée de la mer d'un kilomètre seulement. On résolut de s'y réfugier. Cachés sous les noms de M. et madame Lebrun, emportant une somme de cinq mille francs, fournie par un de leurs régisseurs, Louis-Philippe et la reine montèrent dans une berline, accompagnés de M. de Rumigny, sous le nom de Dubreuil, d'un valet de chambre du roi et d'une femme de la reine. M. Maréchal, sous-préfet de Dreux, qui avait redoublé de soins et d'égards envers la famille d'Orléans, prit place sur le siége, pour faire intervenir au besoin la protection de son caractère officiel.

Le général Dumas et le capitaine de Pauligne devaient aller au Havre se procurer un bâtiment.

XI

Dès les premiers pas les précautions sont grandes. En quittant Dreux, on laisse croire que la berline se dirige sur Eu. Elle suit en effet la grande route de Verneuil; mais bientôt elle tourne à droite, et prend le chemin d'Anet et de Pacy-sur-Eure. A Anet, le roi et la reine sont reconnus et salués par des témoignages de sympathie. Là, on choisit un chemin de traverse dans la forêt d'Ivry. Au passage de la petite rivière d'Eure, la curiosité un peu vive de quelques ouvriers de la papeterie de M. Firmin Didot est interprétée pour de la malveillance et inspire des craintes. A Saint-André, Louis-Philippe est encore reconnu, malgré son déguisement et des lunettes. Les chevaux, rapidement attelés, emportent la voiture. Mais bientôt il faudra traverser Évreux, Évreux! grande ville, chef-lieu du département! Les inquiétudes augmentent. M. Maréchal aperçoit une ferme et pense qu'il est prudent de s'y arrêter; ce que l'on fait.

Par un heureux hasard, cette propriété appartient à l'un des agents du roi de la forêt de Breteuil, M. Dorvilliers. Le fermier, M. Renard, s'estime honoré de l'hospitalité, qu'il donne de grand cœur. M. Dorvilliers accourt et remet au roi une somme de mille francs. On délibère de nouveau. La connaissance de la fuite du roi est sans aucun doute parvenue à Évreux; comment en éviter les conséquences? M. Renard offre de conduire le roi et son valet de chambre dans son cabriolet attelé de son cheval, et de franchir la distance, quatre-vingt-seize kilomètres environ, d'une seule traite et pendant la nuit. La proposition est acceptée. La reine se voit forcée de subir cette séparation et de laisser le roi seul, exposé à tous les périls : son âme forte domine ce surcroît de douleur, et elle s'éloigne dans la berline avec M. de Rumigny.

Louis-Philippe part dans le cabriolet, où trois personnes se trouvent fort à l'étroit. La gêne, le froid, la fatigue, l'accablent. Est-ce assez de souffrances vulgaires? Les tortures morales le déchirent; lui font-elles enfin regretter la mort aux Tuileries, sur les marches de son trône?

On traverse la ville d'Évreux par les rues les moins fréquentées. On ne s'arrête en route que les moments indispensables pour donner quelques poignées d'avoine au cheval, vigoureux animal de race normande. On arrive à Pont-Audemer, à trois heures et demie du matin, à l'instant même où paraît la berline de la reine. Après quelques paroles échangées, chaque voiture poursuit sa route jusqu'à la maison de M. de Perthuis. Le pavillon de la Grâce (c'est son nom) se compose de deux petites pièces et de deux chambres en grenier. C'est dans ce modeste asile que Louis-Philippe et la reine, le 26, à la pointe du jour, trouvent enfin un premier abri. Cette demeure amie leur donne ce moment de repos si doux aux fugitifs. Les souffrances du jour s'endorment. Les poignantes inquiétudes de l'avenir sont remises au lendemain.

La reine Amélie est annoncée comme une tante de M. de Perthuis. Toute visite est écartée, sous prétexte d'indisposition. Cinq longues journées, remplies d'incidents divers, s'écoulent dans l'anxiété la plus vive, sans une seule occasion d'embarquement. Les obstacles semblent se multiplier.

XII

Le général Dumas, cependant, n'était pas resté inactif. Arrivé à Rouen par le chemin de fer, le tumulte à la station était tel qu'il fut violemment séparé de son compagnon de voyage. Au Havre, il fit la rencontre de M. de Perthuis fils, commandant du *Rôdeur*, petit bâtiment de guerre en ce moment dans le port. Cet officier mit à la disposition du général sa personne, mais non le navire, qui appartenait à l'État; son devoir ne lui permettait pas de suivre l'impulsion de son cœur. M. Besson, ancien officier de marine, offrit aussi de chercher un bâtiment, sans grand espoir de succès. Enfin des ouvertures furent faites au capitaine Paul, commandant le paquebot à vapeur *l'Express*, en partance pour Southampton. Le capitaine, ignorant les sentiments des armateurs propriétaires de *l'Express*, refusa son concours.

Découragés, le général et M. de Perthuis se rendirent à la Grâce avouer leur insuccès. C'était le 27 au matin.

XIII

On n'a plus qu'à se rabattre sur Honfleur. Un matelot de ce port, nommé Hallot, persuadé que le roi ne peut s'embarquer à Honfleur sans être reconnu, se fait fort, s'il consent à s'aventurer sur un bateau pêcheur, d'en procurer un à Trouville. Louis-Philippe accepte cette proposition désespérée, et la reine se soumet à cette dernière séparation.

Louis-Philippe est conduit à Trouville dans un cabriolet, le lundi matin 28 février. Il trouve mauvais temps! Le ciel est couvert, le vent souffle, les flots soulevés empêchent de mettre toute embarcation à la mer avant vingt-quatre et peut-être quarante-huit heures. C'est un nouvel abri à chercher. M. Victor Barbet, frère du commandant du port, reçoit ce vieillard, contre lequel semblent conspirer les éléments et les hommes. Fatigué de cette lutte, Louis-Philippe est déterminé à confier sa destinée à la Providence et à prendre la mer. Mais après deux jours de vaines recherches, trahison ou indiscrétion, sa présence est connue à Trouville, et le bruit s'en répand avec rapidité. Il fuit la maison de M. Barbet, et gagne, par des cours intérieures et d'étroites ruelles, la demeure de M. Guestier, qui le ramène aux environs de la Grâce. Il revient dire à la reine le récit de ses souffrances et ses tentatives avortées.

XIV

Tout espoir a donc disparu. Il faut donc vider la coupe jusqu'à la lie et ajouter à la chute l'humiliation ! L'incognito ne peut se prolonger ; la fatalité va précipiter un dénoûment terrible. Les plus sinistres prévisions sont envisagées comme des réalités. Le fantôme de Louis XVI apparaît au milieu des scènes de terreur de la première Révolution. Louis-Philippe et la reine, sombres, abattus, sont en proie à toutes les douleurs. Ils trouvent au fond de leurs cœurs jusqu'aux angoisses de la paternité. Où sont tous leurs enfants ?

Pour Louis-Philippe, c'est une expiation à désarmer ses ennemis. C'est pour la reine un martyre à éveiller toutes les sympathies.

Ainsi leur détresse est poussée à la dernière extrémité ; ils n'ont plus qu'à lutter par une suprême résignation contre une catastrophe assurée, lorsque, le jeudi matin, 2 mars, se présente un émissaire du consul anglais M. Jonès. Il vient mettre *l'Express* à la disposition du roi.

XV

Voici ce qui s'était passé. Débarqué à Southampton, le capitaine Paul avait fait part à l'amirauté de la confidence qu'il avait reçue, et mission lui avait été donnée de retourner aussitôt chercher le roi. Le gouvernement anglais n'avait même pas attendu cet avis. Toujours hospitalière, l'Angleterre a dans ses traditions, dans ses mœurs, dans sa politique libérale, la coutume généreuse d'ouvrir son territoire à tous les proscrits, de donner asile aux persécutés de tous les pays et de toutes les opinions. Dès le 27 février, le ministère anglais avait envoyé croiser sur les côtes de France plusieurs navires à vapeur, avec l'ordre, transmis aux consuls et aux vice-consuls, de donner assistance aux membres de la famille royale.

XVI

Ce secours inattendu jette une lueur d'espérance dans les cœurs. Mais ils tressaillent encore de crainte ; tout danger n'est point conjuré : il faut gagner le Havre et s'embarquer sans être reconnu. Louis-Philippe se déguise ; il est muni d'un passe-port anglais au nom de William Smith. La reine conserve le nom de madame Lebrun. On descend sur le quai de Honfleur, et l'on prend le paquebot *le Courrier*. Au Havre, on débarque au milieu de la foule. Le consul attendait le roi : il le conduit directement sur *l'Express*, amarré à quelques pas seulement et sous vapeur pour le départ. Retiré dans le salon, enfin l'on respire ; les physionomies se détendent ; le consul anglais s'écrie : « Dieu merci ! sire, vous voilà en sûreté ! » Le roi, comme sortant d'un rêve, répète la même exclamation. La reine, attendrie par l'émotion, remercie avec effusion tous ceux qui ont protégé leur fuite. Une nouvelle vient ajouter au bonheur de la délivrance : la famille royale est saine et sauve à Jersey et à Londres.

Mais Louis-Philippe, malgré son déguisement, a été reconnu. Un officier attaché au port aborde le consul anglais et lui demande quel est le personnage qu'il vient d'embarquer. « C'est mon oncle ! » répond le consul. « Votre oncle? » reprend le fonctionnaire en secouant la tête, « ah! monsieur le consul!!! » — Le navire démarrait. Le fonctionnaire suit silencieusement des yeux le bateau à vapeur qui s'éloigne, puis il va informer le commissaire de la Seine-Inférieure, M. Deschamps, que Louis-Philippe vient de partir sur *l'Express*. — M. Deschamps transmet cet avis au Gouvernement provisoire par dépêche télégraphique.

Louis-Philippe et la reine arrivèrent, le 3 mars, à sept heures du matin, en vue de Newhaven. Ils ne purent débarquer que vers midi. Le 4, ils étaient à Claremont.

XVII

Ces détails permettent-ils de croire que la sortie de France de l'ex-roi, de tous les membres de sa famille et de tous les ministres, ait eu lieu sans le consentement non-seulement du Gouvernement provisoire, mais de la nation elle-même? Quoi de plus facile que de suivre les traces de personnages dont l'individualité est à chaque pas constatée sous tout déguisement? Quoi de plus facile que de fermer les côtes et de surveiller les paquebots? Eh bien, aucune de ces précautions ne fut prise. Si quelques agents de l'autorité, mus par leur propre zèle, cherchèrent à reconnaître les fugitifs, le plus grand nombre sut se taire. Le sentiment général de cette révolution inouïe, qui, nous le craignons, sera unique dans l'histoire, ce fut la bienveillance, la grandeur, la générosité, le renoncement à toute idée de vengeance et de persécution. Était-il d'ailleurs possible de sévir plus cruellement que le destin? Ces fuites, ces dénûments, ces travestissements, ces séparations, ces tristesses, ces misères, ces asiles furtifs, ces courses forcées sous la pluie! ces poignantes angoisses de femme, de mère, d'épouse, de fille! cet abattement après tant d'élévation! cette chute soudaine après tant de jours de prospérité! cet exil enfin! n'était-ce donc point assez? Fallait-il y ajouter encore? Interprète de la volonté nationale, le Gouvernement, à l'unanimité, s'y refusa. Pas une goutte de sang, pas une proscription, pas une spoliation n'entacha le berceau de la République. Ce sera là sa gloire immortelle et le germe de sa résurrection.

XVIII

Bien loin de songer aux actes de rigueur, aux arrestations, le Gouvernement provisoire, profondément respectueux pour la liberté individuelle, cherchait à réduire le nombre des emprisonnements aux cas strictement nécessaires. Il abrogeait l'article 119 du Code criminel qui limitait à cinq cents francs le minimum du cautionnement pour obtenir la liberté provisoire en certaines circonstances, et il voulait décréter l'abolition de la contrainte par corps.

La contrainte par corps n'était depuis longtemps qu'une arme aux mains des usuriers, contre les fils de famille ou contre les commerçants malheureux. Les négociants, les industriels, les banquiers, sauf des exceptions méritées, ne l'employaient plus. Cet usage, pris à la législation romaine, qui assimilait les hommes aux choses, semblait aux jurisconsultes et aux politiques incompatible avec le nouveau droit et avec le progrès de l'humanité. Les uns et les autres pensaient que l'on ne devait plus traiter la liberté des citoyens comme l'équivalent ou la garantie d'une dette pécuniaire.

Ces considérations avaient rencontré des objections : Si la contrainte par corps tombait en désuétude, elle n'en demeurait pas moins pour les créanciers, même à titre comminatoire, une arme utile, indispensable contre la mauvaise foi, et dont l'abus n'était plus à redouter ; en ce qui concernait les fils de famille, il n'y avait aucun inconvénient à ce que leurs déréglements fussent punis de la prison : leur recours volontaire aux usuriers méritait une justice exemplaire. Quelques rares victimes ne pouvaient tuer la règle.

Le Gouvernement provisoire pesa toutes ces raisons, déjà débattues par les philosophes, les hommes d'État et les légistes. Il ordonna la mise en liberté provisoire de tous les détenus pour dettes, et suspendit l'application de la contrainte par corps jusqu'à la décision de l'Assemblée nationale.

Amnistie fut accordée (10 mars) à tous les condamnés pour faits relatifs au libre exercice des cultes, « convaincu, » disait le Gouvernement, « que de toutes les libertés la liberté de conscience est la plus précieuse et la plus sainte ».

CHAPITRE HUITIÈME.

État de Paris; promenades; « Des lampions! des lampions! » coups de feu; inquiétudes; ordres impuissants du Gouvernement; conseils impuissants des journaux; la peur envahit les esprits. — Incident de l'occupation des Tuileries par les envahisseurs. — Application des mesures décrétées par le Gouvernement provisoire; travaux des mairies; liste des maires et adjoints. — Nécessité de nourrir une multitude sans subsistance; nul travail n'est préparé; proposition de M. Émile Thomas d'organiser un bureau central où viendraient s'adresser les ouvriers, où ils seraient organisés pour travailler; adoption; mesures de précaution; elles sont rendues inutiles par l'affluence des inscrits qui accourent de tous les points de la France et même de la Belgique; préoccupations et sollicitations du Gouvernement; les ingénieurs n'offrent aucun plan; terrassement du Champ de Mars; ateliers sur les routes départementales et sur les chemins vicinaux. — Les centres industriels de province inspirent des inquiétudes. — Lyon : ses fabricants, ses ouvriers; antagonisme de leurs intérêts; misère et famine des ouvriers à la suspension du travail; *Vivre en travaillant ou mourir en combattant!* défaite des ouvriers, en 1831 et 1834; leurs dispositions à accepter toute théorie sociale; ils se groupent en associations : Voraces, Vautours, Bras-Forts, etc.; leur alliance avec la bourgeoisie libérale et radicale; *le Censeur de Lyon*; leurs adversaires, conservateurs et ultra-religieux; M. Emmanuel Arago offre de se rendre à Lyon, au nom du Gouvernement provisoire; il y arrive le 28 février; le préfet et le maire remettent leurs pouvoirs; les commissions préfectorale et municipale se mettent à l'œuvre; la crise s'accroît; mesures des commissions; recrudescence de la crise; nouvelles mesures de conciliation et de pacification; l'antagonisme des intérêts n'est pas éteint; les conservateurs se préparent à la résistance; M. Arago à la Croix-Rousse; dépêches anxieuses de M. Arago au Gouvernement provisoire. — Les ouvriers mineurs de l'arrondissement de Valenciennes suspendent leurs travaux et réclament une augmentation de salaires; le Gouvernement délègue deux commissaires, MM. Rey et Montigny, qui concilient les intérêts; mêmes précautions et même succès dans l'arrondissement d'Autun. — Travaux de MM. Louis Blanc et Albert : réunion des ouvriers, réunion des patrons, au Luxembourg, sous leur présidence; nobles intentions, mais impuissance de M. Louis Blanc; son intervention; son mot aux ouvriers maçons; grève et prétentions des ouvriers boulangers; il les pacifie; M. Albert transporte au Luxembourg le siége de la Commission des récompenses nationales; membres de cette Com-

CHAPITRE HUITIÈME.

mission; lenteur de ses travaux; influence et force de MM. Albert et Louis Blanc. — Détenus politiques. — Fièvre des clubs; énumération; les conservateurs, le clergé s'y laissent aller; hostilité des clubs; républicains socialistes et ultra-conservateurs. — L'armée aux environs de Paris; plaintes contraires sur son éloignement et sur son voisinage; représentations de MM. Marrast, Lamartine, Ledru-Rollin, aux députations qui en demandent l'éloignement. — Multiplicité des affiches. — Liberté illimitée de la presse; aucune feuille gouvernementale; bienveillance, puis hostilité des journaux; énumération et caractère; débit des journaux. — MM. Caussidière et Sobrier; M. Caussidière explique au Conseil sa conduite. — M. Marrast, maire de Paris. — M. Ledru-Rollin réclame la préfecture de police; opposition de M. Garnier-Pagès; concession de M. Marrast; la réclamation de M. Ledru-Rollin est admise; conversation de MM. Garnier-Pagès et Marrast; regrets de M. Marrast. — M. Caussidière, préfet de police du département de la Seine. — Trahison de Delahodde; scène du Luxembourg.

I

L'agitation était l'état normal de Paris. Les efforts du Gouvernement se multipliaient en vain. Les forces intellectuelles et matérielles de la société étaient ébranlées.

Le jour, ce n'étaient que processions, députations; la nuit, ce n'étaient que chants, réunions, illuminations. Grand nombre de becs de gaz et de réverbères avaient été brisés, les 22, 23 et 24 février, et n'avaient pu encore être rétablis partout. Il était donc utile d'éclairer les rues par des lumières placées aux fenêtres. Ce qui était une mesure de sécurité devint un jeu pour les turbulents enfants de Paris, puis une occasion de bruit et de clameurs. Des bandes, composées en majeure partie de gamins, circulaient dans tous les quartiers, dans toutes les rues, et forçaient les habitants à illuminer sur-le-champ, devant elles. Les uns s'y prêtaient de bonne grâce, les autres avec colère. Ce cri si connu *Des lampions! des lampions!* retentissait sur tous les tons devant les croisées rebelles, jusqu'à ce qu'une clarté quelconque vînt donner satisfaction. Bon vouloir, prudence ou nécessité! Les illuminations prirent un caractère varié. Le goût s'en mêla : on employa des verres de toutes couleurs, suspendus en guirlandes, en girandoles, en ornements. Le soir venu, Paris présentait un aspect éblouissant, féerique. Bientôt, aux illuminations on joignit les fusées, les pétards, les coups de feu, les pièces d'artifice, jusqu'à simuler l'assaut et la petite guerre sur les boulevards, sur les marches mêmes de la Bourse. On eût dit une fête. Mais, sous cette apparence, combien de douleurs, de craintes et de misères !

Le Gouvernement provisoire donnait ordres sur ordres pour mettre un terme à ce genre d'amusements, qui prolongeaient le trouble et répandaient l'inquiétude. Soit impuissance ou mauvaise volonté des agents, soit intention d'entretenir la fièvre révolutionnaire, la suppression de ces promenades, de ces cris, de ces détonations, de ce tumulte des nuits, fut tardive et lente.

II

Tant de fracas n'était pas nécessaire pour exciter la peur. La peur, cette contagion mentale et spontanée qui, à certains jours, s'abat sur les esprits, ébranle les plus fermes, les surexcite jusqu'à la férocité ou les affaisse jusqu'à la prostration sous la honteuse et menteuse sécurité du despotisme, la peur avait déjà déchaîné ses fantômes.

Les travailleurs avaient peur d'être déçus dans leurs désirs, d'être abandonnés sans travail aux horreurs de la faim, d'être trompés par le Gouvernement, d'être exploités par les patrons, d'être opprimés par l'armée. Les patrons et les propriétaires avaient peur de la ruine, du pillage; ils cachaient leurs écus, congédiaient leurs domestiques, vendaient à tout prix leurs voitures et leurs chevaux, arrêtaient les travaux commencés, supprimaient tout achat, toute dépense, fermaient leurs hôtels et fuyaient. Aveuglés par la peur, ils aggravaient le mal qu'ils redoutaient. La prime de l'or, devenue la monnaie de la peur, s'élevait jusqu'au chiffre de 140 pour 1 000.

Vainement les journaux *le Constitutionnel*, *l'Union*, *les Débats*, *le Siècle*, *le National*, combattaient les paniques, attaquaient avec vigueur les alarmistes, donnaient des conseils salutaires et prouvaient qu'une confiance mutuelle rendrait le calme à la société, l'élan aux affaires, la prospérité au pays. Avis inutiles, efforts perdus! la peur seule était écoutée.

III

Un incident faillit produire une catastrophe sanglante qui eût donné un nouvel aliment à la peur. Le château des Tuileries, depuis le 24 février, était entre les mains des envahisseurs, qui s'y étaient installés avec la conviction du droit acquis. Leur nombre, il est vrai, s'était réduit de six cent cinquante à deux cent quatre-vingts. M. Saint-Amand leur avait fait reconnaître son autorité, non toutefois sans difficulté. Mais le jardin demeurait fermé, et cette occupation permanente effrayait le voisinage. Instruit de cette inquiétude publique, M. Caussidière voulut faire acte d'énergie : il envoya un de ses lieutenants, M. Caillaud, à la tête de cent cinquante hommes de sa garde, pour relever cette garnison improvisée.

A la vue de cette troupe qui se présente inopinément à la grille du Carrousel, tous les postes courent aux armes, crient à la trahison et se rangent en bataille. Un conflit va s'engager : qu'un premier coup de feu éclate, c'est le prélude d'un combat à outrance! lorsque, prévenus par M. Saint-Amand, MM. Arago, Ledru-Rollin, Marie, Crémieux, Marrast, Pagnerre accourent, s'interposent, parviennent à empêcher la collision et à ramener la paix.

Il fut convenu que le lendemain la garnison serait relevée militairement par la garde nationale. Le lendemain, en effet, le général Courtais releva les postes et vint à leur tête défiler devant l'Hôtel de ville. Ils se séparèrent aux cris de *Vive la République!*

Le jardin fut rendu le jour même aux promeneurs. Il ne resta dans le château qu'un certain nombre de blessés, qui y recevaient les soins dus à leur position.

IV

Il était urgent d'appliquer les mesures décrétées par le Gouvernement provisoire ; distributions de secours, organisation de la garde mobile, recrutement de l'armée, ouverture d'ateliers nationaux. Le repos de Paris, le repos de la France étaient à ce prix.

Aux mairies de Paris on redoubla d'activité et de zèle; des commissions fonctionnèrent; les blessés furent soignés, les pauvres secourus, les souscriptions reçues ; les rues furent éclairées, les barricades enlevées, leurs gardiens dissous et indemnisés ; enfin des registres fu-

CHAPITRE HUITIÈME.

rent ouverts aux inscriptions de la garde mobile, de l'armée, de la garde nationale sédentaire, des Ateliers nationaux et des élections.

Les mairies étaient littéralement assiégées. L'affluence augmentait sans cesse avec les besoins sans cesse renaissants. Le manque de travail, et par conséquent de salaire, pendant la semaine entière, y précipitait les masses.

Elles étaient ainsi administrées :

Premier arrondissement. — M. Durand Saint-Amand, maire; MM. Guillemot et E. de Bénazé, adjoints.

Deuxième arrondissement. — M. Berger, maire; MM. Poullain-Deladreue et Paturel, adjoints.

Troisième arrondissement. — M. Perrée, maire; MM. Hamelin et Grémilly, adjoints.

Quatrième arrondissement. — M. Ramond de la Croizette, maire; MM. Péan et Grisier, adjoints.

Cinquième arrondissement. — M. Vée, maire; MM. Favrel[1] et Labélonye, adjoints.

Sixième arrondissement. — M. Forestier, maire; MM. Monnin-Japy et Lenoir, adjoints.

Septième arrondissement. — M. Moreau, député, maire; MM. Riglet et Martelet, adjoints.

Huitième arrondissement. — M. Moreau, maire; MM. Richard et Maréchal, adjoints.

Neuvième arrondissement. — M. Tronchon, maire; MM. Manceau et Montandon, adjoints.

Dixième arrondissement. — M. Pagnerre, maire; MM. Roger et Dujardin-Beaumetz, adjoints.

---

[1] Devenu colonel, il fut remplacé par M. Arronshon.

Onzième arrondissement. — M. David (d'Angers), maire; MM. Buchère et Desgranges, adjoints.

Douzième arrondissement. — M. Delestre, maire; MM. Dupont et Gornet, adjoints.

V

Mais la solution la plus difficile, celle qu'il était le plus important de donner au plus tôt, était la distribution d'un travail régulier à la foule d'ouvriers qui accouraient à l'inscription.

Le ministre des travaux publics avait recherché les projets étudiés; il n'avait trouvé que la gare du chemin de fer de l'Ouest, l'amélioration de la navigation de l'Oise et le prolongement du chemin de fer de Sceaux à Orsay (décret du 27 février). Les chantiers de ces travaux furent bientôt complets.

Les ouvriers qui n'avaient pu y trouver place restaient aux portes des mairies, oisifs, attendant une direction. De cet encombrement naissait le désordre. On installa deux bureaux de centralisation, l'un au Marché aux veaux, sous les ordres de M. Vissocq, l'autre à la mairie du cinquième arrondissement, sous ceux de M. Higonnet, qui réclama le concours des élèves de l'École centrale. Des pavages de rues, quelques terrassements, ne purent suffire aux bras inoccupés. La situation s'empirait de jour en jour; il fallait la dégager et prendre un parti décisif.

Sur ces entrefaites, M. Émile Thomas, ancien élève de l'École centrale, fut présenté au ministre des travaux publics. Il offrit d'organiser, avec l'aide de ses camarades, un bureau central où s'adresseraient tous les ouvriers, munis de certificats portant leurs noms, leur demeure et leur profession, délivrés par les maires et contrôlés par les commissaires de police des quartiers. Ainsi concentrés, les ouvriers seraient divisés en brigades et en compagnies commandées par des élèves de l'École centrale, puis dirigés, suivant les nécessités, sur les chantiers ouverts soit par la Ville, soit par les ingénieurs de l'État.

Le ministre parla de ce plan au maire de Paris. Pour en délibérer, une réunion eut lieu à l'Hôtel de ville, le 5 mars, où assistèrent MM. Marie, Garnier-Pagès, Buchez, Flottard, Trémisot, chef de service à la Ville, les maires des arrondissements, et les ingénieurs en chef des ponts et chaussées, MM. Robin, Mary, Prus, Michal, Baude, Onfroy de Fréville. Après avoir entendu MM. Higonnet et Vissocq, l'on adopta le plan soumis par M. Émile Thomas.

Le maire de Paris réclama un contrôle : il exigea que tous les bulletins délivrés aux ouvriers et tous les rôles des douze arrondissements fussent centralisés, vérifiés et reconnus à l'Hôtel de ville, afin d'éviter le double emploi de ceux qui, par fraude, chercheraient à se faire inscrire dans plusieurs arrondissements. — De plus, les ouvriers domiciliés dans le département de la Seine eurent seuls le droit d'entrer aux Ateliers nationaux.

Le 6 mars, un arrêté conforme fut signé par le ministre et publié.

VI

M. Émile Thomas et ses confrères se mirent à l'œuvre avec un empressement dévoué.

Le nombre des inscrits s'éleva immédiatement à seize mille; et ce chiffre fut promptement dépassé. L'affluence devint telle que, soit impossibilité matérielle, soit négligence d'employés accablés de fatigue, les certificats d'inscription délivrés aux mairies ne purent être sérieusement vérifiés, que le contrôle de l'Hôtel de ville, commencé, ne put se régulariser, et que le bureau central (à Monceaux) ne put empêcher les fraudes que par des appels nominaux faits simultanément sur différents points. — Garantie encore insuffisante!

Puis, de tous les départements accoururent les ouvriers qui ne trouvaient chez eux ni salaire ni pain. Descendus chez des logeurs en garni, ils en obtenaient des certificats d'un séjour antérieur, et se faisaient admettre aux Ateliers nationaux; si bien que de Belgique même des bandes de malheureux se mettaient en marche sur Paris. S'il fut possible de prévenir cette invasion d'étrangers, il fut impossible d'arrêter le mouvement des provinces sur la capitale. Les maires des communes et des villes, désireux de se débarrasser de la charge des pauvres journaliers et du tableau poignant de leurs misères, délivraient, malgré les ordres contraires, des passe-ports à tous ceux qui en sollicitaient. Ce fut ainsi que peu à peu les Ateliers nationaux du département de la Seine devinrent véritablement les Ateliers nationaux de toute la France.

VII

Ces ateliers cependant eussent atteint leur but (distribuer, par le travail, un secours momentané à une multitude d'ouvriers sans pain, de commis sans emploi, de petits marchands sans commerce, d'ex-gardes municipaux sans solde, de citoyens sans subsistance), si l'on avait pu donner à leur activité des travaux sérieux!

Qu'importaient à la France les quinze millions que devaient coûter les Ateliers nationaux, s'ils ne servaient point à payer l'oisiveté, si l'utilité répondait à la dépense, si la misère était soulagée, si la sécurité était assurée? Des travaux! des travaux! c'était la demande instante du Gouvernement aux hommes spéciaux, la réclamation persistante du ministre des travaux publics aux ingénieurs des ponts et chaussées. Il fallait un plan où le travail manuel fût seul nécessaire, où tout fût terrassement, maçonnerie, main-d'œuvre, qui n'exigeât pas en achats préalables des déboursés que ne permettaient ni l'état du Trésor ni la caisse de la Ville. Les ingénieurs gardaient le silence ou n'offraient que des projets irréalisables, déjà rejetés par l'opinion publique ou par les Chambres. D'où venait, de leur part, cette apparence d'impuissance? On insinuait que les ingénieurs des ponts et chaussées voyaient avec jalousie les élèves de l'École centrale, pépinière des ingénieurs civils, chargés de l'embrigadement des Ateliers nationaux. Des regrets d'un autre genre, souvenirs du régime déchu, les affectaient peut-être également!

Le 15 mars, le ministre les réunit. Déjà vingt mille ouvriers étaient inscrits, et la nécessité parlait plus haut encore. Cette séance n'eut d'autre résultat que de mettre à la charge du Trésor public les dépenses que la Ville se trouvait dans l'impossibilité de supporter.

M. Buchez songea aux terrassements du Champ de Mars; des études en étaient préparées depuis longtemps au ministère de la guerre. On put y employer cinq mille ouvriers.

De son côté, le ministre de l'intérieur, afin de faire cesser l'émigration sur Paris des ouvriers de la province, et de leur donner des secours utiles, invita les commissaires à convoquer les conseils généraux et municipaux, pour la création d'ateliers sur les routes départementales et sur les chemins vicinaux.

La suite de cette histoire dira quel fut le plan d'ensemble du Gouvernement provisoire pour réaliser ce que les hommes spéciaux furent incapables de constituer.

VIII

La pénible condition des ouvriers de Paris ne préoccupait pas seule le Gouvernement. De tous les centres industriels de province, les nouvelles arrivaient, tristes et douloureuses : cessation de travail, chômage, grèves, réclamations, misère, désespoir. Si quelques patrons et ouvriers cherchaient à se concerter contre le malheur commun, en général, faute d'accord ou de capitaux, les travaux étaient arrêtés. La crise s'étendait, le mal s'accumulait. A tout instant, l'explosion de la tempête populaire était prête à éclater. Rouen, Louviers, Elbeuf, Nantes, Saint-Quentin, Reims, Lille, Roubaix, Mulhouse, Saint-Étienne, Amiens, etc., etc., étaient autant de foyers incandescents. Mais, de toutes les villes, celle qui inspirait les plus vives appréhensions, c'était Lyon !

Lyon, dont les habitants savent ajouter aux produits d'une terre fertile et largement servie par des fleuves magnifiques, les richesses créées par de nombreuses manufactures et par un commerce universel; Lyon, l'une des premières villes industrielles du monde, doit son rang à la réunion de deux forces également productives : ses fabricants, ses négociants opulents, enrichis par leur génie commercial et par un travail souvent héréditaire, et ses ouvriers, si intelligents, si habiles, si expérimentés.

IX

Mais dans l'organisation sociale actuelle, quel que soit le point de vue économique, l'évidence constate que l'intérêt du fabricant est d'obtenir de l'ouvrier le plus de travail possible pour le moindre salaire possible (la concurrence, au besoin, l'y contraindrait contre sa volonté), et que l'intérêt de l'ouvrier est absolument opposé. De là un antagonisme inévitable, que certains économistes voudraient détruire par l'association.

Lorsque la demande des produits manufacturiers est active, l'augmentation de prix donne une rémunération suffisante pour satisfaire à la fois le fabricant et l'ouvrier. Mais si la demande languit ou cesse, le prix baisse, une perte a lieu; le fabricant la supporte d'abord proportionnellement à son bénéfice; puis vient un moment où il se voit contraint à en réclamer une partie au salaire de l'ouvrier; enfin, si la perte ne peut plus être couverte, le travail est suspendu.

Cette suspension, pour l'ouvrier qui vit au jour le jour, c'est la souffrance, la souffrance pour sa femme, pour sa mère, pour ses enfants, la souffrance face à face avec le luxe qu'il a sous les yeux, sous la main;

bientôt, quand il a épuisé ses dernières ressources, c'est la privation du pain, c'est la mort par la faim! Mourir pour mourir, mieux vaut périr les armes à la main! Il se précipite sans savoir où il va, il pousse le cri de sa détresse, il l'inscrit sur la bannière de l'insurrection : « Vivre en travaillant ou mourir en combattant. »

X

Ce fut l'histoire de Lyon en 1831 et 1834 : la bannière fut renversée et déchirée, la devise survécut dans le cœur de l'ouvrier. Depuis ces fatales journées, les patrons et les ouvriers, obligés de vivre ensemble, les uns par les autres, couvaient l'esprit d'antagonisme au fond de leurs âmes. La première étincelle devait le raviver.

Ainsi disposé, l'ouvrier offrait un facile accès aux idées nouvelles; les systèmes aventureux, les théories extrêmes, les chimères étranges, étaient bien l'aliment de son imagination tourmentée. Il est si doux, pour celui qui languit dans la misère ou dans la douleur, de se laisser aller aux rêveries d'un avenir meilleur, aux aspirations d'un bonheur idéal! Les opinions les plus radicales, les plus révolutionnaires, les plus socialistes, se propagèrent donc rapidement parmi les ouvriers lyonnais; la liberté, l'égalité, la fraternité s'y firent des adorateurs fervents. Les plus instruits comprenaient bien la série du progrès, la transformation des intérêts, une amélioration successive; mais les ignorants se repaissaient de pensées de colère, de vengeance, de haine, et se laissaient difficilement contenir. Pour être comprimées, les passions n'en étaient que plus brûlantes.

On se préparait, on s'organisait, on s'enrégimentait dans l'ombre, pour un but imprévu, pour une époque ignorée. Les ouvriers, divisés en corps d'état, se réunissaient par groupes. Les anciennes sociétés de compagnonnage, les sociétés de secours mutuels, prêtaient leurs cadres. Les compagnons du Devoir, les Dévorants, les Loups, voyaient se former autour d'eux des associations qui se plaisaient à s'affubler de noms bizarres, inspirés par leur position : les Voraces, les Vautours, les Bras-Forts, les Ventres-Creux, les Couche-tout-nus, etc. Les plus importantes de toutes ces associations étaient celle des Voraces, dirigée par un conseil secret dont les membres se renouvelaient, et les sociétés secrètes politiques, les Carbonari et la Jeune-Europe.

Les ouvriers comptaient sur les sympathies des hommes de la bourgeoisie, opposants de gauche et radicaux, qui cherchaient à fusionner les intérêts par des concessions mutuelles et par des principes plus larges en politique et en économie.

Le Censeur de Lyon, journal influent, était le lien et l'organe de cette bourgeoisie libérale et radicale et des ouvriers éclairés. Un comité composé d'hommes honorables et de rédacteurs habiles, une direction sage et hardie, des correspondants nombreux, donnaient à cette feuille une grande autorité. M. Rittiez, républicain de 1830, économiste et philosophe, qui avait sacrifié son avenir dans le barreau au service de la démocratie, était le rédacteur en chef. M. Kauffmann, cœur dévoué, esprit profond, et de jeunes écrivains à la plume facile, au patriotisme ardent, prêtaient leur concours à la rédaction de ce journal, centre de l'Opposition lyonnaise.

XI

Mais si les ouvriers étaient organisés, si l'Opposition était active, la haute bourgeoisie, chefs d'industrie, riches commerçants, capitalistes, tous ceux que conseillait leur antagonisme d'intérêts avec les ouvriers, tous ceux qui, par position ou principes, étaient engagés avec le parti conservateur, familiarisés avec une situation pleine de périls, instruits par les événements de 1831 et de 1834, étaient déterminés à prendre les armes et à se défendre.

Inévitable antithèse de l'esprit humain, les théories sociales excessives avaient suscité des idées contraires également excessives. Une partie de la bourgeoisie conservatrice s'était jetée dans la religion la plus zélée. Des confréries, des couvents nombreux, s'étaient constitués. Les jésuites s'étaient réfugiés au sein de ces hommes de piété ardente et militante. Et de ces communautés, grand nombre s'étaient érigées en maisons de travail, et, par cette concurrence, avaient provoqué une nouvelle animosité parmi les ouvriers.

XII

La gravité de ces dispositions des esprits était si bien connue, que, le 25 février, le bruit courait à Paris qu'on se battait à Lyon. A l'Hôtel de ville, le jour même où les périls de la minute présente concentraient toutes les pensées, un membre du Gouvernement provisoire, comme mû par une inspiration soudaine, s'écria : « Et Lyon, et Lyon! mon Dieu! que se passe-t-il à Lyon? Tout peut-être y est à feu et à sang! Quel est l'homme de cœur et d'action qui se sent le courage d'y aller? Il faut partir sur-le-champ! » — « Me voulez-vous? Je pars! » répondit Emmanuel Arago. Et, le 26, muni des instructions du ministre de l'intérieur, il se mettait en route, accompagné d'un élève de l'École polytechnique, M. Dautresme, qui lui avait été désigné par ses camarades. Sur son passage à Auxerre et dans les principales villes, il proclama la République, au nom du Gouvernement provisoire. Il arriva à Lyon le 28, dans l'après-midi.

XIII

Le 24, le préfet, M. Chaper, avait reçu les dépêches télégraphiques de Paris, et n'avait pas voulu les publier; le soir, vers six heures, il avait massé des troupes autour de son hôtel. La population, inquiète, agitée, puis menaçante, circulait effarée, et se préparait au combat. Les rédacteurs du *Censeur* et les citoyens les plus influents, réunis sur le quai de Retz, avaient envoyé une députation demander communication des dépêches, afin d'éviter une collision. Le préfet, informé de la chute de la monarchie et de la proclamation d'un gouvernement provisoire, s'était enfin décidé à se retirer et à céder son pouvoir à une commission préfectorale, composée de MM. Rittiez, Bellocq, Treilhard, Brun et Murat. A cette nouvelle, la foule avait, avec des transports de joie, acclamé la République à l'Hôtel de ville, au même moment où les rédacteurs du *Censeur* l'acclamaient place des Célestins.

De son côté, le maire, M. Clément Reyre, redoutant la responsabilité d'une lutte entre les troupes et le peuple, avait remis la direction de la mairie à M. Laforest, notaire influent, homme d'énergie et très-actif. Sous sa présidence, un conseil municipal, formé de quelques-uns des anciens membres et d'hommes nouveaux, MM. Barillon, Bonnardel, Bergier, Brossette, Kauffmann et autres, dont les noms sont restés dans la mémoire des Lyonnais, s'était divisé en comités de subsistances, guerre et police, finances, etc.

XIV

La commission municipale et la commission préfectorale s'étaient immédiatement réunies. Les circonstances leur imposaient des mesures urgentes.

Le général de Perron, commandant intérimaire de la division, se tenait sur la défensive, tout en faisant replier ses troupes. Les ouvriers descendaient dans les rues, se formaient en groupes, en colonnes, exhalaient leur ardeur en chants patriotiques; quelques-uns avaient des fusils. Déjà surgissaient les figures sinistres de ces hommes qui ne quittent leurs repaires qu'à l'heure où leurs crimes peuvent se cacher dans les mille incidents des troubles. Enfin, sur la rumeur que la prise d'un poste avait coûté la vie à quelques combattants, la foule se portait à la mairie, et pénétrait violemment jusque dans la salle des délibérations.

Les commissions firent annoncer successivement : la réorganisation de la garde nationale, sous la direction de MM. Lortet, commandant, et Cholat, chef d'état-major; l'ordre aux boulangers de doubler leurs fournées, afin d'assurer la subsistance du peuple; une prochaine distribution de fusils. Ces proclamations continrent le mouvement, sans toutefois l'arrêter; certains couvents, qui passaient pour appartenir aux jésuites et pour faire concurrence au travail des ouvriers, furent menacés et attaqués.

XV

Le 26, dans l'après-midi, le général de Perron, qui, le matin, avait refusé de se rendre à la Maison commune, reconnaissait la République; mais il conservait le télégraphe, et les troupes se concentraient en face d'une population haletante. Une telle situation ne pouvait se prolonger. Peu à peu, les soldats (l'artillerie d'abord) fraternisèrent avec le peuple. Une partie des forts et des casernes de la Croix-Rousse fut abandonnée aux ouvriers. Le général Neumayer reçut de la commission municipale le commandement de toutes les forces.

Une revue, témoignage de conciliation et d'union, réunit, le 28 février, les troupes, la garde nationale et les ouvriers organisés.

Au moment où la revue finissait, M. Emmanuel Arago entrait à Lyon. Reçu avec enthousiasme, il eut bientôt conquis toutes les sympathies. Il commença par maintenir le comité préfectoral comme conseil, et il reconnut la commission municipale.

XVI

Mais si l'autorité était constituée, si l'habileté et l'activité des commissions avaient conjuré les premiers périls, tout danger n'avait pas disparu. Les ouvriers se sentaient maîtres de la ville et des faubourgs ; une commission municipale s'était installée à la Croix-Rousse ; la caserne des Bernardines et les fortifications qui s'étendent du Rhône à la Saône étaient au pouvoir du peuple ; il s'y maintenait, fort de ses canons et de ses munitions ; le nombre des ouvriers armés était évalué à trente mille. Comme à Paris, les réunions par corps d'état et les clubs se multipliaient ; l'on y débattait avec le plus de faveur, mais aussi avec le plus de violence, les questions qui touchaient à la vie même du travailleur. Les femmes prenaient part aux discussions, aux promenades, aux chants, aux cris, avec toute la vivacité de leurs passions, et réclamaient hautement des augmentations de salaire. Le drapeau rouge était arboré. Des bandes menaçaient déjà les campagnes et la ville.

M. Emmanuel Arago, la commission municipale et le comité préfectoral, redoublaient d'efforts. Ils réunissaient les gardes nationaux et les ouvriers armés. M. Arago demandait aux Voraces un détachement, renouvelé chaque jour, pour contribuer à la sûreté de la ville. Il chargeait M. Royer, capitaine d'état-major, d'organiser une garde mobile. Des ateliers nationaux étaient ouverts aux travailleurs sans ouvrage et sans pain. L'archevêque accordait la cessation du travail conventuel. Afin d'enlever tout prétexte à l'irritation et de mettre un terme à des machinations secrètes, le commissaire du Gouvernement décrétait la dissolution des corporations religieuses non autorisées, et éloignait les frères capucins. Il remplaçait le drapeau rouge par le drapeau tricolore.

Les rivalités d'intérêts, les souvenirs, les haines, résistèrent à ces mesures de conciliation et de pacification. Au premier moment de stupeur, les rangs s'étaient mêlés, la haute bourgeoisie s'était confondue avec le peuple ; mais, au spectacle de ces tourbillons d'hommes, de femmes, d'enfants, criant, vociférant, les conservateurs s'effrayaient et ne songeaient plus qu'à la défense.

XVII

M. E. Arago se préoccupait de l'attitude des ouvriers, qui, maîtres des forts et de la caserne des Bernardines, tenaient la ville sous le feu de leurs canons. Le 2 mars, accompagné de membres de la commission municipale, il se rendit à la Croix-Rousse. Aimé du peuple, il l'entraînait habituellement à sa voix sympathique. Ce jour-là, à son apparition, à ses premiers mots, une immense clameur s'éleva : elle réclamait la destruction des forts, destinés à asservir le peuple. Vainement il voulut établir la distinction vraie entre les forts qui dominaient Lyon et ceux qui étaient indispensables à sa défense ! Il ne fut pas écouté, et dut se retirer. Vainement ensuite il confia, par un décret, la démolition de certains forts au peuple, à la garde nationale et au génie militaire, en ordonnant la conservation de ceux qui étaient nécessaires contre l'étranger ! Vainement il retourna à la Croix-Rousse, à la caserne des

Bernardines ! Il parlait à un peuple qui ne voulait pas entendre, et qui, de sa propre initiative, démolissait déjà l'enceinte fortifiée.

XVIII

La crise des affaires allait s'appesantir encore sur cette malheureuse cité.

Forcés d'arrêter leurs travaux, les fabricants durent fermer leurs ateliers et briser ainsi les derniers liens qui, par la faim, retenaient une partie des ouvriers sous leur influence. Soixante mille travailleurs, hommes, femmes, enfants, vivant au jour le jour, se trouvèrent sans pain, livrés à la misère, au désespoir, aux séductions des clubs. Les journaliers des campagnes et des villes voisines, réduits à la mendicité, accouraient à Lyon, grossissant cette multitude fiévreuse, affamée, avide de toute proie.

Des secours abondants, le zèle du commissaire du Gouvernement, du maire, des commissions, des officiers de la garde nationale, des chefs des compagnies d'ouvriers, des républicains connus, atténuaient le mal, ajournaient l'explosion. Mais la ville commençait à manquer d'argent; la Banque était réduite à ne pouvoir payer tous ses billets à présentation. L'influence morale usait son autorité à s'exercer sans relâche.

M. Emmanuel Arago ne dissimulait rien de la réalité : ses dépêches au Gouvernement provisoire étaient empreintes de tristesse et de perplexité.

XIX

Le Gouvernement provisoire ne cessait de témoigner la plus active sollicitude pour cet état de choses, lorsque, le 7 mars, il apprit que les ouvriers mineurs d'Anzin, de Saint-Waast et de Denain, arrondissement de Valenciennes, au nombre de plusieurs milliers, avaient interrompu leurs travaux et réclamaient une augmentation de salaires. Si cette grève se prolongeait, il était à craindre que l'exemple entraînât les ouvriers des mines du Nord et de la Loire. Les conséquences seraient terribles. On ne connaissait pas d'ailleurs l'état des approvisionnements en charbons de terre, et l'on se demandait s'ils suffiraient à tous les travaux industriels qu'alimente la houille, si une fermeture de toutes les usines n'était pas à redouter.

Le Gouvernement résolut d'arrêter à tout prix cette impulsion. Pour cela, il fallait obtenir immédiatement des ouvriers et des compagnies une concession mutuelle, seul moyen de couper court au mal. Deux délégués furent choisis : MM. Alexandre Rey et Montigny. Ils devaient agir avec fermeté et prudence vis-à-vis des ouvriers, et éclairer les directeurs et administrateurs sur les nécessités du moment. Le Gouvernement n'hésita même pas; en prévision d'un mauvais vouloir évident et d'un cas désespéré, à les armer d'un décret de séquestre, avec réserve de réglementation postérieure pour les indemnités. Heureusement leur habile et sage intervention triompha des premières résistances. Les directeurs et administrateurs surent plier sous les circonstances, et les ouvriers restreignirent leurs prétentions. Ainsi fut étouffée à son origine cette grève menaçante.

Les mines, usines, forges et ateliers de l'arrondissement d'Autun éveillaient les mêmes inquiétudes. Sur le rapport du ministre du commerce, un commissaire spécial du Gouvernement, M. Clément Sauvage, ingénieur des mines, y fut envoyé, le 13 mars, avec tous pouvoirs de requête, intervention et règlement, pour tout ce qui aiderait à la reprise des travaux. Il parvint à concilier les intérêts des propriétaires et ceux des ouvriers; et la vie revint aux mines et aux établissements du Creuzot, de Montchanin, etc.

Partout où naissait un péril, le Gouvernement provisoire en poursuivait la destruction. Contre les incidents qui se multipliaient dans toute la France, il multipliait ses veilles et ses soins.

XX

MM. Louis Blanc et Albert étaient appliqués à faire fonctionner la *Commission de gouvernement pour les travailleurs*. Dans une réunion préparatoire, le 5 mars, ils avaient examiné le projet de deux architectes, MM. Not et Daly, pour la fondation d'établissements appelés, depuis, Cités ouvrières. Le 8, sur leur proposition, le Gouvernement décrétait l'ouverture, dans chaque mairie, de bureaux de renseignements gratuits pour le placement des ouvriers.

Ils avaient engagé les ouvriers à nommer trois délégués par profession, comme représentants, à une assemblée qui devait avoir lieu le 10, au Luxembourg, dans le local de l'ancienne Chambre des pairs. Le jour dit, à midi, environ deux cent cinquante ouvriers de tous les corps d'état s'y trouvaient réunis. M. Louis Blanc prononça un discours où il traçait en ces termes le programme de la Commission : « Laissez-moi vous dire le véritable caractère de la mission qui nous a été confiée.

Étudier avec soin, avec amour, les questions qui touchent à l'amélioration, soit morale, soit matérielle, de votre sort; formuler les solutions en projets de lois qui, après approbation du Gouvernement provisoire, seront soumis aux délibérations de l'Assemblée nationale, tel est le but de la Commission pour les travailleurs. »

Il invita ensuite l'assemblée à nommer un comité de dix membres, qui faciliterait les recherches du bureau et qui lui exposerait les besoins, les souffrances, les réclamations et les vœux. Sur la demande de l'assemblée, ce comité fut immédiatement tiré au sort par les soins de M. Vidal, secrétaire de la Commission. (Le *Moniteur* donne les noms de ces dix membres et ceux de tous les délégués qui assistèrent à la séance.)

Le 11 mars, par un sage esprit de conciliation, le président et le vice-président de la Commission invitèrent également les patrons à désigner trois délégués par industrie, pour assister, le 17, à une nouvelle réunion. « En effet, » disaient-ils dans leur proclamation, « appeler à l'examen des questions relatives à l'organisation du travail les délégués des ouvriers d'une part et les délégués des patrons de l'autre, c'est évidemment ménager à la situation actuelle l'issue la plus favorable. »

Dans l'intervalle, la Commission étudia la question de la concurrence faite aux ouvriers par les couvents, les prisons et les casernes.

Le 17, les patrons se rendirent à la convocation. M. Louis Blanc leur parla économie politique : il passait en revue les systèmes du *laissez faire, laissez passer*, et de l'association, les difficultés du commerce et de l'industrie, les progrès à réaliser, lorsqu'il fut interrompu par les événements dont l'Hôtel de ville était le théâtre et par l'appel de ses collègues.

Les patrons tirèrent au sort leurs délégués.

XXI

Le programme tracé par M. Louis Blanc, dans la séance du 10 mars, était net, précis, complet : une enquête publique, ouverte aux patrons et aux ouvriers appelés à exposer contradictoirement les résultats de leur expérience, fournirait de vives lumières; des contre-épreuves, des études consciencieusement faites les fixeraient.

Au cœur même de cette crise si longue, après les difficultés et les débats économiques soulevés, dans les dernières années du règne de Louis-Philippe, par les libres-échangistes et par les protectionnistes, après les nombreuses grèves pour l'augmentation des salaires et pour la réduction des heures de travail, lorsque la perturbation était générale, lorsque les esprits, exaspérés, aveuglés, pouvaient être poussés à des solutions brutales, le Gouvernement ne devait-il donc pas demander à des conférences, sagement conduites, les moyens d'éclairer les problèmes posés par la société, de concilier les intérêts, d'éteindre les passions, de donner satisfaction aux besoins d'amélioration, d'introduire les réformes indispensables sans rien détruire par l'exagération, de constituer enfin de nouveaux rapports progressifs et durables entre les capitalistes, les industriels et les ouvriers ?

La Commission pouvait sauver le commerce, l'industrie, les patrons, les ouvriers, le Gouvernement, le pays. Pour le malheur de tous et de M. Louis Blanc lui-même, M. Louis Blanc, animé des intentions les meilleures, ne put se créer autre qu'il était. Il eût fallu, pour mener à bien une entreprise aussi complexe, beaucoup chercher, beaucoup étudier; et M. Louis Blanc croyait avoir trouvé. Il avait foi dans des idées préconçues; il possédait une théorie faite de toutes pièces sur l'organisation du travail. Que pouvait-il apprendre de ceux qu'il appelait à délibérer avec lui ? Il n'avait qu'à enseigner. La tribune du législateur était pour lui la chaire du professeur. Ce n'était pas une enquête qu'il allait ouvrir, c'était une doctrine qu'il allait prêcher. Il ne demandait une solution ni à la pratique ni à la réalité de la vie, il la présentait sortant tout armée de son cerveau.

De là pour M. Louis Blanc cette conséquence logique : chef d'école, on allait exiger de lui un moyen, un système qui devait supprimer, à l'instant, les souffrances du travail et les horreurs de la misère; et comme, dans le vrai même, la perfection n'est pas donnée à l'homme, il allait être violemment accusé : par les autres sectes, d'enseigner le faux et de n'être qu'un rêveur; par les commerçants, de soulever les mauvaises passions des ouvriers avec des promesses fallacieuses; par les ouvriers eux-mêmes, de les égarer dans des espérances irréalisables pour les laisser en proie à toutes leurs privations, à toutes leurs douleurs.

XXII

Les membres du Gouvernement provisoire s'étaient proposé d'assister aux séances du Luxembourg, afin de contre-balancer l'effet des théories de M. Louis Blanc par l'exposition nette des faits et des voies praticables; mais le temps leur manqua absolument. M. Louis Blanc se trouva donc, de fait, seul à la tête des délégués de toutes les corporations, directement soumises à son influence. Il tenait ainsi dans sa main une force immense et sans contre-poids. A son jour, à son heure, il pouvait faire appel aux cent mille travailleurs de Paris. Trop clairvoyant pour ne pas apprécier cette position, il se croyait sincèrement, lui et M. Albert, les véritables représentants des ouvriers dans le Conseil, les seuls sérieusement autorisés à parler en leur nom et à exprimer leurs sentiments. Pénétré de cette pensée, détourné de sa mission par les événements et par ses habitudes politiques, il fit de la politique.

Il n'en intervint pas moins, souvent et très-heureusement, dans les débats des patrons et des ouvriers. « Le calme, » disait-il le 6 mars aux ouvriers maçons, « est le plus court chemin pour arriver à la justice. » Grande parole! — Le 15 mars, il entrait au Conseil, encore pâle des émotions de la journée. Les ouvriers boulangers s'étaient mis en grève et couraient de boutique en boutique imposer à leurs camarades une cessation complète de travail. Les plaintes paraissaient fondées, les réclamations justifiées; le travail de jour et de nuit semblait dépasser les forces humaines. Leur exaltation, leurs clameurs étaient telles que M. Louis Blanc, en cherchant à les apaiser, s'était trouvé plusieurs fois pressé, presque étouffé par cette foule qui exigeait plus qu'il n'était possible de concéder. Mais Paris sans pain! Cette idée avait épouvanté M. Louis Blanc; son énergie s'en était accrue; et il était parvenu à calmer l'effervescence. Ce jour-là il préserva Paris des calamités de la faim.

XXIII

Vice-président de la Commission des travailleurs, M. Albert était président de la Commission des récompenses nationales. Il transporta au Luxembourg, contrairement au texte du décret, le siége de cette Commission, que la prévoyance du maire de Paris avait fixé à l'Hôtel de ville. Il désigna ses membres et publia, le 11 mars, son but et sa composition : MM. Grandménil, vice-président; Ch. Rouvenat, secrétaire; Martin-Bernard, Victor Masson, Eugène Sue, Sobrier, N. Chancel, Boileau (ouvrier), l'Héritier (de l'Ain), secrétaires adjoints; et Ch. Bruet, archiviste. Le patriotisme de ces citoyens, bien connus du peuple, offrait toute garantie; mais leur nombre était insuffisant à l'expédition rapide et urgente des affaires. Distribué, comme en 1830, aux douze mairies, puis centralisé, le travail eût répondu à tout; en cinq ou six semaines, les détenus politiques et les combattants de février eussent trouvé, dans les emplois que les ministres tenaient à leur disposition, un but à leur infatigable activité. Circonscrite, la Commission ne put opérer que lentement, trop lentement, surtout pour les détenus politiques, dénués de toute ressource à leur sortie de prison et impatients de la récompense méritée.

Cette libre disposition des secours et des récompenses mettait M. Albert à même de prendre sur les révolutionnaires les plus énergiques l'influence que M. Louis Blanc avait sur les ouvriers. Et MM. Albert et Louis Blanc avaient opéré leur réunion au Luxembourg!

XXIV

Les détenus politiques, qui avaient formé un comité chargé de faire valoir leurs réclamations, se jetaient dans le mouvement avec toute l'ardeur de passions longtemps contenues. Pleins de cet esprit d'audace et d'entreprise que les cachots n'avaient pu tempérer et que la liberté recouvrée venait raviver, ils prenaient les partis les plus extrêmes et fréquentaient les clubs les plus violents. Leur foi, leur passé, leur tempérament, les précipitaient dans les systèmes absolus.

XXV

Paris avait la fièvre des clubs. Plus nombreuses chaque jour, ces réunions s'organisaient régulièrement. Les détenus politiques, les anciens membres des Sociétés secrètes, les républicains exclusifs de *la Réforme*, y figuraient parmi les plus ardents acteurs. Mais ils n'étaient pas seuls. Ce spectacle d'une assemblée où la foule se pressait, curieuse et attentive, cet appareil de chambre parlementaire, cette tribune, cette lutte d'esprit et de paroles, ces propositions originales ou insensées, cette faculté de verser ses pensées sur un auditoire frémissant, cette pleine liberté de contrôler, de critiquer le Gouvernement, la satisfaction d'attirer l'attention publique sur sa personne, une influence à acquérir, un nom à faire, tout y était émotion, séduction, entraînement. La nouvelle vie publique y trouvait ses éléments essentiels et caractéristiques. Chacun y voyait la conquête d'un siége à l'Assemblée constituante, d'un grade dans la garde nationale, de tout honneur civique réservé au choix de ses concitoyens.

XXVI.

Parmi les clubs les plus hardis, il en était un remarquable entre tous par l'excentricité et l'exagération de ses discussions. Présidé, inspiré par M. A. Blanqui, il avait pris le titre de *Société républicaine centrale*. Un groupe d'hommes résolus s'y étaient affiliés. Le but avoué était la surveillance du Gouvernement provisoire; le but caché, son renversement; il critiquait ses actes, et rêvait un coup de main. Que fallait-il pour réussir? Du courage, de l'audace, de la ruse ! Si ses anciens camarades n'accordaient pas à M. A. Blanqui le courage de Barbès, ils lui reconnaissaient l'audace et la ruse.

Sous l'influence de M. Caussidière, MM. Grandménil et Sobrier organisèrent le *Club des droits et des devoirs*, réuni plus tard à celui des *Droits de l'homme*, présidé par M. Villain. Ce club prit rapidement un accroissement considérable, créa un pouvoir dans Paris et leva des bataillons armés.

M. Cabet présidait, dans la salle Montesquieu, des *Réunions icariennes*, où deux et trois mille personnes venaient écouter et applaudir ses doctrines socialistes. Depuis longtemps il rédigeait le journal *le Populaire*. Homme de foi, il allait partir, en compagnie de quelques sectaires, pour faire l'essai de son système en Amérique, lorsqu'il fut retenu par la révolution de Février, qui ouvrait un nouvel horizon à ses vues.

Les Fouriéristes, théoriciens savants, écrivains novateurs distingués, avaient un ralliement : *la Démocratie pacifique*. Ils appelèrent leurs adeptes sous la direction de MM. Considérant, Hennequin, Cantagrel, etc.

Les anciens membres des Sociétés secrètes publièrent un manifeste et se disséminèrent dans divers clubs; mais ils constituèrent un *centre actif*, qui, convoqué et formé d'abord chez M. Sobrier, rue Blanche, s'intitula sur sa première proclamation : *Commission instituée pour appeler à la défense de la République tous les patriotes éprouvés*. Son programme était d'éclairer le Gouvernement, dont la religion était surprise par les habiles qui obtenaient des nominations peu méritées. Au nombre des signataires figuraient MM. Bianchi, Barbès, Cahaigne, Sobrier, Thoré, Félix Pyat, Raisan, Bergeron, Vaulabelle, etc., etc., Delahodde, alors secrétaire de M. Caussidière.

L'ancien comité des Écoles avait ouvert le *Club du deux mars,* sous l'inspiration de MM. Dauzon, Isambert, Genillier, Vernet, Bourjon, Magne, Moïns, etc.

Les Italiens s'étaient assemblés autour de M. Mazzini, sous le titre d'*Association nationale italienne*.

Les Allemands avaient leur club; les Polonais, plusieurs comités; les Belges, des réunions. Chaque nationalité présente à Paris avait son lieu de rendez-vous et ses délibérations.

M. Guinard, chef d'état-major de la garde nationale, avait accepté la présidence du *Club démocratique central,* dont les membres influents, pour la plupart officiers supérieurs de la garde nationale, se proposaient de prêter leur concours au Gouvernement provisoire.

Les ouvriers rédacteurs de *l'Atelier* avaient formé la *Société républicaine et patriotique de l'Atelier*. MM. Ott, Corbon, Pascal, Danguy, Leroy, Bérard, Gilland,

A. Delaire, Lambert, etc., y développaient les doctrines de l'association libre et facultative des travailleurs, basée sur la morale la plus pure.

A cette liste de clubs qui existaient avant le 17 mars, on peut ajouter ceux de *l'Égalité*, des *Prévoyants*, du *Progrès démocratique*, des *Amis fraternels de la Montagne*, du *Faubourg Saint-Antoine*, des *Travailleurs*, de *Popincourt*, etc., etc.

Les arrondissements aussi avaient leurs clubs. On citait le *Comité central du troisième*, la *Société du cinquième*, le *Club Central des septième, huitième, dixième.* Le *Club républicain du deuxième arrondissement*, présidé par M. Goudchaux, acquit par la suite une célébrité historique due à la présence de M. Baroche, l'un des vice-présidents. On lisait dans son programme : « Il s'appuie sur le principe démocratique, et met en action la devise de la République—*Liberté, Égalité, Fraternité;* — il veut le maintien de la liberté conquise par la consolidation d'un gouvernement républicain puissant, honnête....; il luttera contre les tendances réactionnaires de tous les partis; il veut l'organisation du travail, mais sans la désorganisation de l'industrie, seule source du travail, etc., etc. »

Si les républicains, les jeunes gens des Écoles, les gardes nationaux, les arrondissements, les faubourgs, les ouvriers, couraient aux clubs, les conservateurs ne s'en abstenaient point : ils en créaient. Dans les premiers jours de mars, au début même, se constituait le *Comité des élections pour l'Assemblée nationale*, qui prit le titre de *Club républicain pour la liberté des élections*. On y remarquait MM. Mahul, Dugabé, de la Valette, Liadières, Vatimesnil, le duc de Fézensac, le duc de

Noailles, Viennet, Beugnot, le duc de Richelieu, Fould, Michel Chevalier, et un grand nombre de pairs de France, de députés, de généraux dévoués aux monarchies déchues. Ce club déclarait « ne pas se préoccuper de la *forme du gouvernement ;* ce serait usurper des droits qui n'appartiennent qu'à l'Assemblée constituante ; ce serait même agir contre le vœu du Gouvernement provisoire, qui n'a décrété la République que sauf la ratification par le peuple ». Il se réservait de s'occuper des élections et de correspondre avec les départements. Il fondait un journal, et devenait un foyer où les adversaires du Gouvernement et de la République venaient réchauffer leurs antipathies.

Le clergé même ne dédaignait pas d'exercer son droit de réunion. Dans les caveaux de Saint-Sulpice se tenaient des assemblées fréquentes.

Le 14 mars, un *Comité central des élections générales* était formé par les anciens membres du Comité central des électeurs, par les républicains du *National* et par quelques-uns des adhérents de *la Réforme*. M. Recurt en était le président. MM. Chevallier, Clément Thomas, Corbon, Degousée, Dubois, Outin, Thirion, composaient le bureau provisoire.

XXVII

Tel est le tableau des premiers clubs de Paris, dont le chiffre, au 17 mars, s'élevait déjà à soixante-treize. Si quelques-uns étaient favorables au Gouvernement provisoire, le plus grand nombre manifestait des sentiments d'opposition ; certains même, recrutés tant parmi les républicains exclusifs que parmi les conservateurs, étaient complétement hostiles.

Les républicains exclusifs commencèrent par réclamer l'affranchissement absolu des journaux, l'abolition du timbre. Cela acquis, ils se plaignirent de la mauvaise distribution des emplois, de la faiblesse de certains membres du pouvoir, de leur inactivité, de leur inhabileté, de leur hésitation à satisfaire l'opinion publique, à proclamer les réformes, à réprimer les abus. A leur avis, le Gouvernement provisoire ne sachant pas révolutionner le pays et manquant de hardiesse et de résolution, c'était à eux à le surveiller, à le pousser, à lui imposer les mesures indispensables, à le maintenir dans la voie où l'avait appelé la confiance du peuple, enfin, au besoin, à recourir aux moyens révolutionnaires.

Les conservateurs, revenus de leur première stupeur, tournaient contre le Gouvernement et contre la République les armes laissées à leurs mains, et songeaient à profiter de la liberté pour la détruire. Ils louaient quelques actes de l'autorité, afin de faire passer une critique plus étendue et malveillante. Ils saisissaient les mots au passage, envenimaient les intentions, s'emparaient des exagérations de quelques communistes outrés pour en faire peser la responsabilité sur tous les républicains. Convaincus de la tolérance du Gouvernement provisoire et rassurés sur la terreur, ils en évoquaient le fantôme pour effrayer le pays et l'attirer par la peur dans leurs bras.

Un des principaux griefs de ces deux partis extrêmes était, pour l'un, le maintien de l'armée à Paris et dans les environs; pour l'autre, au contraire, son éloignement. A cet égard, voici la vérité.

XXVIII

Les soldats n'avaient pas cessé de garder les barrières conjointement avec les gardes nationaux. Les nécessités du casernement de la garde mobile avaient exigé le déplacement des régiments à l'intérieur de la ville; mais l'armée occupait Vincennes, l'École militaire, Saint-Cloud, Saint-Germain, Versailles, Courbevoie, les forts, tous les environs de Paris. Elle avait été représentée à la cérémonie funèbre du 4 mars, comme à la proclamation de la République le 27 février à la Bastille. La Commission de défense nationale la réorganisait et l'augmentait en présence de l'Europe agitée. Le Gouvernement provisoire ne pouvait songer à en faire un moyen d'oppression; il ne voulait pas non plus la laisser paraître un sujet de crainte et un motif de division.

Le 10 mars, le *Club démocratique de la Sorbonne* vint à l'Hôtel de ville exposer le danger, pour les libertés publiques et pour la République, de la présence à Paris de 30,000 hommes de troupes. M. Marrast combattit ces vaines rumeurs et ces appréhensions injustes : « Le Gouvernement a seulement l'intention de faire partager à la ligne le service pénible des postes, trop lourd pour la garde nationale fatiguée par les factions, par les prises d'armes, par les veilles. » — Le lendemain, M. Lamartine fit la même réponse aux délégués du *Club du Marais;* il parla de l'union indispensable du peuple et de l'armée. — Enfin, le 17, M. Ledru-Rollin répondait à la foule qui avait envahi la cour du ministère de l'intérieur :

« Vous demandez l'éloignement de l'armée ! Sans doute, citoyens, lorsque l'armée se fait l'instrument de la tyrannie, lorsqu'elle se constitue en garde prétorienne, elle mérite la haine des hommes de cœur, des amis de la liberté; mais en est-il bien ainsi de nos braves soldats? Se sont-ils montrés disposés à combattre pour les oppresseurs? Assurément, citoyens, aucun de vous ne doutera de la bravoure de nos soldats, de leur force, de leur puissance; mais, dans les journées de Février, l'armée n'a pas voulu combattre. Elle a fraternisé avec nous et a regardé fuir sans escorte cet aveugle monarque qui voulait resserrer nos chaînes. C'est que l'armée, mes amis, c'est le peuple! les soldats, c'est nous! c'est vous! c'est tout le monde! (Bruyantes acclamations.)

» Voudriez-vous repousser nos frères? voudriez-vous proscrire, voudriez-vous mettre au rang des parias des hommes qui sont votre sang, votre âme, une partie de vous-mêmes? (Bravo! bravo!) Non, citoyens, de pareils sentiments d'injustice, de méfiance, d'exclusivisme, ne sont pas en vous! Faire revivre des classifications, des catégories entre citoyens, serait une déplorable erreur. (C'est vrai! c'est vrai!)

» Élevons donc notre voix en faveur de cette armée. C'est elle qui, dans nos jours d'humiliation, a sauvegardé en Algérie l'honneur de la patrie! Pendant que la France, livrée à l'étranger par les gouvernants qui viennent d'être chassés, était en proie à des hontes continues, l'armée, missionnaire de la civilisation, portait haut le drapeau français et faisait reconnaître à des peuples barbares la grandeur de notre patrie. (Longues acclamations.) Oubliez donc, mes amis, de fâcheuses méfiances, et vous serez justes, vous serez bons citoyens! vous montrerez que vous êtes tous unis dans une même pensée en criant avec moi : *Vive l'armée!* »

Ce discours d'un véritable homme d'État fut accueilli par les cris enthousiastes de « *Vive l'armée! Vive la République! Vive Ledru-Rollin!* »

XXIX

Les clubs aussi bien que les individus faisaient abus des affiches. Les programmes, les professions de foi, les convocations, les proclamations, tapissaient les rues et les places. C'était un moyen d'action, c'était aussi une chatouilleuse satisfaction. On voyait son nom figurer en toutes lettres devant un public émerveillé d'excentricités renouvelées chaque jour. Combien de simples particuliers se donnèrent le plaisir de parler au nom du peuple, que seuls ils s'attribuaient la mission de représenter! Au nom du peuple, quelques individus, un seul souvent, adressaient au Gouvernement des conseils, des projets, des plans, des critiques, des ordres même et des menaces.

XXX

Un autre instrument de publicité et de propagande prenait d'immenses développements.

A chacun était accordée la liberté illimitée de répandre ses pensées dans un journal. Plus de timbre, plus de cautionnement! Les excès de la presse ne trouvaient de frein que dans la presse même; la diffusion excessive des feuilles publiques combattait seule leur excessive influence. C'était aux théories à lutter contre les théories. Nulle borne à l'idée, nul obstacle à la lumière, nulle entrave à la raison : la vérité pouvait apparaître toute nue! C'était au peuple à la chercher, à la reconnaître, à choisir entre le bien et le mal, entre le juste et l'injuste : il avait la libre disposition de son jugement et de sa conscience pour s'éclairer, apprécier et se guider. La Révolution avait ouvert toutes les issues à l'esprit humain ; le Gouvernement provisoire n'en avait fermé aucune. Critiquer, blâmer, maudire ce Gouvernement, était chose permise. Il n'avait que *le Moniteur* pour répondre, et il ne répondait pas.

Le National et *la Réforme*, jaloux de garder leur indépendance et de se préserver de l'impopularité attachée à la qualification de journaux du Gouvernement, soutenaient timidement leurs amis et leurs mesures. Pour la première fois depuis 1830, l'Opposition arrivait au pouvoir; la France n'avait pu encore contracter la coutume parlementaire anglaise du changement de rôle. Aussi le Gouvernement restait-il sans défenseurs réels. Pendant les premiers jours il n'en avait pas eu besoin : le concours unanime de la presse avait soutenu ses premiers efforts. Mais peu à peu l'habitude de la critique reprit son empire; la polémique se nuança; un ton aigre-doux s'insinua dans les appréciations; certains décrets parurent inopportuns, quelques-uns inutiles, d'autres inapplicables; à l'enthousiasme succéda l'indulgence, l'excuse des circonstances; encore un degré, et d'autres sentiments allaient se faire jour.

Expérimentés dans la politique, bons juges des difficultés, les anciens journaux, *les Débats, le Constitution-*

nel, *le Siècle*, *le Commerce*, *l'Union*, *la Patrie*, *le Courrier français*, conservaient une apparence plus ou moins bienveillante, observaient une certaine réserve; mais l'attitude des autres journaux était moins tolérante.

La Presse transformait sensiblement sa rédaction, arborait le drapeau du socialisme et jetait l'amertume contre les hommes et les choses.

Les nouvelles feuilles, organes des clubs ultra-révolutionnaires ou ultra-conservateurs, rédigées par des écrivains de talent, allaient droit au but, posaient et développaient hardiment les plus hardies questions, et abordaient sans tâtonnement le rôle d'opposants. *L'Assemblée nationale*, interprète du club de ce nom, dévouée aux monarchies déchues, exprimait tout d'abord des sentiments hostiles. *La Liberté* critiquait plus qu'elle n'approuvait. *La République*, dont M. Bareste était le rédacteur en chef, *la Vraie République*, fondée par M. Thoré, qui s'adjoignit M. Pierre Leroux et madame George Sand, *l'Ami du Peuple*, par M. Raspail, servaient de tribune aux passions socialistes, proscrivaient les demi-mesures, traitaient de fade la conduite du Gouvernement, prêchaient l'urgence de frapper les ennemis de la République, de terrifier les aristocrates et les monarchiens, aiguisaient le fer, prêts à en frapper le Gouvernement s'il ne savait pas s'en servir. M. Lamennais, dans *le Peuple constituant*, tout en combattant énergiquement les exagérations et les erreurs du socialisme, se prononçait pour le mouvement. Le journal le plus influent sur les hommes de la Révolution sociale, *la Commune*, rédigé par MM. Sobrier et Cahaigne, représentait la *Commission instituée pour appeler à la défense de la République tous les patriotes éprou-*

vés. *La Démocratie pacifique, le Populaire, l'Atelier*, continuaient à soutenir leurs doctrines.

XXXI

La vente des journaux était également libre. Chaque jour, le matin et sans disparaître à la nuit, une nuée de colporteurs distributeurs s'abattaient sur Paris. Ils parcouraient les rues, les places, les ponts, les boulevards, tous les quartiers, criant sur tous les tons, piquant la curiosité par des annonces énergiques, bizarres, pittoresques, exploitant le besoin de nouvelles, l'ardeur à s'initier à la vie politique, et vendant par milliers d'exemplaires toutes ces feuilles que les lecteurs dévoraient au milieu même des voies publiques.

XXXII

Partout, dans cette organisation des clubs les plus révolutionnaires, on retrouve la main ou l'influence de M. Caussidière. Ses amis en étaient les fondateurs principaux. Son auxiliaire le plus actif, M. Sobrier, au cœur dévoué, au cerveau enflammé, avait consacré sa fortune et sa vie à ses convictions; livré à une exaltation sans mesure, ne contenant son esprit par aucune règle, par aucun frein, allant en avant, toujours en avant, croyant tout conduire et tout mener, il obéissait à toutes les impulsions qui lui étaient données. M. Caussidière, plus froid, plus habile, se croyant passé maître dans les traditions révolutionnaires et dans l'art de diriger les masses, rude de forme et de ton, mais fin et doué de souplesse, savait dissimuler ses défauts sous une apparence de simplicité et de franche brusquerie. Ambitieux et adroit, il prenait ses précautions vis-à-vis de ses adversaires et de ses amis eux-mêmes. En temps de paix, il ne pouvait que soutenir le rôle d'un conspirateur ignoré; en temps de troubles, il avait la volonté, l'audace, les qualités qui font parvenir.

M. Garnier-Pagès appelé au ministère des finances et M. Duclerc au sous-secrétariat d'État, la position équivoque de M. Caussidière à la préfecture de police se continuait. Avant de l'y laisser, même provisoirement, le Gouvernement voulut savoir la vérité sur ses actes, sur ses intentions et sur certaines mesures. Le 6 mars, en séance du Conseil, M. Caussidière fut entendu. Il expliqua avec verve et originalité la singularité de sa conduite : « Ce qu'il a fait sans autorisation se justifie par la nécessité des circonstances. Sa position à la préfecture est très-difficile. L'administration était celle du régime déchu : pouvait-il s'y fier ? Les agents subalternes avaient disparu; les sergents de ville étaient dispersés, les gardes municipaux dissous : il a dû improviser du jour au lendemain une garde, un costume. Cette garde, il l'a composée au hasard, des seuls éléments disponibles, des hommes des barricades, sous le commandement de quelques amis. Le costume, excentrique, parle aux yeux et impose aux masses. Il s'est vu contraint de faire de l'ordre avec le désordre. C'est ainsi qu'il a pu surveiller les prisons, les halles et marchés, les théâtres, et faire la police de la ville. Ses relations avec les clubs, avec les révolutionnaires ardents, constituent une force qu'il apporte au Gouvernement provisoire. Sa résolution de le seconder dans la fondation d'une République durable est ferme; son dévouement, sans réserve. » Sa parole parut loyale et fit impression sur la majorité du Conseil. MM. Ledru-Rollin et Louis Blanc le soutinrent chaleureusement. On ne prit aucune résolution : c'était au futur maire qu'appartenait le choix de son délégué à la direction de la police.

XXXIII

Le 9 mars, le Conseil s'occupa de la succession de M. Garnier-Pagès à la mairie de Paris.

Un moment M. Arago eut le désir de cette haute magistrature. Ministre de la marine, et président de la Commission de défense, il rendait trop de services dans ces fonctions pour y renoncer, et il ne pouvait les cumuler avec une nouvelle mission. On songea à M. Pagnerre : le secrétariat général absorbait tout son temps. M. Flocon était toujours malade. Seul des membres du Gouvernement, M. A. Marrast restait libre. Il avait abandonné (5 mars) l'administration de la Liste civile et du domaine privé. Il fut accepté sans opposition ; et le décret de sa nomination parut le 10 au *Moniteur*. M. E. Adam remplaçait M. E. Duclerc comme adjoint [1].

---

[1] M. Lherbette, choisi pour la Liste civile, refusa, par un sentiment excessif de délicatesse. Fréquent adversaire de cette administration, à la tribune, il ne voulait pas en être le liquidateur. Sa haute honorabilité et son caractère chevaleresque eussent aisément dominé cette situation. Sa susceptibilité persista contre les plus vives instances. Il se contenta d'offrir ses services et ses conseils. Après lui, M. Vavin refusa d'abord, prétextant des divergences d'opinion qui pourraient exister entre le Gouvernement et lui ; « car, » disait-il, « s'il devait être porté atteinte aux droits de propriété de la famille d'Orléans, je ne pourrais être l'exécuteur d'actes de cette nature. » — « Mais, » lui répondait-on, « c'est précisément à cause de votre situation indépendante, de votre probité et de votre expérience des affaires, que nous avons songé à vous. Rassurez-vous ! A l'Assemblée constituante seule sera réservée la

XXXIV

Le 10, au lendemain même de l'installation de M. Marrast à la mairie, M. Ledru-Rollin revendiqua la préfecture de police comme attribution régulière du ministère de l'intérieur : « Elle ne devait ni ne pouvait en être détachée. Chaque jour il subissait l'impossibilité de suivre la série des faits qui reliaient la police des départements à celle de Paris. Il ne pouvait plus répondre de la sûreté publique si les malfaiteurs, en se réfugiant de la province dans la capitale, échappaient à la surveillance qui les contenait. » M. Garnier-Pagès répondit que depuis longtemps les esprits sérieux songeaient à réunir la préfecture de police à la préfecture de la Seine ; que leur division faisait naître entre les deux administrations des conflits journaliers ; qu'il était opportun d'organiser et d'unifier une police municipale ; que, dans ce but, un travail était préparé par MM. Vivien et Léon Faucher ; qu'il était fort aisé de régler les rapports avec le ministère de l'intérieur.

La discussion fut vivement soutenue par les deux interlocuteurs ; la décision qui devait en sortir avait une portée politique que chacun d'eux sentait sans l'exprimer. M. Garnier-Pagès persista ; M. Marrast eut la faiblesse de céder. La prétention de M. Ledru-Rollin fut admise (décret du 12, publié le 13). Une commission du Gouvernement, composée de MM. Arago, Mar-

---

faculté de prononcer sur les biens privés de l'ex-roi et de sa famille. » Désarmé d'objections, M. Vavin accepta, à la condition toutefois qu'aucun traitement ne serait attaché à cette mission temporaire. M. Biesta eut la direction du séquestre mis sur les propriétés du duc d'Aumale.

rast et Ledru-Rollin, fut chargée de formuler et de préciser les attributions de la police municipale et de la préfecture de police.

« Vous regretterez amèrement votre concession, » dit, en sortant du Conseil, M. Garnier-Pagès à M. Marrast. « Je ne me soucie guère, » répliqua celui-ci, « d'un travail quotidien avec M. Caussidière. »

M. Marrast ne tarda pas à comprendre sa faute. Alors il voulut ressaisir une partie de l'autorité à laquelle il avait si facilement renoncé. Ce fut l'origine d'une série de discussions et de divisions entre le maire de Paris et le ministre de l'intérieur, et d'hostilités permanentes entre l'Hôtel de ville et la préfecture de police.

Le 17 mars, M. Ledru-Rollin commit définitivement M. Caussidière à la préfecture de police du département de la Seine.

XXXV

M. Caussidière avait encore pour secrétaire M. Lucien Delahodde, quand, le 14 mars, une révélation lui est faite; les dossiers de la préfecture sont devant ses yeux; la preuve est authentique : Delahodde, son camarade, son ami, ancien chef avec lui des Sociétés secrètes, est, depuis 1838, un des agents les plus habiles de la police politique de M. Delessert. Aussitôt il convoque au Luxembourg, dans l'appartement de M. Albert, leur ancien compagnon, ceux qui, à *la Réforme* et dans leurs complots antérieurs, ont eu des relations avec Delahodde. Il le conduit à cette réunion sans lui en laisser soupçonner le but. Là, devant tous, il dévoile sa trahison. Il lui reproche et les projets échoués et les faux rendez-vous et les fausses démarches qui ont failli annihiler les efforts de leurs amis pendant les luttes de Février, et surtout l'infâme guet-apens de la journée du 23. A ce récit, l'indignation des assistants se soulève jusqu'à la fureur; la terreur s'empare de Delahodde, pâle et livide. Le suicide lui est offert comme un salut dans la honte ; on lui présente une arme : il la repousse. On le menace : M. Albert s'interpose. Cette scène finit par l'aveu, signé, de ses anciens rapports avec la police; et M. Caussidière le fait conduire en prison comme prévenu d'avoir entretenu, depuis le 24 février, une correspondance avec le pouvoir déchu. Delahodde ne fut pas le seul traître dont M. Caussidière découvrit les traces : le nouveau préfet put se convaincre que toutes les sociétés secrètes étaient percées à jour par des agents de haut et de bas étage.

CHAPITRE NEUVIÈME.

Le Gouvernement provisoire sait son devoir envers la République et envers la France. — Le Conseil nomme les commissaires du Gouvernement pour les départements; un grand nombre choisis par les membres de la gauche et du centre gauche; leurs instructions; première circulaire du ministre de l'intérieur; sa circulaire aux maires; sa circulaire du 12 mars; redoublement de peur, prétexte à la malveillance; enthousiasme chez les révolutionnaires les plus ardents; polémique passionnée de la presse; feuilles libérales et conservatrices : *le Siècle, la Presse, le Constitutionnel, l'Union, la Gazette de France, l'Univers religieux, les Débats, l'Assemblée nationale*; feuilles républicaines : *la Réforme, le Courrier français, la Commune de Paris, la République, le Peuple constituant, le National*; républicains de la veille et républicains du lendemain; dissensions, envenimées par les violences des clubs; excitation des esprits dans les départements. — Le Gouvernement provisoire a connaissance de cette circulaire; séance du Conseil; surprise de M. Ledru-Rollin; le soulèvement extrême de l'opinion publique n'est pas motivé; divisions du Conseil. — M. Ledru-Rollin : sa position, ses relations, son caractère, sa nature, ses désirs. — M. Étienne Arago utilise au profit de la population et du Gouvernement le service des courriers et des facteurs ruraux. — Création du *Bulletin de la République* : premier numéro; son but; deuxième numéro, accompagné d'une adresse des clubs pour l'ajournement des élections; texte de cette adresse; opinion du Gouvernement sur l'époque des élections. — Élections de la garde nationale; décisions et décrets. — Opposition des clubs : *Société républicaine centrale, Droits de l'homme, Icariens, Progrès démocratique, Ouvriers délégués du Luxembourg, Commune de Paris*; leurs réclamations, ajournement des élections; leurs moyens, comité central, manifestations; leurs mobiles connus et cachés; leurs plans; sentiments de MM. Ledru-Rollin et Louis Blanc. — Réunion du Conseil : M. Louis Blanc expose les réclamations contre les élections et les intentions des réclamants; soulèvement du Conseil contre toute menace; assertions de MM. Courtais et Guinard contre ces réclamations; décisions; suppression des compagnies de grenadiers et de voltigeurs. — Menées des clubs; leurs buts divers; leur moyen unique; réunion chez Flotte, en permanence. — Séances du Conseil, le 14 et le 15 mars : impossibilité générale et complète de faire les élections de la garde nationale; leur prorogation. — Le *Bulletin de la République* est mis sous la surveillance de tous les membres du Conseil; collaboration de George Sand. — Les chefs clubistes se voient réduits à l'inaction. — Le parti conservateur leur fournit un prétexte d'action ; protestation des grenadiers de la 3e légion ; publicité dans la presse et par les affiches ; appel des journaux conservateurs à la garde nationale ; conseil d'une démonstration ; organisation de cette démonstration ; plans des meneurs. — Mêmes manœuvres employées par les conservateurs et les révolutionnaires exaltés ; même condamnation par l'histoire.—Le Gouvernement voit le péril ; sans force matérielle, il le combattra par son énergique sentiment du devoir.

I

Faire appel à toutes les nuances libérales ; étendre le cercle des votants ; augmenter le nombre des adhérents ; conquérir les indifférents par la justice et l'équité ; prouver aux riches qu'il leur est loisible de vivre en république aussi paisiblement que sous la monarchie et plus sûrement que sous le despotisme ; faire comprendre aux pauvres que leur travail peut y être aussi largement rémunéré et l'impôt mieux réparti ; convaincre le commerçant, l'industriel et l'agriculteur que la liberté favorise les transactions ; démontrer à la France entière que les intérêts publiquement défendus par tous sont plus respectés, que la République ne tend qu'à élever le cœur et les destinées des nations, qu'elle est seule durable, puisque seule elle assure la liberté, garantit la propriété, réalise le progrès, donne l'égalité et maintient l'ordre : tel était le noble but que le Gouvernement provisoire se proposait d'atteindre.

Il savait que la possession du pouvoir impose une attitude et une conduite autres que celles de l'Opposition. Le pouvoir crée, organise, propose, cherche l'approbation, demande le consentement ; l'Opposition examine et critique. Dans l'Opposition, vous êtes un parti, vous n'avez que la parole ; au pouvoir, vous êtes un gouvernement, vous avez mission d'initiative et d'action. Vos principes restent intacts, mais de la théorie vous passez à l'application. Vous ne pouvez donc garder la même voie, suivre les mêmes errements.

II

M. Ledru-Rollin avait tout autant qu'aucun de ses collègues le sentiment de cette situation. Dès les premiers jours il convoqua le Conseil au ministère de l'intérieur, afin de lui soumettre le choix des commissaires qui allaient diriger les préfectures départementales. Les préfets, hommes politiques plus ou moins compromis dans les manœuvres électorales, devaient être changés. On pouvait laisser le titre à la fonction; mais un grand nombre de citoyens appelés ne voulaient accepter qu'une mission temporaire, et au mot délégué, prodigué jusqu'à l'abus en dehors même du Gouvernement, l'on préféra l'appellation de commissaire et de sous-commissaire du Gouvernement.

Tous ces nouveaux fonctionnaires furent choisis, d'un commun accord, par M. Ledru-Rollin et ses collègues. Deux ou trois seulement, vivement débattus (M. Deschamps, à Rouen; M. Delescluze, à Lille), ne furent nommés que sur l'insistance du ministre de l'intérieur.

On voit sur la liste insérée dans les journaux du 10 mars presque autant de noms de l'ancienne gauche et du centre gauche que de noms du parti radical. A côté des républicains, on voit les amis de M. O. Barrot, ceux même de M. Thiers. Nous pouvons citer : Ain, M. de Champvans; Allier, MM. Thouret et Bureaux de Puzy; Corse, M. Piétri; Dordogne, M. Dusollier; Gironde, M. Chevallier; Hérault, M. Charamaule; Manche, avec M. Vieillard, M. Havin; Mayenne, M. Bigot; Oise, M. Barillon; Haut-Rhin, M. Struch; Seine-et-Marne, M. Oscar Lafayette; Somme, M. Beaumont; Tarn, M. d'Aragon; Vendée, M. Luneau; Vienne, M. Chevreau, maire de Saint-Mandé; Haute-Vienne, M. Maurat-Ballange, etc., etc., etc. — Nous en trouverions une longue série parmi les sous-commissaires.

Le mandat était difficile, périlleux, surchargé d'un travail laborieux et délicat. La plupart n'écoutèrent que leur patriotisme, en assumant une tâche qui ne leur promettait qu'ingratitude et calomnies.

III

Voici les instructions données aux commissaires par M. Ledru-Rollin, dans sa première circulaire du 8 mars. S'il laisse percer la pensée qu'il faut choisir pour les fonctions publiques des républicains éprouvés, tous hommes de la veille et non du lendemain (et ses choix démontrent qu'il rangeait les libéraux parmi les hommes de la veille), il ajoute : « Ayez moins de rigueur à l'égard des fonctionnaires dont le rôle est purement administratif. Vous devez maintenir ceux qui, étrangers à toute action politique, ont conquis leur position par des services utiles.

» Cherchant ainsi à demeurer fermes et justes vis-à-vis des agents placés sous vos ordres, vous en exigerez un concours actif et dévoué. Ce concours doit tendre à rassurer les esprits timides, à calmer les impatients. Les uns s'épouvantent de vains fantômes, les autres voudraient précipiter les événements au gré de leurs ardentes espérances. Vous direz aux premiers que la société actuelle est à l'abri des commotions terribles qui ont agité l'existence de nos pères; aux autres, vous direz qu'on n'administre pas comme on se bat... Dans ce vaste mouvement des esprits, si énergiquement entraînés vers l'application des principes de fraternité et d'union, où est le danger pour qui que ce soit? où rencontre-t-on le prétexte d'une crainte?

» Ceux qui se montrent inquiets pour la propriété, pour la famille, sont peu sincères ou fort ignorants!.....

» Quant à nous, salués par l'acclamation populaire pour préparer l'établissement définitif de la démocratie, *nous avons hâte plus que tous de déposer dans les mains de la nation souveraine l'autorité que l'insurrection et le salut public nous ont conférée.* Mais, pour remplir dignement cette noble tâche, nous avons essentiellement besoin de confiance et de calme. Tous nos efforts tendront à *ce qu'il n'y ait pas une heure perdue*, et qu'au plus tôt, sortis cette fois sans fiction du sein du peuple tout entier, les représentants du peuple se réunissent pour régler sa volonté et régler les destinées de l'avenir.

» A cette Assemblée est réservée la grande œuvre! La nôtre sera complète si, pendant la transition nécessaire, nous donnons à notre patrie ce qu'elle attend de nous : l'ordre, la sécurité, la confiance au Gouvernement républicain. Pénétrés de cette vérité, vous ferez exécuter les lois existantes en ce qu'elles n'ont rien de contraire à l'ordre nouveau. *Les pouvoirs qui vous sont confiés ne vous mettent au-dessus de leur action qu'en ce qui touche l'organisation politique,* dont vous êtes les instruments actifs et dévoués. N'oubliez donc pas que vous agissez *d'urgence et provisoirement,* et que je dois avoir immédiatement connaissance des mesures prises par vous. C'est à cette condition seulement que nous pourrons, les uns et les autres, maintenir la paix publique et conduire la France sans secousses nouvelles jusqu'à la réunion de ses mandataires.

» .... Il serait dangereux d'exciter les passions même légitimes. Il le serait plus encore de s'alarmer de quelques exagérations inévitables et de quelques doctrines erronées. C'est la compression qui altère et corrompt la pensée publique; la liberté l'épure et la grandit. »

Le ministre réclame une infatigable activité, la réorganisation de la garde nationale, un travail précis sur tout ce qui touche au sort des travailleurs...

« .... Si des nécessités urgentes vous paraissent commander des mesures extraordinaires, référez-m'en sur-le-champ. Mais, ici encore, appliquez-vous à ménager les transitions. N'inquiétez pas les intérêts respectables dont le trouble pourrait nuire à ceux mêmes que vous voudriez protéger. Sur quelques points du territoire, des actes de condamnable violence ont été commis : éclairez ceux qu'un passager entraînement égarerait. »

Il recommande de faire comprendre aux ouvriers que le bris des machines provoque leur malheur et leur ruine. Il vante les avantages de la libre association des capitaux et du travail.....

« Pour réaliser un avenir heureux, rassurer les esprits, raffermir le crédit, conserver les transactions, réunir les matériaux du vaste édifice que l'Assemblée nationale élèvera », il invoque le concours de tous les cœurs généreux et les communs efforts des commissaires.

IV

Le 9 mars, le ministre complète son programme politique : dans une circulaire adressée aux maires, il démontre la supériorité des institutions républicaines sur les institutions despotiques.

« Le Gouvernement nouveau impose à tous les citoyens un grand et facile devoir, celui de s'unir dans une pensée commune de patriotisme et de fraternité, de travailler franchement à la constitution d'un état social qui garantisse à tous et à chacun le bonheur, la sécurité, le libre exercice de ses facultés naturelles.

» La République est, de toutes les organisations politiques, celle qui se prête le mieux à la réalisation complète et pacifique de cet avenir. Elle est le gouvernement du peuple par le peuple, la nation faisant elle-même ses affaires, choisissant, pour les mettre à sa tête, les hommes les plus éclairés, les plus fermes, les plus vertueux. Dans les monarchies, le prince a des intérêts constamment opposés à ceux de ses sujets. Fût-il animé des meilleures intentions, il est toujours obligé de se faire des créatures qui le soutiennent ; fût-il sage, éclairé, il ne peut faire aucun bien véritable, car il est trompé par des flatteurs qui lui cachent les besoins du peuple. Qu'est-ce donc quand il a de mauvais penchants, quand il est égoïste, avare, familiarisé au mensonge, insensible aux souffrances publiques, indifférent à la dignité nationale ? Alors il s'entoure de ministres faibles et corrompus. Il les façonne au mal ; il s'en sert pour abaisser le pays, accaparer ses richesses, confisquer ses libertés. Il sème partout la division ; il cherche à séduire l'armée, c'est-à-dire le peuple pour écraser le peuple. Mais un jour il est si provoquant, si audacieux, que la nation s'indigne et brise sa couronne.

» Une telle forme de gouvernement est un danger permanent pour la paix publique. Grâce à Dieu, elle n'est plus possible en France. Chacun y comprend qu'il n'y a pas d'hommes privilégiés naissant les maîtres du pays, pouvant se gorger d'or, tandis que des milliers de citoyens souffrent. Il ne peut y avoir de chefs que ceux qui sont dignes de commander. Le peuple les connaît, c'est à lui de les choisir.

» Appeler tous les habitants d'une même patrie à nommer leurs magistrats; imposer à ceux-ci l'obligation d'être justes et modérés, et de s'occuper sans relâche du sort du peuple ; faire circuler l'argent dans les campagnes au moyen de bonnes lois de crédit; associer les travailleurs aux bénéfices des capitalistes; apprendre à tous les hommes qu'ils sont frères ; les initier tous au bienfait de l'éducation ; amener entre eux une répartition de richesses proportionnée à l'intelligence et à l'activité ; assurer à tous le travail et le bien-être, voilà la République. Quel est celui d'entre nous qui ne sera pas fier d'appartenir à une nation assez forte, assez éclairée, pour choisir cette forme de gouvernement?

» Pénétrez-vous de ces vérités, citoyen maire, expliquez-les à vos administrés. Dites-leur bien que la République ne persécute personne : elle honore tous les cultes, elle respecte les opinions, elle augmente la prospérité et garantit la liberté de chacun. Elle n'est impitoyable que vis-à-vis des fripons et des égoïstes.

Mais qui l'en accusera? Leur règne a été assez long; il est temps que celui des honnêtes gens commence et s'affermisse.

» Le Gouvernement compte sur votre concours; c'est avec l'aide des hommes de cœur qu'il s'établira solidement. Quand il sera bien compris, il aura tout le monde pour lui, car il n'a d'autre intérêt que le bonheur de tous.

» Salut et fraternité. »

Ce langage est vrai et digne. C'est celui d'un homme d'État ferme et conciliant tout à la fois. Il présente la Révolution comme un progrès, non comme une oppression; il invoque la liberté et répudie la persécution; il distingue l'homme public qui gouverne de l'homme de parti qui se bat; il rassure les timides; il veut ne pas dérober une heure à l'Assemblée nationale, qu'il a hâte de faire dépositaire de la dictature; il ordonne aux commissaires l'exécution des lois existantes en ce qu'elles n'ont pas de contraire à l'ordre nouveau; il leur rappelle qu'ils ne doivent agir que d'urgence et provisoirement, et tout en lui transmettant la connaissance immédiate de leurs mesures.

V

A ce moment surgirent deux incidents qui, par leurs conséquences, modifièrent profondément la situation et exercèrent sur les destinées de la République une influence décisive. Nous nous efforcerons de les reproduire avec loyauté et impartialité, dans une sincère exposition des opinions diverses; si nous sommes entraîné à apprécier les faits, nous rappellerons que, mêlé nous-même aux événements de cette époque, nous soumettons au jugement de nos lecteurs non-seulement notre récit, mais encore notre appréciation personnelle.

Ces deux incidents furent la circulaire du ministre de l'intérieur aux commissaires du Gouvernement, insérée le 12 mars au *Moniteur*, et le retard des élections.

VI

Voici la circulaire :

« La circulaire qui vous est parvenue et qui a été publiée traçait vos devoirs. Il importe que j'entre avec vous dans quelques détails, et que je précise plus nettement ce que j'attends de votre patriotisme, maintenant que par vos soins la République est proclamée.

» Dans plusieurs départements on m'a demandé quels étaient vos pouvoirs. Le citoyen ministre de la guerre s'en est inquiété en ce qui touche vos rapports avec les chefs militaires. Plusieurs d'entre vous veulent être fixés sur la ligne de conduite à suivre vis-à-vis de la magistrature; enfin la garde nationale et les élections, les élections surtout, doivent être l'objet de votre constante préoccupation.

§ 1er. *Quels sont vos pouvoirs?*

» Ils sont illimités. Agent d'une autorité révolutionnaire, vous êtes révolutionnaire aussi. La victoire du peuple vous a imposé le mandat de faire proclamer, de consolider son œuvre. Pour l'accomplissement de cette tâche, vous êtes investi de sa souveraineté, vous ne relevez que de votre conscience, vous devez faire ce que les circonstances exigent pour le salut public.

» Grâce à nos mœurs, cette mission n'a rien de terrible. Jusqu'ici vous n'avez eu à briser aucune résistance sérieuse, et vous avez pu demeurer calme dans votre force; il ne faut cependant pas vous faire illusion sur l'état du pays. Les sentiments républicains y doivent être vivement excités, et pour cela il faut confier toutes les fonctions politiques à des hommes sûrs et sympathiques. Partout les préfets et sous-préfets doivent être changés; dans quelques localités on réclame leur maintien, c'est à vous de faire comprendre aux populations qu'on ne peut conserver ceux qui ont servi un pouvoir dont chaque acte était une corruption. La nomination des sous-commissaires remplaçant ces fonctionnaires vous appartient. Vous m'en référerez toutes les fois que vous éprouverez quelque hésitation. Choisissez de préférence des hommes appartenant au chef-lieu; vous ne les prendrez dans l'arrondissement même que lorsque vous les saurez dégagés d'esprit de coterie; n'écartez pas les jeunes gens. L'ardeur et la générosité sont le privilége de cet âge, et la République a besoin de ces belles qualités.

» Vous pourvoirez aussi au remplacement des maires et des adjoints. Vous les désignerez provisoirement, en les investissant du pouvoir ordinaire. Si les conseils municipaux sont hostiles, vous les dissoudrez, et, de concert avec les maires, vous constituerez une municipalité provisoire; mais vous n'aurez recours à cette mesure que dans un cas de rigoureuse nécessité. Je crois que la grande majorité des conseils municipaux peut être conservée, en mettant à leur tête des chefs nouveaux.

§ 2. *Vos rapports avec les chefs militaires.*

» Vous exercez les pouvoirs de l'autorité exécutive; la force armée est donc sous vos ordres. Vous la requérez, vous la mettez en mouvement; vous pouvez même, dans les cas graves, suspendre un chef de corps, en m'en référant immédiatement. Mais vous devez apporter de grands ménagements dans cette partie de vos fonctions. Tout ce qui, de votre part, blesserait la juste susceptibilité des chefs de corps ou du soldat serait une faute inexcusable. J'ai appris que, dans plusieurs départements, les commissaires n'ont pas établi sur-le-champ un lien entre eux et l'autorité militaire; je m'en étonne, et vous invite à ne pas manquer à ces règles si simples de bonne politique et de convenance. L'armée a montré dans ces derniers événements sa vive sympathie à la cause républicaine; il faut se la rattacher de plus en plus. Elle est peuple comme nous, elle est la première barrière qui s'opposerait à une invasion. Elle va entrer pour la première fois en possession de droits politiques. Honorez-la donc et conciliez-vous les bons sentiments de ceux qui la commandent; n'oubliez pas non plus que vos pouvoirs ne sauraient toucher à la discipline. Ils se résument en ces deux mots : Vous servir de la force militaire ou la contenir, et la gagner par des témoignages d'estime et de cordialité.

§ 3. *Vos rapports avec la magistrature.*

» La magistrature ne relève de l'autorité exécutive que dans le cercle précis tracé par les lois. Vous exigerez des parquets un concours dévoué; partout où vous ne le rencontrerez pas, vous m'en avertirez, en m'indiquant le nom de ceux que recommandent leur droiture et leur fermeté. J'en ferai immédiatement part au ministre de la justice. Quant à la magistrature inamovible, vous la surveillerez, et si quelqu'un de ses membres se montrait publiquement hostile, vous pourriez user du droit de suspension que vous confère votre autorité souveraine.

§ 4. *La garde nationale.*

» Vous recevrez de moi des instructions détaillées sur l'organisation de la milice civique. J'ai tâché d'y prévoir et d'y résoudre toutes les difficultés que vous pouvez rencontrer. Celles qui naîtront d'obstacles imprévus et locaux seront levées par votre patriotisme. En faisant procéder aux élections, vous vous conformerez aux décrets du Gouvernement, c'est-à-dire que, par dérogation à la loi de 1831, vous ferez nommer tous les officiers, sans exception, par les gardes nationaux, en commençant par les grades supérieurs. Vous surveillerez soigneusement l'action des sous-commissaires et des municipalités, et vous les obligerez à vous rendre un compte exact de leurs opérations.

§ 5. *Les élections.*

» Les élections sont votre grande œuvre ; elles doivent être le salut du pays. C'est de la composition de l'Assemblée que dépendent nos destinées. Il faut qu'elle soit animée de l'esprit révolutionnaire, sinon nous marchons à la guerre civile et à l'anarchie. A ce sujet, mettez-vous en garde contre les intrigues des hommes à double visage, qui, après avoir servi la royauté, se disent les serviteurs du peuple. Ceux-là vous trompent, et vous devez leur refuser votre appui. Sachez bien que, pour briguer l'honneur de siéger à l'Assemblée nationale, il faut être pur des traditions du passé. Que votre mot d'ordre soit partout : Des hommes nouveaux, et autant que possible sortant du peuple.

» Les travailleurs, qui sont la force vive de la nation, doivent choisir parmi eux ceux que recommandent leur intelligence, leur moralité, leur dévouement : réunis à l'élite des penseurs, ils apporteront à la discussion de toutes les grandes questions qui vont s'agiter l'autorité de leur expérience pratique. Ils continueront la Révolution, et la contiendront dans les limites du possible et de la raison. Sans eux, elle s'égarerait en vaines utopies, ou serait étouffée sous l'effort d'une faction rétrograde.

» Éclairez les électeurs, et répétez-leur sans cesse que le règne des hommes de la monarchie est fini.

» Vous comprenez combien ici votre tâche est grande. L'éducation du pays n'est pas faite. C'est à vous de le guider. Provoquez sur tous les points de votre département la réunion de comités électoraux, examinez sévèrement les titres des candidats. Arrêtez-vous à ceux-là seulement qui paraissent présenter le plus de garanties à l'opinion républicaine, le plus de chances de succès. Pas de transactions, pas de complaisances. Que le jour de l'élection soit le triomphe de la Révolution. »

VII

Inspirée par ce que chaque gouvernement décore du titre de *raison d'État*, cette circulaire a été tellement dépassée depuis lors, la *raison d'État* a été si vigoureusement exaltée par les adversaires de la République, que ces instructions officielles paraissent pâles aujourd'hui. Mais alors, habituée aux mœurs constitutionnelles et libérales, et comparant cette nouvelle circulaire avec celles des 8 et 9 mars, la nation reçut une impression soudaine et vive.

Les expressions qui frappèrent le plus les imaginations furent celles-ci : « Quels sont vos pouvoirs? — Ils sont illimités! — Agent d'une autorité révolutionnaire, vous êtes révolutionnaire aussi..... Vous ne relevez que de votre conscience. Vous devez faire ce que les circonstances exigent pour le salut public... » On remarquait également la faculté de suspendre les généraux, les magistrats, et l'ordre d'intervenir dans les élections.

On prêta au ministre l'intention de sévir, de faire revivre les proconsuls de la première Révolution, de revenir au régime de la Terreur. Vainement le Gouvernement provisoire avait aboli la peine de mort, concilié, protégé les citoyens, sauvegardé les intérêts! la peur redoubla chez les peureux; les malintentionnés, aux aguets d'une occasion favorable pour l'attaque, la saisirent avec empressement; le plus grand nombre, dégagés de sentiments de crainte ou d'hostilité, trouvèrent ces expressions malheureuses, et reprochèrent à M. Ledru-Rollin de semer l'inquiétude et de renouveler les circulaires électorales de MM. Duchâtel et Guizot.

Si le blâme, la peur et la malveillance se donnèrent carrière, l'approbation et l'enthousiasme ne s'épargnèrent pas. Les révolutionnaires ardents applaudirent et ajoutèrent leurs énergiques commentaires : « La réaction commence à lever la tête : il faut la comprimer. Toute concession est fatale, toute faiblesse compromettante! Les hommes des gouvernements déchus sont incorrigibles. Vos avances, vos soins pour eux sont perdus. A vos bons procédés ils répondront par la haine. De la République ils n'estiment que la force. Laissez-les reprendre l'influence et le pouvoir : vous les aurez soutenus, ils vous abattront! vous les aurez respectés, ils vous outrageront! vous leur aurez donné sécurité, ils vous proscriront! Tolérez-les, ils vous trahiront! C'est par la vigueur que vous les maîtriserez; par la vigueur, le peuple sera obéi et le Gouvernement honoré! »

VIII

Dès ce moment, les journaux engagent une polémique passionnée. Parcourons-les.

Le Siècle rappelle les services rendus par les membres du Gouvernement provisoire, puis : « C'est pour cela que nous les adjurons d'éviter, dans leur langage officiel et dans leurs circulaires, tout ce qui a un air de violence et de dictature, tout ce qui rappelle des souvenirs d'un autre temps, tout ce qui peut donner à croire qu'au lieu de se confier à la nation, le nouveau Gouvernement prétend lui imposer des choix et des résolutions qui ne seraient pas le résultat de sa libre volonté..... La dernière circulaire du ministre de l'intérieur tendrait à faire supposer que le Gouvernement provisoire éprouve le besoin d'agir sur les esprits par l'intimidation..... C'est un tort d'exciter de pareils ombrages!..... Ce serait une faute énorme que de chercher à influencer les élections par la peur..... »

La Presse : « Déjà la circulaire pour les élections ressemble, à un cheveu près, sauf la différence des couleurs, à la circulaire de M. Duchâtel en 1845..... Jamais pouvoir n'eut moins à lutter pour s'établir. Il n'a été accablé que d'adhésions..... La tâche du nouveau pouvoir était donc bien aisée, puisque tout le monde y mettait la main; pourquoi faut-il que le ministre de l'intérieur, par des allures proconsulaires que nos mœurs ne comportent plus, que les circonstances ne justifient en rien, ait semé la discorde là où l'on ne demandait qu'à s'entendre?..... Cette circulaire fatale va devenir un drapeau qui se prépare sur tous les points, comme elle l'est déjà dans tous les clubs..... On demandera : Approuvez-vous, oui ou non, la circulaire de M. Ledru-Rollin? Êtes-vous pour les proconsuls aux pouvoirs illimités? Le mot liberté est-il pour vous synonyme de dictature?... »

Le Constitutionnel : « ..... La France a lu avec une extrême surprise une circulaire de M. Ledru-Rollin. Nous espérons que cette circulaire sera interprétée par son auteur même, qui réclamait avec tant d'énergie la liberté sous le dernier gouvernement, et qui ne peut la vouloir opprimer sous le gouvernement nouveau..... Déclarer que les commissaires du Gouvernement ont des pouvoirs illimités, qu'ils sont investis de la souveraineté du peuple, qu'ils ne relèvent que de leur conscience, et qu'ils doivent tout subordonner à ce qu'on appelle le salut public; exclure des élections, non comme l'œuvre libre et sincère du pays, mais comme l'œuvre des préfets; essayer de placer le pays sous l'empire d'une terreur générale; ne serait-ce pas faire, avec plus de développement et de violence, ce qu'on a reproché à l'ancien gouvernement? »

L'Union : « La circulaire de M. le ministre de l'intérieur a excité les alarmes d'une certaine classe de la population de Paris. — Ainsi s'exprime un journal du soir. — Il aurait pu ajouter que la Bourse s'en est émue. Tous les journaux, à l'exception de *la Réforme* et du *National*, ont protesté contre cette manifestation passionnée de M. Ledru-Rollin..... D'un bout de la France à l'autre le même sentiment de généreuse répulsion se manifestera contre cette tentative audacieuse, contre cet outrage à la liberté du vote. »

La Gazette de France, *l'Univers religieux*, se prononcent avec la même énergie.

Les Débats, plus circonspects : « Nous voulons croire que ces mots font plus de peur que de mal. Mais qu'on y songe bien! N'y a-t-il pas tel ou tel langage qui apporte avec lui un cortége de sinistres souvenirs?... Cette langue que nous retrouvons aujourd'hui soit dans les journaux, soit dans les circulaires ministérielles, elle n'est pas nouvelle; elle est écrite en caractères trop fameux dans les pages de notre histoire! Pourquoi donc aller l'y rechercher, puisqu'on veut effacer ce qu'elle voulait dire?.... »

L'Assemblée nationale : « Vous avez promis la *liberté*, et par toute la France vous semez l'esclavage!... Vous proclamez l'égalité devant la loi, et vous avez quatre-vingt-six tyrans au-dessus de la loi!... Votre fraternité c'est l'ostracisme, la division, la désorganisation! »

On le voit, conservateurs et libéraux s'indignent à la pensée d'une *dictature*, des *élections devenues l'œuvre des préfets*, *du pays tombé sous l'empire d'une terreur générale*, et gouverné *par la violence*, d'un régime tout entier *subordonné à ce qu'on appelle le salut public.*

IX

Les feuilles républicaines nient ces intentions dictatoriales et oppressives ; mais elles relèvent le gant avec une vigueur égale à celle de l'attaque et avec une colère qui déborde en accusations et en menaces.

La Réforme : « Ils se sont tous ligués contre cette instruction révolutionnaire, la seule pourtant qui jusqu'ici nous ait rappelé la cause, la seule qui porte l'empreinte du grand devoir !

» Constituants de petite légalité, dynastiques de la régence, royalistes parlementaires et royalistes purs, tous les hommes et toutes les feuilles du Sunderbund bourgeois et conservateur s'entendent à merveille pour attaquer directement ou par insinuations la très-nette et très-vigoureuse circulaire du ministre de l'intérieur... »

Ici *la Réforme* reproche au ministre de n'avoir pas toujours nommé « des commissaires de la pure famille, et malgré cela, si toutes les signatures ne sont pas de la fine fleur républicaine, les avertissements et circulaires de l'intérieur sont admirables ; et ce qui nous le prouve, c'est que les ennemis de la Révolution et ses tièdes amis se trouvent d'accord pour accabler cette propagande.

» Le citoyen Ledru-Rollin, dans son dernier avis, dit à ses commissaires : « *Les élections sont votre grande œuvre. Elles doivent être le salut du pays. Mettez-vous en garde contre les hommes à double visage qui, après avoir servi la royauté, se disent les serviteurs du peuple... Il faut être pur des traditions du passé.*

» Ce premier verset a fait crier tous les aristocrates et tous les endormeurs. Ils s'élèvent les uns les autres contre cette condamnation vigoureuse qui met en dehors non pas du droit, mais du service républicain, les intrigants à double visage, les serviteurs de la monarchie déguisés, transformés en courtisans du peuple. Cette façon de flétrir la canaille aux consciences faciles les indigne, et les voilà qui s'appuient sur la souveraineté du peuple; les voilà qui pointent les principes de la Révolution contre la Révolution sanglante encore et toute meurtrie..... Voilà qu'on invoque le droit absolu contre un ministre de la République, parce qu'il ne veut pas laisser passer les conspirations du privilége..... La circulaire aux délégués porte dans ses plis ce blasphème indigne, abominable, cette parole de vertige et de sang : *Il faut que l'Assemblée soit animée de l'esprit révolutionnaire, sinon nous marchons à la guerre civile, à l'anarchie..... Pas de transactions! pas de complaisances!* etc., etc.

» Hélas! les intérêts et les peurs s'irritent d'une déclaration pareille. Rien de plus vrai pourtant. Nous aurons la guerre et l'anarchie si nous n'avons pas le gouvernement du droit, si l'esprit de la Révolution ne pénètre pas la future Constituante.

» Nous pourrions marquer ici toutes les étapes funèbres qui sont devant nous et que nous ferons, s'il y a combat, car il faut avant tout que la République vive et dure. Mais nous aimons mieux faire appel à tous les citoyens et les convoquer pour une Révolution qui porte la paix et l'égalité, mais qui porte aussi la guerre et toutes ses torches et toutes ses vengeances. »

Le lendemain, *la Réforme* continue : « La circulaire du ministre de l'intérieur aux commissaires est discutée diversement dans les clubs, comités et salons de Paris. — La polémique est si vive à cet égard qu'on annonçait aujourd'hui la démission du citoyen Ledru-Rollin, et la Bourse, ce grand thermomètre de la patrie, aurait, dit-on, fermé sur cette bonne nouvelle ses opérations à la hausse (de 65 fr. à 69 fr.). — Certes nous sommes heureux de voir le crédit public se rétablir, mais la Bourse pour nous est loin d'être l'étoile du salut. Nous l'avons vue le lendemain de Waterloo prendre confiance et entrer en prospérité comme aujourd'hui. Ses bulletins, depuis dix-sept ans, ont toujours enregistré nos malheurs comme des victoires..... L'argent de l'agiotage n'a point de patrie, n'a point d'honneur! Qu'il serait heureux s'il pouvait s'abriter derrière le Cosaque! La Bourse, en effet, a besoin du garde municipal comme le jésuite jadis avait besoin du bourreau. Ces gens-là ne comprennent et n'aiment que la force. La Révolution et la liberté sont pour eux d'implacables ennemis. Ils ont la haine du droit, et si la peur, si le souvenir des dernières barricades ne muselaient un peu cette aristocratie bâtarde et lâche, vous l'entendriez appeler à grande voix l'ordre et les baïonnettes de l'étranger..... Ces pouvoirs absolus n'ont-ils pas été réglés, limités, fixés par une circulaire antérieure? N'a-t-on pas laissé debout les hiérarchies militaires, administratives et judiciaires?... Ne sait-on pas que ces terribles proconsuls sortent en grande partie de l'opposition libérale? O les redoutables démagogues que les *d'Aragon*, les *Mau-*

rat-Ballange! et quelles journées de fer ils nous préparent avec le pouvoir absolu ! »

La Réforme n'est pas seule : suivant le *Courrier français*, « on fait exprès d'exploiter la peur d'une manière ridicule. C'est un prétexte que l'on est bien aise de trouver pour attaquer la Révolution. » *La Commune de Paris* dénonce les complots des régentistes, des royalistes, qui s'agitent publiquement, et elle attaque le club formé par les fondateurs de *l'Assemblée nationale*. — *La République, le Peuple constituant*, justifient avec chaleur les intentions de M. Ledru-Rollin. *Le National*, sans toucher à la circulaire, combat *le Siècle*, et pose cet axiome : qu'il faut laisser diriger la République par les républicains !

C'est alors qu'on discute les avantages et les dangers de l'exclusivisme, qu'on voit naître ces distinctions, ces qualifications de républicains de la veille et de républicains du lendemain. Ceux-ci reprochent aux anciens libéraux de vouloir accaparer le gouvernement à leur profit; ceux-là répliquent : « Vous vous vantez aujourd'hui d'être aussi bons républicains que nous ! soit ! mais faites vos preuves. »

X

Sous le souffle de cette polémique, les haines de parti, un moment étourdies par l'inattendu de la Révolution, se réveillent et pervertissent les esprits. Les clubs prennent à la presse ces fatales dissensions et les poussent aux dernières extrémités de la violence. Dans leur ombre s'organisent les préparatifs mystérieux de manifestations énergiques. Tout annonce une journée.

XI

L'impression produite par la circulaire fut aussi vive dans les départements.

Bien accueillis généralement par les populations, entourés avec empressement, les commissaires avaient étendu une égale protection sur tous les citoyens. On ne pouvait citer une victime, une proscription, une spoliation. Prison, exil, confiscation, déchirement et deuil des familles, aucune atteinte n'avait touché les personnes ni les propriétés. La sécurité était grande. Les instructions ministérielles parurent et semèrent le trouble, frappant les imaginations timorées, éveillant les défiances et suscitant des prétextes. Bien loin d'être fortifiée, l'autorité des commissaires fut affaiblie, critiquée, gênée.

Si quelque destitution ou suspension justifiée était prononcée, on la traitait d'abus de pouvoir; si une proclamation contenait certaines expressions hasardées, on criait au scandale. L'erreur était une faute grave; la moindre faute, un crime. Voulait-on concilier, on était impuissant; agissait-on avec fermeté, on était violent. Ce surnom de proconsuls révolutionnaires, lancé par la presse hostile, poursuivit les commissaires jusque dans leurs actes les plus simples; et ces hommes qui, jour et nuit, se dévouaient au salut public, étaient appelés, suivant l'expression de *l'Assemblée nationale,* les quatre-vingt-six tyrans de la France.

XII

Les membres du Gouvernement provisoire ne connurent la circulaire de leur collègue que par le *Moni-*

teur et par l'émotion générale. On accourut chez la plupart d'entre eux leur rendre compte de cette pénible impression. Le ministre de l'intérieur reçut de ses propres agents un rapport de police qui commençait ainsi : « La circulaire de M. le ministre aux commissaires délégués dans les départements a fait naître l'inquiétude et presque l'épouvante parmi la classe moyenne. »

Au ministère des finances, le gouverneur et les sous-gouverneurs de la Banque de France vinrent, tout effrayés, annoncer que la demande d'espèces contre billets, nulle depuis quelques jours, avait reparu le matin même, à toutes les caisses, que la foule s'y pressait et que le crédit était menacé. Les agents de change donnèrent avis que les cours de la Bourse, en voie favorable, s'altéraient de nouveau. Enfin le caissier central prévint que le renouvellement des bons du Trésor, qui reprenait vie, s'était instantanément arrêté.

Le ministre des finances dut informer le Conseil de ces faits. Le ministre de l'intérieur en fut surpris et affligé. Il déclara qu'il était loin de s'attendre à une émotion pareille ; que cette émotion lui semblait étrange, incompréhensible. On relut la circulaire, phrase par phrase. Sauf quelques expressions malheureuses, elle ne parut pas motiver ce soulèvement extrême de l'opinion. M. Crémieux l'approuva, à la réserve des mots : *pouvoirs illimités*, etc. M. Garnier-Pagès dit à M. Ledru-Rollin : « Si, pour diriger certains départements récalcitrants, vous aviez besoin d'un surcroît d'énergie, ce que je ne pense pas, il fallait agir et non parler. Vos paroles annihileront votre action. »

Le Conseil avait à prendre un parti. Se tairait-il ? son silence était la confirmation collective de ce qui n'était qu'un acte isolé dégagé de toute solidarité. Contredirait-il ? la contradiction était l'affaiblissement de l'autorité. La prudence gouvernementale lui conseillait de se garder de ce double écueil. Il décida, de l'avis même de M. Ledru-Rollin, que l'on ne publierait ce jour-là aucune déclaration, mais qu'à la première occasion on ferait, au nom de tous les membres du Gouvernement, une proclamation tendant à atténuer l'effet des expressions qui avaient dépassé le but et l'intention du ministre. Il fut ensuite arrêté qu'à l'avenir aucun ministre n'adresserait une circulaire importante sans en avoir délibéré en Conseil.

XIII

Il est facile d'expliquer les différences qui existent entre les instructions des 8 et 9 mars et celles du 12.

Le ministère de l'intérieur était le centre de ces correspondances, de ces rapports de police qui, par suite de révélations intéressées, tendent toujours à donner créance aux intrigues et aux conspirations des pouvoirs déchus, les exagèrent, et portent insensiblement le nouveau pouvoir aux moyens de rigueur. D'autre part, le ministre avait conservé ses relations avec ses amis politiques, tous clubistes des plus déterminés et des plus influents. Ces relations, il les faisait connaître au Conseil: les clubs lui paraissaient, l'histoire à la main, un élément révolutionnaire que le Gouvernement devait employer et diriger s'il ne voulait être entraîné et renversé par eux. Or M. Ledru-Rollin recevait journellement les communications des chefs eux-mêmes; l'écho de toutes les exagérations retentissait sans cesse à ses oreilles, et peu à peu le pénétrait.

Au surplus, cette vie fiévreuse, ces ardeurs convenaient à son tempérament. Il s'y plaisait en artiste plus encore qu'en homme politique. Il respirait à pleins poumons cet air chaud qui faisait battre son cœur et circuler son sang avec plus de rapidité. Tout empreint de ses longues études de la première Révolution et de ses hommes célèbres, il aspirait au rôle de ces tribuns dont l'éloquente et brûlante parole convulsionnait les masses. Une grande physionomie, une nature robuste, un talent oratoire énergique, lui ouvraient cette voie. Si la réflexion lui conseillait de se faire homme de gouvernement, la nature le poussait à être homme de parti. Le gouvernant, en lui, comprenait les nécessités, les conciliations du pouvoir, le partisan était absolu ; le gouvernant tenait compte des faits et des opinions de ses collègues, le partisan ne pouvait oublier ses amis et leur satisfaction ; enfin, si le gouvernant voulait gouverner, le partisan s'obstinait à ne se laisser dépasser par aucun des hommes nouveaux qui se lançaient à corps perdu dans la Révolution, et à maintenir à tout prix sa popularité pure de tout partage.

XIV

L'effet de cette circulaire semblait avoir atteint son plus haut degré d'irritation, lorsqu'un événement nouveau vint lui donner une surexcitation nouvelle.

M. Étienne Arago, directeur des postes, avait songé dès les premiers jours à utiliser le service des courriers et des facteurs ruraux à renseigner le Gouvernement, aviser les populations et dissiper les mutuelles appréhensions de Paris et des départements. Du succès de cette innovation naquit l'idée de propager et d'afficher dans toutes les communes, jusque dans les campagnes les plus reculées, une feuille intitulée *Bulletin de la République*, portant la suscription du *Ministère de l'intérieur*, et destinée à exposer les faits, à détruire les fausses rumeurs, à calmer les alarmes, à faire connaître les actes et les proclamations du Gouvernement. L'utilité ou le péril de ce bulletin était renfermé dans sa rédaction même.

Le ministre accepta l'idée; et, le 13 mars, parut le premier numéro. Il précisait ainsi son but : « ..... La République, qui est une émanation du peuple, doit lui parler sans cesse pour l'éclairer; car l'éclairer, c'est le rendre meilleur, et le rendre meilleur, c'est le rendre plus heureux. » Le 15 mars, au deuxième numéro était jointe une adresse que les chefs des clubs faisaient circuler dans Paris. Elle disait :

« Citoyens !

» Nous demandons l'ajournement des élections de la garde nationale et de l'Assemblée constituante. Ces élections seraient dérisoires. A Paris, un très-petit nombre d'ouvriers sont inscrits sur les listes électorales. L'urne ne recevrait que les suffrages de la bourgeoisie. Dans les villes, la classe des travailleurs, façonnée au joug par de longues années de compression et de misère, ne prendrait aucune part au scrutin, ou bien elle y serait conduite par ses maîtres comme un bétail aveugle. Dans les campagnes, toutes influences sont aux mains des aristocrates. Une tyrannie savante a étouffé, par son système d'isolement individuel, toute spontanéité au cœur des masses. Les malheureux paysans, réduits à la condition de serfs, deviendraient à leur insu le marchepied des ennemis qui les oppriment et les exploitent.

» Notre âme s'indigne à la pensée que les oppresseurs puissent ainsi recueillir les bénéfices de leur crime. C'est un sacrilége de faire mentir à leur propre salut dix millions d'hommes, d'arracher à leur ignorance la sanction de leur esclavage. Ce serait un défi par trop insolent aux barricades de Février.

» Le peuple ne sait pas ; il faut qu'il sache ! Ce n'est pas l'œuvre d'un jour ni d'un mois. Lorsque la contre-révolution a seule la parole depuis cinquante ans, est-ce donc trop d'accorder *une année* peut-être à la liberté, qui ne réclame que la moitié de la tribune et ne mettra pas, elle, la main sur la bouche de son ennemie ? Il faut que la lumière pénètre jusque dans les derniers hameaux de la République... Il faut que les travailleurs redressent leurs fronts courbés par la servitude, et se relèvent de cet état de stupeur et de prostration où les castes dominantes les tiennent les pieds sur la tête.

» Et ne dites pas, citoyens, que nos craintes sont vaines. Les élections, si elles s'accomplissent, seront réactionnaires. C'est le cri universel, que le parti royaliste, le seul organisé, grâce à sa longue puissance, va les maîtriser par l'intrigue, la corruption, les influences sociales, et sortira triomphant du scrutin.

» Songez-y ! ce triomphe c'est la guerre civile ! Paris, le cœur et le cerveau de la France, Paris ne reculerait pas devant un retour offensif du passé ! Réfléchissez aux sinistres conséquences d'un conflit entre la population parisienne et une Assemblée qui croirait représenter la nation, qui ne la représenterait pas. Car ce vote de demain sera une surprise et un mensonge.

» Que votre prudence épargne à la France ce grand péril. Laissez le pays naître à la République. A cette heure il est encore emprisonné dans l'étouffante enveloppe de la monarchie. Ajournement des élections! c'est le cri du peuple parisien. »

XV

Le décret d'institution du suffrage universel avait fixé au 9 avril l'élection des représentants à l'Assemblée constituante, et au 20 l'ouverture de cette Assemblée. Ce décret avait été adopté à l'unanimité; dans une proclamation du 4 mars, MM. Louis Blanc et Albert mentionnaient la prochaine convocation de l'Assemblée nationale; M. Ledru-Rollin, dans sa première circulaire, exprimait le désir qu'il n'y eût pas une heure perdue pour la réunion des représentants du peuple. On le voit, le sentiment de tous les membres du Gouvernement était un.

XVI

Le Gouvernement pressait également les élections de la garde nationale. Urgentes, à Paris surtout, elles devaient précéder les élections des représentants.

Le commandant général et le chef d'état-major travaillaient sans relâche à l'organisation des cadres nouveaux, où désormais devaient être unis tous les citoyens, anciens gardes nationaux et ouvriers. Ils avaient souvent conféré avec le ministre de l'intérieur et le maire de Paris pour hâter l'accomplissement de cette œuvre.

Le 3 mars, une première invitation avait été adressée

« à tous les citoyens âgés de vingt à cinquante-cinq ans de ne pas perdre un moment pour se faire inscrire dans leurs mairies ». Le 7, on annonçait une réorganisation de l'état-major, « où les élèves et les ouvriers auraient dorénavant leurs représentants ». Le 8, sur la proposition de MM. Courtais et Guinard, le Gouvernement décidait que, l'uniforme étant indispensable pour faire disparaître toute inégalité, il serait pourvu à l'habillement des citoyens sans ressources par des souscriptions faites dans les compagnies et au besoin par les municipalités; il décrétait en même temps que les élections des officiers et sous-officiers commenceraient à Paris et dans la banlieue *le 18 mars*, et que les listes électorales seraient closes le 13, à minuit.

XVII

Devant cette activité réorganisatrice du pouvoir, une opposition très-vive s'éleva des clubs les plus ardents, dans le but de reculer l'époque des élections.

Les premiers symptômes apparurent dans la *Société républicaine centrale*. Le 7 mars, au nom de cette société, M. Blanqui, son président, vint à l'Hôtel de ville présenter une adresse qui réclamait l'abrogation de toutes les lois contraires au droit d'association et à la liberté de la presse, ainsi que la déchéance de toute la magistrature en exercice au 24 février. Il ajouta qu'il avait à remettre une seconde adresse, tardive peut-être, demandant l'ajournement des élections. M. Lamartine répondit « que ses collègues et lui avaient considéré comme leur premier devoir, après avoir fait le possible pour sauver la liberté, de restituer au plus tôt à la nation elle-même le pouvoir qu'ils avaient saisi pour le salut commun, et de ne pas prolonger une minute de plus l'espèce de dictature qu'ils avaient assumée sous l'empire des circonstances ».

Le club des *Droits de l'homme,* dans sa réunion du 8 mars au Conservatoire des arts et métiers, décidait qu'une commission serait chargée de s'entendre avec les clubs bien pensants sur les questions électorales, « afin que tous les clubs républicains votassent comme un seul homme ».

Le 10 mars, dans la salle Montesquieu, où quatre mille assistants, hommes et femmes, étaient entassés, et où plus de quinze cents personnes n'avaient pu trouver place, l'assemblée des Icariens, présidée par M. Cabet, applaudissait avec des transports d'enthousiasme un projet d'adresse qui réclamait *l'éloignement des troupes et l'ajournement des élections*. Elle votait par acclamation la proposition à tous les clubs de Paris d'organiser un *Comité central* et de provoquer une *manifestation imposante* auprès du Gouvernement provisoire.

Le même jour, le club du *Progrès démocratique* et d'autres encore prenaient les mêmes résolutions.

Dans les séances des 11 et 12 mars, la Société présidée par M. A. Blanqui formulait une adresse où elle reprochait au Gouvernement : « les choix déplorables des commissaires envoyés dans les départements, accusés de modérantisme ; le maintien de la magistrature ; l'écartement systématique des vrais patriotes ; le désarmement des combattants des barricades ; l'appel à Paris des troupes soldées ; la formation d'une garde urbaine, réorganisation de la garde municipale ; et enfin la convocation précipitée des comices électoraux. »

Si le club des *Droits de l'homme* et quelques autres n'admettaient pas toutes ces accusations, ils donnaient la plus complète adhésion à l'ajournement des élections et à la formation d'un comité central.

Les ouvriers délégués du Luxembourg nommaient un comité chargé de toutes les questions à l'ordre du jour : ajournement, comité central, manifestation.

L'organe de la *Commission pour la défense de la République*, etc., *la Commune de Paris*, rédigée par MM. Sobrier et Cahaigne et favorisée des communications de M. Caussidière, faisait une propagande active pour le succès de ces questions.

L'entente des ultra-révolutionnaires était complète.

XVIII

Des raisons publiques et des raisons secrètes déterminaient les chefs des clubs à poursuivre l'ajournement des élections.

Les raisons publiques sont exposées dans l'adresse que nous venons de citer.

Les raisons secrètes étaient les plus puissantes sur ceux qui avaient pour mobile l'ambition et l'audace. Le Gouvernement provisoire improvisé par le peuple, investi de la dictature, n'était pas un gouvernement régulièrement élu par le suffrage universel : il n'était donc qu'un gouvernement de fait. Or, l'autorité que le peuple avait créée à la suite d'une journée, il pouvait la détruire par une autre journée, et confier à des mains plus vigoureuses les destinées d'une République démocratique et socialiste. Pour l'y amener, il n'y avait qu'à prolonger cette situation, qui laissait la porte ouverte aux entreprises, éloigner l'armée, retarder les élections de la garde nationale, ajourner celles de l'Assemblée constituante. Sans défense, sans moyen de force, le Gouvernement provisoire serait tenu à la libre disposition du peuple de Paris.

S'emparer du peuple de Paris était d'ailleurs chose facile. Chaque jour, dans les journaux la critique, dans les clubs la parole, sur les murs les affiches, dans les rues les cris, dans les ateliers le vide, dans la demeure de l'ouvrier la misère! Sur ce foyer incandescent, que fallait-il répandre? quelques accusations, quelques calomnies contre le Gouvernement provisoire : « Il ne faisait rien ou bien peu! Il était faible, indécis, insuffisant. Ses décrets étaient absurdes, ses mesures mauvaises, son système financier erroné. Son patriotisme même était-il sincère? La République était-elle en mains sûres? Ne serait-elle pas tuée, livrée peut-être par ses fondateurs? Impuissance d'abord! bientôt trahison! la popularité du Gouvernement provisoire était diminuée, perdue, son influence anéantie; au moindre choc il serait aisé de l'épurer ou de le renverser. Il fallait donc concentrer les moyens d'action. Pour cela, les délégués des clubs formeraient un comité central. A la première opportunité, ce comité organiserait une manifestation où serait convoqué le peuple de Paris; il prendrait la direction des colonnes, se présenterait à l'Hôtel de ville à la tête de leurs cent cinquante mille hommes et imposerait sans combat cette irrésistible puissance; maître de la Maison commune, il serait maître de la France; il mettrait la main sur la dictature.

Ce plan était parfaitement combiné. Le comité nommé, il ne restait plus qu'à prolonger la situation, saisir ou faire naître l'occasion. Mais, tout en comptant sur M. Caussidière, il importait de circonvenir MM. Ledru-Rollin et Louis Blanc; M. Flocon était encore malade.

XIX

M. Ledru-Rollin était obsédé de plaintes, de projets, de confidences, de révélations. Il avait peine à se convaincre des avantages, pour le pays, pour la République et pour lui-même, de la substitution de chefs de clubs, dont quelques-uns lui étaient antipathiques, à MM. Dupont (de l'Eure), Lamartine, Arago, Marie, Garnier-Pagès, etc., qu'il estimait et avec lesquels il n'avait eu aucune contestation. Il résistait. Cependant il ressentait quelque atteinte de ce mouvement dont on l'enveloppait : son langage s'accentuait davantage ; il publiait sa circulaire du 12 mars, et il laissait insérer dans *le Bulletin de la République* l'adresse des clubs sur l'ajournement des élections.

XX

M. Louis Blanc a fait lui-même la confidence de ses pensées dans ses *Pages d'histoire.* C'est là que notre impartialité prend son témoignage : « Considérant l'état d'ignorance profonde, d'asservissement moral où les campagnes, en France, vivent plongées, l'immensité des ressources que ménagent aux ennemis du progrès les possessions exclusives de tous les moyens d'influence et de toutes les avenues de la richesse, tant de germes impurs déposés au fond de la société par un demi-siècle de corruption impériale ou monarchique, enfin la supériorité numérique du peuple ignorant des campagnes sur le peuple éclairé des villes ;

» Je pensais qu'il fallait reculer le plus loin possible le moment des élections ;

» Qu'il était commandé aux membres du Gouvernement provisoire de prendre dans l'intervalle, et cela hautement, hardiment, sauf à en répondre sur leurs têtes, l'initiative des vastes réformes à accomplir, réserve faite pour l'Assemblée nationale du droit de raffermir ensuite ou de renverser l'œuvre d'une main souveraine ;

» Que de la sorte on mettrait le temps du parti du Gouvernement provisoire ; qu'il pourrait agir avec la force que donne l'exercice du pouvoir sur la nation française, si vive, si intelligente, si prompte à suivre les impulsions venues d'en haut..... Et quand la souveraineté du peuple, dès l'abord reconnue et proclamée, aurait été appelée autour des urnes, elle se serait trouvée avoir fait son éducation... »

En conséquence, M. Louis Blanc conseillait avec instance au Gouvernement provisoire de conserver la dictature une année et plus, jusqu'à ce que l'œuvre de la fondation de la République fût accomplie.

Quant aux propositions qui lui étaient faites de renverser la majorité du Gouvernement pour le triomphe de ses propres principes, M. Louis Blanc répliquait : « C'est jouer sur une carte (dix millions de têtes servant d'enjeu) les destinées de la République. Cette majorité violemment chassée, que fera la bourgeoisie ? Ou, soulevée par le désespoir, elle se jettera dans la guerre civile, et la République n'ira pas loin, les pieds dans le sang; ou bien, terrifiée, elle se contiendra, et une perturbation générale s'ensuivra. Le commerce, frappé du coup de grâce, les capitaux en fuite, les ateliers fermés, il faudra interner l'argent, rétablir les perquisitions, le maximum, la terreur, l'échafaud. Et tout cela pour une première modification de gouvernement qui en légitimera une deuxième, une troisième... Mettre ainsi le pays au hasard des tempêtes, ce serait insensé. »

M. Louis Blanc repoussait donc cette pensée d'élimination; mais il approuvait « comme la vraie politique de la situation, la seule à la fois sage et forte », le projet d'exercer sur cette majorité une pression par une manifestation « qui, en opposition à la supériorité numérique du Conseil, donnerait à la minorité une autorité morale qui tendrait à rendre la Révolution complétement maîtresse des affaires ».

M. Louis Blanc était homme d'imagination. Tout ce qui venait du peuple l'impressionnait. Les plaintes, il les exagérait; les souffrances, il en assombrissait le tableau; les nécessités, il les aggravait. Une rumeur lui semblait un mécontentement général; une voix, l'expression de l'opinion universelle; une menace lui faisait redouter un bouleversement social. Doué d'énergie, il n'avait pas toujours le sang-froid qui doit dominer les circonstances et non se laisser dominer par elles, donner l'impulsion et non la recevoir. Aussi se faisait-il souvent l'écho de sentiments qu'il croyait réels et qui n'existaient qu'à la surface.

XXI

Telle était la disposition des esprits et des choses, lorsque le 13 au soir, dans une séance du Conseil, au Petit-Luxembourg, séance où avaient été convoqués le commandant général et le chef d'état-major de la garde nationale, afin de s'entendre sur les dernières mesures relatives aux élections de la garde nationale, M. Louis Blanc prit la parole : « Il avait à faire connaître les réclamations qui lui étaient parvenues sur l'ajournement des élections. D'abord, au sujet de la garde nationale, tous les citoyens n'avaient pu encore se faire inscrire; les mairies y mettaient du mauvais vouloir. Les nouveaux gardes nationaux n'ayant pas eu le temps de se reconnaître et ne pouvant fixer leurs choix, les anciens officiers seuls seraient réélus. Il y avait là un péril immense. » Il ajouta, avec une émotion visible, « que son devoir était de prévenir le Gouvernement, de l'engager à donner satisfaction aux justes exigences de l'opinion publique, et que, s'il persistait à vouloir précipiter les élections, il devait s'attendre à une manifestation solennelle de cent mille citoyens, qui iraient à l'Hôtel de ville porter eux-mêmes leurs protestations ».

Ces paroles produisirent une sensation pénible sur le Conseil; il se souleva contre cette mise en demeure, et se prononça avec énergie et dignité contre toute proposition présentée sous forme de menace. « Mais ce n'est pas une menace! » répliqua vivement M. Louis Blanc, « c'est un simple avertissement sur des intentions qui m'ont été communiquées et qui m'émeuvent beaucoup. »

On interrogea MM. Courtais et Guinard. Ils répondirent que le temps nécessaire avait été donné, puisque la première proclamation datait du 3 mars ; que ceux qui ne s'étaient pas fait inscrire y avaient mis de la négligence et ne devaient en accuser qu'eux-mêmes ; qu'au surplus, les inscriptions étaient faites, puisque les cadres avaient doublé ; qu'il n'y avait donc aucun obstacle sérieux à ce que les élections eussent lieu le 18.

On passa outre ; mais, pour éviter toute fâcheuse interprétation, on décida que les listes supplémentaires aux listes closes le 13 resteraient ouvertes les 14, 15 et 16 jusqu'à minuit ; que le Gouvernement adresserait aux citoyens une nouvelle invitation de se présenter aux mairies, et que le maire de Paris et le préfet de police prendraient des dispositions conformes. On posa ensuite les règles qui devaient servir de base à un arrêté du ministre de l'intérieur, pour la plus prompte et la plus complète organisation de la garde nationale.

C'est alors que fut débattue et résolue une question dont on était bien loin de prévoir les conséquences, et qui, simple, puérile même, faillit amener une catastrophe sanglante.

Chaque légion comprenait des compagnies de grenadiers et de voltigeurs. Les dissoudrait-on ? Ces compagnies étaient fort belles, parfaitement tenues ; les citoyens qui les composaient avaient fait des frais d'habillement et contracté entre eux des rapports de camaraderie et de discipline ; aucune objection n'avait jamais combattu cette organisation, imitation de l'armée. Les faire rentrer dans les cadres des circonscriptions de quartiers serait chose fort désagréable pour elles. Ces considérations qui militaient en faveur de leur conservation durent céder devant des considérations plus élevées. Dans l'état des esprits, il fallait soigneusement se garder de toute distinction, quelque légère qu'elle parût être, supprimer tout prétexte de division et de séparation, et fondre les citoyens pauvres et riches dans les mêmes rangs, sous le même uniforme, dans le même service. Ces pensées d'union et de concorde prévalurent : le Conseil ordonna la dissolution des compagnies spéciales de grenadiers et de voltigeurs.

Les décrets, arrêtés et proclamations conformes aux résolutions prises, furent publiés le lendemain.

XXII

Tandis que le Gouvernement, aspirant à la dernière heure de sa dictature, pressait ainsi les élections, les chefs des clubs s'employaient à y mettre obstacle. Ils n'épargnaient aucun moyen : allées et venues, réunions secrètes après les réunions publiques, comités dans l'ombre, discussions de projets audacieux, de propositions insensées, résolutions plus sérieuses, demi-confidences dans la presse, excitations attentatoires. Ils s'acharnaient à poursuivre l'exécution de leurs projets.

XXIII

Mais parmi tous ces clubs, les opinions et les mobiles ne sont pas les mêmes ; chacun a son plan, suivant l'impulsion de ses meneurs ; les buts sont divers.

Les plus déterminés visent résolûment à un coup de main : ils élagueront du Gouvernement les branches pauvres de séve révolutionnaire ; ils expulseront de l'Hôtel de ville les membres de la majorité ; ils se substitueront à eux. Ils rédigent des listes et les font circuler. Les noms des candidats sont débattus[1]. Il n'y a plus qu'à oser : ils oseront!

D'autres répriment ces idées trop ambitieuses ou prématurées, et tempèrent ces témérités, ces ardeurs effrénées. Ils seront satisfaits s'ils mettent le pouvoir sous l'œil et la volonté des clubs, et s'ils exercent sur lui une influence salutaire. Ils conserveront les individus désormais instruments d'une politique plus nette. Ce qu'ils rêvent, c'est une pression, une pression du peuple sur le Gouvernement.

Quelques-uns, en petit nombre, ne songent qu'à ce qui est hautement avoué, à la mesure indispensable au triomphe de la démocratie, l'ajournement des élections.

XXIV

Mais si les désirs sont dissemblables, le moyen est un. Ils veulent tous une manifestation nombreuse, imposante, où le peuple entier sera convoqué.

Une réunion a lieu chez Flotte, séide de A. Blanqui. Là se trouvent les délégués des clubs et des ouvriers du Luxembourg. Non loin de MM. Sobrier, Cabet, Blanqui, Huber, on voit M. le prince de la Moskowa, représentant le club Saint-Georges, qui parle avec énergie contre

[1] M. Proudhon dit, dans les *Confessions d'un Révolutionnaire*, page 81 : « Dans l'esprit d'un certain nombre de chefs il ne s'agissait pas moins que de modifier la composition du Gouvernement, de le forcer à prendre une initiative vigoureuse, et, pour donner toute latitude à son action, d'obtenir d'abord un ajournement plus ou moins éloigné des élections. Des listes circulaient de main en main ; et Hubert, mon voisin à la Conciergerie, l'un des fauteurs du mouvement, m'a assuré que mon nom se trouvait sur quelques-unes. »

l'éloignement des troupes. On délibère sur des projets d'adresse ; la rédaction définitive en est confiée à MM. Blanqui, Cabet, etc. (L'un de ces projets, répandu dans Paris, est celui qui s'est glissé dans *le Bulletin de la République*.) La permanence de la réunion est proclamée. Il ne reste plus qu'à fixer le jour, le moment, le mode, l'organisation, la marche de la manifestation.

XXV

M. Louis Blanc était tenu au courant de tout par les délégués du Luxembourg et par ses amis. Dépositaire des confidences et des propositions, il connaissait les intentions cachées. Partagé entre le désir d'une manifestation qui donnerait la force à la minorité du Conseil et la crainte qu'elle dépassât le but souhaité, sachant comment cette journée devait commencer, ignorant comment elle finirait, redoutant des ambitions plus vastes que la sienne, il résolut de faire une dernière tentative en faveur d'un ajournement qui répondrait aux vœux apparents, désarmerait les volontés secrètes et éloignerait la démonstration.

Le 14 mars, à l'ouverture de la séance du Conseil, au Petit-Luxembourg, il parla de la manifestation comme d'un fait assuré, que pouvait seule prévenir l'adhésion du Gouvernement à l'ajournement des élections. Il insista vivement pour l'obtenir.

Mandé pour faire connaître l'état des inscriptions, le maire du premier arrondissement, M. Durand Saint-Amand, fut introduit. Dans son arrondissement, l'un des plus riches, il comptait sept à huit mille inscriptions ; et le classement par circonscriptions exigeant un travail très-long, il ne pensait pas être prêt pour le 18. MM. Marie et Garnier-Pagès firent observer que le Gouvernement provisoire ne devait, ne pouvait reculer, même devant un obstacle matériel, et qu'il fallait le surmonter par une combinaison nouvelle dans l'ordre des élections. MM. Lamartine et Arago soutinrent avec force cette opinion.

L'ajournement fut repoussé, et la combinaison nouvelle adoptée par huit voix contre trois.

Le lendemain, à l'Hôtel de ville, M. Louis Blanc fut plus pressant encore. M. Marie répliqua avec chaleur. Le maire de Paris déclara que les renseignements pris auprès de tous les maires des arrondissements confirmaient les assertions de M. Durand Saint-Amand, et que le surcroît de travail nécessité par la fusion des compagnies de voltigeurs et de grenadiers mettait certains quartiers dans l'impossibilité absolue de procéder aux élections. Forcé par cette impossibilité générale, le Gouvernement dut rapporter ses décisions de la veille et en prendre de nouvelles. Pour donner satisfaction complète au droit d'examen et de jugement, la faculté de s'inscrire fut prolongée jusqu'au 23, les élections furent remises au 25; et, vu l'augmentation des gardes nationaux, le nombre des compagnies fut porté de six à huit par bataillon.

XXVI

Dans cette même séance, il fut question du *Bulletin de la République*. On se plaignit de l'insertion d'une adresse sur l'ajournement des élections dans une publication qui pouvait paraître officielle et qui semblait engager le Gouvernement. M. Ledru-Rollin démontra l'utilité de cette feuille, dont le but unique était de faire connaître aux communes les actes et la politique du Gouvernement; et, pour remédier à tout abus, il demanda que chaque membre du Conseil, à tour de rôle, en eût la surveillance. Cette proposition fut adoptée.

Le ministre de l'intérieur fut autorisé à accepter la brillante et puissante collaboration de madame George Sand, qui offrait le concours de sa rédaction.

XXVII

Le Gouvernement n'avait concédé l'ajournement des élections qu'en faveur de la garde nationale. Mais cette concession suffisait pour désarmer de son prétexte la manifestation projetée. Le motif sérieux, immédiat, facile à comprendre, avait disparu; les raisons apparentes (on ne pouvait confesser les raisons secrètes) n'étaient pas assez décisives pour entraîner les masses, et une tentative avortée retomberait sur ses fauteurs et ajouterait à la force du Gouvernement.

Les chefs de clubs n'étaient pas sans s'apercevoir que la popularité des membres du Gouvernement, encore intacte, paralysait leurs efforts. Les opinions radicales de MM. Dupont (de l'Eure), Arago, Marie, Garnier-Pagès, Marrast, Carnot, Pagnerre, Bethmont, étaient connues, et leurs noms respectés et honorés; M. Lamartine avait, par la noblesse de son caractère et l'éclat de son talent, séduit et conquis le peuple; M. Crémieux s'était fait apprécier par ses discours à la Chambre des députés et sur les places publiques. Le Gouvernement provisoire, combattu avec violence dans certains clubs, n'avait pu, dans le plus grand nombre, être attaqué, même avec ménagement, sans rencontrer aussitôt des défenseurs spontanés. Ses rapports de chaque heure avec les députations ouvrières le faisaient aimer. Ses proclamations, ses discours, ses décrets, provoquaient souvent l'enthousiasme. Le cri de *Vive le Gouvernement provisoire!* retentissait toujours après celui de *Vive la République!*

Il paraissait donc difficile de faire la journée préparée, et les chefs de clubs se voyaient contraints d'y renoncer, lorsqu'un incident bien inattendu vint leur offrir l'occasion si impatiemment espérée.

XXVIII

Cette occasion, ce fut le parti conservateur qui la fit naître. Mieux encore! ce parti, si intéressé à maintenir l'ordre, à trouver les solutions pacifiques, à conjurer les troubles, à calmer l'irritation, à proscrire la violence; ce parti, qui devait aider au Gouvernement et lui aplanir les difficultés, frappé d'égarement, méconnaissant ses principes et sa raison d'être, reniant son nom, saisissant d'une main débile les rudes instruments de la Révolution, jouant maladroitement avec les armes ennemies, devançant les clubs et leur ouvrant la voie, les justifiant dans l'avenir; ce parti, au grand ébahissement du Gouvernement et de la France, donna l'exemple d'une manifestation, prit l'initiative d'une pression sur l'autorité, et organisa une journée.

Pour une raison de salut, sans doute? La propriété violée, la liberté anéantie, la tyrannie instituée, la presse détruite, la tribune renversée, les listes de proscription dressées, la loi des supects proclamée, le sang versé? Non. Rien de cela ; une cause futile !

XXIX

L'arrêté relatif aux compagnies de grenadiers et de voltigeurs ne portait que la signature du ministre de l'intérieur, dont la circulaire, depuis l'avant-veille, tenait en émoi l'opinion publique : on lui attribua cette nouvelle mesure. Au mécontentement vinrent se joindre les regrets, les plaintes, les murmures ! Quelques hommes des compagnies dissoutes s'agitèrent ; et, le 14, jour même où apparaissait l'arrêté ministériel, les grenadiers du premier bataillon de la 3ᵉ légion signèrent une protestation, à laquelle *le Constitutionnel* s'empressa d'ouvrir ses colonnes :

« Citoyens gouvernants,

» La garde nationale a toujours admis et admet maintenant surtout le principe d'une égalité parfaite entre tous les citoyens armés, et repousse toute idée de distinction spéciale. Mais la décision du citoyen ministre de l'intérieur détruit cette égalité même, en dissolvant, à la veille des élections, les compagnies de grenadiers et de voltigeurs, qui, organisées depuis dix-huit ans, ont toujours religieusement obéi à la devise de leur drapeau : *Liberté, Ordre public !*

» Il est impossible que les citoyens faisant partie de ces compagnies *brusquement et violemment* réparties dans d'autres compagnies auxquelles ils ont été étrangers jusqu'à ce jour puissent avoir l'influence individuelle qui leur appartient dans l'élection de leurs officiers.

» Les grenadiers et les voltigeurs ne demandent à conserver ni leur qualification ni leurs insignes, mais ils demandent à rester unis et en faisceaux comme ils l'ont été jusqu'à ce jour, à choisir leurs chefs parmi les plus dignes et les plus énergiques d'entre eux, et avec lesquels ils ont des rapports d'estime et d'affection.

» La mesure du citoyen ministre de l'intérieur est donc réellement *désorganisatrice* de la garde nationale, dont elle divise les éléments réunis; elle ne tend à rien moins, dans son exécution, qu'à détruire les droits d'égalité et le droit d'élection.

» Le Gouvernement provisoire, qui a besoin du *concours de tous les citoyens, qui l'ont maintenu jusqu'à ce jour dans un intérêt général,* ne peut ratifier une pareille mesure, contre laquelle tous les membres de la grande famille *protesteront,* comme contraire à l'harmonie nécessaire à la constitution d'une République et au maintien de l'ordre général.

» Le Gouvernement *réfléchira que cette mesure désorganisatrice* atteint plus de 2 000 citoyens par légion, soit plus de 24 000 personnes dans la seule ville de Paris.

» D'un autre côté, cet élément nouveau jeté sans réflexion et subitement parmi les autres compagnies, dont les membres aussi ont appris à se connaître, amènera nécessairement des divisions et une lutte, desquelles sortiront des choix qui ne seront pas l'expression réelle et sérieuse du vœu des majorités.

» En résumé, la compagnie des grenadiers du premier bataillon de la 3e légion réclame la révocation de l'arrêté du citoyen ministre de l'intérieur, et ce dans l'intérêt bien entendu de la liberté nationale et de l'ordre public, admettant la suppression des qualifications et signes distinctifs. — *Vive la République!* — *Salut et Fraternité.* »

Insérée dans plusieurs journaux, cette protestation circula avec rapidité. D'autres, calquées sur les mêmes motifs, furent signées aussitôt, principalement dans les 1re et 2e légions, dans les légions des quartiers riches et de la banlieue, à Belleville, Vaugirard, etc. Les feuilles publiques qui les répandaient les faisaient suivre de réflexions semblables à celles du *Constitutionnel* :

« La garde nationale dit que cette mesure, sans urgence et sans raisons visibles, *excède* le droit du Gouvernement provisoire, que le Gouvernement ne doit faire que les choses qui ne peuvent se différer, et qu'un changement pareil à la loi de la garde nationale ne pouvait être opéré que par l'Assemblée nationale. »

XXX

Ainsi, au milieu d'aussi graves conjonctures, alors que l'on avait à reconstituer une force publique et à la rendre inébranlable par l'union de tous ses membres, le parti le plus intéressé à cette reconstitution, celui qui eût dû la hâter de ses vœux et de son action, le parti conservateur contestait au Gouvernement le droit de réorganiser la garde nationale. Il lui parlait un langage impérieux; il lui adressait une sommation, une mise en demeure; il l'invitait à réfléchir sur une mesure *désorganisatrice;* il dénombrait les mécontents, 24 000; il empruntait aux clubs ultra-révolutionnaires leurs formes et leurs moyens; il faisait suivre de la menace la plainte et le reproche. Et ce n'est pas tout!

XXXI

A la parole doit succéder le fait. Certains journaux conservateurs publient un appel à toutes les légions :

« Nous pensons qu'une plus complète *manifestation* est nécessaire pour appuyer ces protestations.

» Nous invitons donc tous les grenadiers et voltigeurs du département de la Seine à se réunir demain, 16 mars, à onze heures du matin, en uniforme et sans armes (avec le sabre seulement), au lieu ordinaire de leur rassemblement, pour se rendre à midi à l'Hôtel de ville.

» Pour l'accomplissement de la *grande manifestation* que nous proposons, nous ne comptons pas seulement sur les grenadiers et voltigeurs, mais nous faisons aussi appel au patriotisme et à l'union *de la garde nationale tout entière,* persuadé que son premier soin doit être de maintenir intacte cette institution protectrice du droit et de la liberté. »

Les journaux ne suffisent pas à la publicité de cet avis : on couvre les murailles d'affiches.

Les meneurs s'assemblent, se concertent dans les salons du *Constitutionnel,* de *la Presse,* de *l'Assemblée nationale.* Le 15 au soir, une dernière réunion a lieu à la mairie du deuxième arrondissement. Là ils copient le programme du 22 février, qui convoqua la garde nationale, qui fit rompre les négociations entre le ministère de Louis-Philippe et l'Opposition, et qui fut suivi d'une révolution; programme blâmé, maudit par les conservateurs. Ils en adoptent un semblable de tous points, où ils précisent l'heure, l'ordre, le costume, la marche, le lieu du rendez-vous : les 10°, 11° et 12° légions sur les quais, les autres sur les boulevards, celles de la banlieue aux Champs-Élysées et place de la Bastille. Les grenadiers porteront le képi ou le bonnet de police ; les voltigeurs, le képi ou le bonnet à poil. Le plus grand silence sera observé dans les rangs.

Les partisans et serviteurs des anciennes monarchies qui ont formé *le Club républicain pour la liberté des élections*, peu soucieux de leurs vieilles haines, se fusionnent dans une antipathie commune, et courent protester contre la circulaire du ministre de l'intérieur.

XXXII

Quelles sont les intentions des meneurs ?

Les uns désirent seulement obtenir la conservation des cadres que l'habitude et la camaraderie leur rendent chers ; les autres veulent exercer une pression sur le Gouvernement provisoire et le faire entrer dans des voies plus modérées et réactionnaires. Quelques-uns ont une pensée plus hardie : si le nombre des gardes nationaux répond à leur attente, si, maîtres de Paris et entourant l'Hôtel de ville, ils sentent l'occasion propice et le succès probable, ils élagueront du Conseil la minorité et l'expulseront du pouvoir[1].

---

[1] Nous avons reçu les confidences de plusieurs d'entre eux, qui, bien convaincus du service qu'ils pensaient rendre au pays et à leur opinion, nous ont déclaré qu'ils avaient même préparé leurs fusils dans quelques compagnies, et que ce n'était qu'après hésitation qu'ils avaient renoncé à venir armés.

XXXIII

Ainsi les chefs conservateurs et les chefs clubistes emploient les mêmes procédés, les mêmes manœuvres. Les opinions sont contraires, les tendances radicalement opposées; le but est identique : épuration du Gouvernement provisoire. Il est menacé dans sa majorité ou dans sa minorité; il subira la loi des plus habiles, des plus nombreux ou des plus forts. Démonstration! pression! modification! voilà le péril. Il doit y faire face, sous peine de tomber d'un côté ou de l'autre, humilié, démembré et sans vitalité.

Singulière disposition de l'esprit humain! étrange aberration! Les deux partis extrêmes se suivent sur la même voie; ils se proposent de commettre le même crime, la même faute! Que pourront-ils se reprocher à l'avenir? L'histoire justifiera-t-elle les uns pour condamner les autres? Servile et basse, n'aura-t-elle d'approbation que pour le succès? Injures et malédictions, louanges et adulations, appliquera-t-elle une sanction différente à des actes semblables, sous le prétexte des opinions diverses qui les ont inspirés?

L'histoire, c'est la justice. Inflexible comme elle, elle doit à chacun la vérité, afin que chacun, puisant dans les leçons du passé un enseignement préservateur, se garde des mensonges et de l'erreur. La morale et la vraie politique, la politique loyale, le lui commandent.

XXXIV

Le Gouvernement, placé entre les gardes nationaux et les clubs, entre les deux démonstrations, voyait les péripéties se dessiner, l'orage poindre aux deux horizons opposés, la guerre civile surgir du choc des deux partis. Il était sans force publique, désarmé de tout secours matériel. Mais il avait sa fermeté, sa parole, le sentiment du devoir, la conscience de la puissance que la volonté de bien faire donne aux hommes énergiques dans les jours de danger.

CHAPITRE DIXIÈME.

Agitation de Paris, le 16 mars au matin; rassemblement des gardes nationaux; leur marche sur l'Hôtel de ville; frémissement du peuple et des Écoles à la nouvelle de cette démonstration; ils courent protéger le Gouvernement provisoire; les gardes nationaux ne peuvent arriver jusqu'à l'Hôtel de ville; ils chargent des délégués de présenter leurs réclamations au Gouvernement; réponses de MM. Marrast, Arago, Pagnerre; le cortége se disperse; échec des meneurs : *Journée des bonnets à poil*; déclaration explicative à la garde nationale; proclamation du Gouvernement; discussion du Conseil sur cette proclamation : MM. Louis Blanc, Crémieux, Marie, Ledru-Rollin, Lamartine, Garnier-Pagès; adoption; la manifestation de la garde nationale fournit un exemple et un prétexte aux clubistes; leur raisonnement; leur proclamation et leur appel au peuple pour le lendemain. — Journée du 17 mars : délibération de la Commission des Trente sur l'adresse à présenter au Gouvernement provisoire; formation du cortége sur la place de la Révolution; sa marche sur l'Hôtel de ville; sur son passage, les chefs des clubs les plus prononcés prennent la tête de la colonne avec leurs hommes et s'emparent de la direction; vues diverses de ces meneurs; arrivée à l'Hôtel de ville; mot de M. Lamartine; proposition de MM. Buchez et Recurt; arrivée des membres du Gouvernement provisoire; réception des membres de la Commission des Trente : lecture de l'adresse; réponse de M. Louis Blanc; MM. Sobrier, Cabet; Ledru-Rollin; animation de la discussion; M. Lamartine; la Commission des Trente se retire; la fermeté du Gouvernement provisoire l'a emporté; le peuple réclame à grands cris la présence des membres du Gouvernement provisoire; paroles échangées entre MM. Lamartine et Pagnerre; tentatives contre MM. Marrast et Garnier-Pagès; tableau de la foule; son ordre; ses chants; les membres du Gouvernement provisoire sur la place; enthousiasme; avortement des projets secrets de certains clubistes; allocution de M. Louis Blanc; les membres du Gouvernement se retirent; les masses se mettent en mouvement et vont à la Bastille; circulation de groupes dans Paris; MM. Crémieux et Ledru-Rollin à leurs ministères. — Réunion du Conseil; maintien du jour des élections de la garde nationale; démission de MM. Louis Blanc et Albert; son retrait; proposition de M. Marrast d'entendre les délégués du Luxembourg; acceptation. — Nouvelle réunion du Conseil; nouvelle délibération sur l'ajournement : la prorogation au 5 avril des élections de la garde nationale est adoptée; proclamation. — Séance au Luxembourg; présence du Gouvernement provisoire; il est acclamé. — Résumé.

CHAPITRE DIXIÈME.

I

Le 16 mars, dans la matinée, une vague inquiétude planait sur la ville et pénétrait les esprits. Les rues et les places présentaient une animation plus vive encore que de coutume; les groupes étaient plus nombreux, les colloques plus violents. Des hommes paraissaient et passaient, à pas précipités, revêtus de l'uniforme de la garde nationale. Ils se rendaient aux rendez-vous de leurs compagnies. Vers deux heures, ils étaient organisés.

Ainsi prêts, ils se comptent : 30 000 gardes nationaux environ ont répondu à l'appel des meneurs. Mais, prudence ou désapprobation, les compagnies sont incomplètes. Cependant ce chiffre est imposant; il suffira au but qu'on se propose.

A deux heures on se met en marche. Le plus grand ordre est ordonné et maintenu; le silence est observé. La gravité de la démonstration, sinon de la cause, préoccupe les chefs. On avance d'un pas réglé qui frappe avec ensemble le pavé, et dont le bruit sourd précède le cortége et atteste la masse de la troupe. Bientôt, débouchant par les quais et par les rues, les trente mille hommes entoureront l'Hôtel de ville!

A l'aspect de ces cohortes, le peuple s'arrête et regarde tout étonné; il interroge avec anxiété : « Pourquoi ces soldats sans fusil? Où vont-ils? que veulent-ils? Ils se dirigent vers la Maison commune! Le Gouvernement provisoire serait-il menacé? La République serait-elle en péril? Les hommes élus, acclamés par le peuple, doivent être défendus par le peuple. »

Ce sentiment s'accrédite et se répand. Dans le quartier Latin, les jeunes gens des Écoles s'émeuvent : soutiens de ce pouvoir, qui pour eux est l'avenir, ils descendent pour lui faire un rempart vivant contre des intentions mauvaises ou perfides. Les ouvriers des arrondissements voisins apprennent en frémissant que le Gouvernement est exposé à des exigences inconnues : ils se précipitent sur la place de l'Hôtel de ville. De toutes parts on accourt, on occupe tous les abords; on se dispose à une inébranlable résistance contre toute manifestation hostile.

II

Les compagnies de la garde nationale, à mesure qu'elles approchent, sentent devant elles les masses de plus en plus compactes; elles se frayent un passage avec peine et lentement; elles sont enfin contraintes de s'arrêter assez loin de l'Hôtel de ville. Cette halte forcée les impatiente, les irrite. En ce moment surviennent MM. Arago et Ledru-Rollin, qui traversent leurs rangs. Des murmures, des cris désapprobateurs accueillent le ministre de l'intérieur. M. Arago les fait taire, et ils passent. Peu après, le commandant général Courtais, qui a refusé de se mettre à la tête de ce rassemblement, veut parler : son autorité est méconnue. Les gardes nationaux et les ouvriers sont en présence; ils se touchent, se regardent, se menacent. Le général insiste avec énergie; il conseille aux compagnies de ne pas tenter un passage impossible et d'envoyer des délégués porter leurs réclamations. Cette fois il est écouté.

Les délégués sont introduits auprès du Gouvernement provisoire; ils exposent leurs griefs. Le maire de Paris leur répond le premier :

« Le Gouvernement provisoire, citoyens, a été saisi déjà de votre réclamation par la voie de la presse. Il aurait souhaité vivement que des hommes comme vous, nécessairement amis de l'ordre, qui ont le devoir de le maintenir, ne sortissent pas des voies régulières pour lui soumettre leurs réclamations.

» Nous avons vu avec regret ces manifestations, dont l'inconvénient est d'en déterminer d'autres d'une nature contraire, de prolonger l'agitation dans les rues, de rendre encore plus pénible la crise déjà si difficile que traverse le commerce, d'empêcher enfin que la paix règne dans les esprits comme dans les faits... »

Il fait connaître les raisons de nécessité et d'ordre public qui ont déterminé la conduite du Gouvernement.

M. Arago ajoute :

« On a parlé de M. Ledru-Rollin comme ayant pris personnellement la détermination dont il s'agit, en sa qualité de ministre de l'intérieur. M. Ledru-Rollin a des déterminations à prendre dont nous le laissons seul responsable.

» Mais le décret qui vous émeut a été arrêté en Conseil de gouvernement, après avoir entendu les chefs naturels de la garde nationale, MM. de Courtais et Guinard. Nous nous sommes bien imaginé que cette mesure causerait une petite émotion, mais nous n'avions pas cru que cette émotion fût aussi profonde, et que surtout elle vous déterminerait à faire une démarche qui a déjà eu ses inconvénients, mais qui en aura peut-être un bien plus grave encore. Cet inconvénientlà, vous le verrez demain. Demain, nous aurons une manifestation de la classe ouvrière pour répondre à celle de la garde nationale. Nous la calmerons, je l'espère; mais ne pensez-vous pas qu'il serait déplorable d'établir entre les ouvriers et la garde nationale un antagonisme, quand nous voulons au contraire la plus grande union?

» Notre devise est : « *Liberté, égalité, fraternité.* » Toutes nos déterminations tendent à faire en sorte que ces trois mots soient une réalité, et vous comprendrez sans peine qu'aujourd'hui nous ayons vu avec une très-grande douleur votre manifestation. Déjà ce mouvement a eu un résultat fâcheux : les boutiques se ferment, le commerce, déjà si malheureux, va sentir le contre-coup de ces agitations.

» Voyez, messieurs, les conséquences de votre démarche; je vous ai parlé du résultat fâcheux qu'elle aurait demain. Croyez-moi, ayez confiance en nous, et pensez bien que le but unique de nos efforts, c'est d'arriver à une alliance complète et fraternelle de tous les citoyens. »

Ces paroles paraissent faire impression sur les délégués.

Enfin M. Pagnerre donne quelques explications satisfaisantes; et la députation se retire.

Les compagnies se dispersèrent, laissant derrière elles une agitation profonde, et, comme l'avait si bien dit M. Arago, un exemple funeste.

III

La manifestation était avortée. Les meneurs avaient complétement échoué. Bien loin d'ébranler la minorité du Conseil par une pression ou par une élimination, ils avaient affaibli la majorité; bien loin d'amortir la Révolution, ils venaient de lui donner un élan nouveau et un mouvement plus précipité. Ils avaient semé le germe des divisions, éveillé dans le cœur des ouvriers le désir d'une revanche, suscité d'inextricables embarras au Gouvernement, aggravé la crise qui dévorait le crédit, accru la détresse du Trésor, mis à néant le prestige de la seule force publique que le Gouvernement pût opposer aux entreprises des clubs et aux complots; et ils n'avaient recueilli qu'un nom dédaigneux pour leur démonstration, stigmate de la futilité de leur cause : « *Journée des bonnets à poil.* »

IV

Oui, ce fut une faute! une faute dont la première expiation était réservée au Gouvernement provisoire. Aussi, tandis que le Gouvernement s'en attristait, les clubistes s'en réjouissaient comme d'un succès personnel, et se préparaient à en profiter.

Si le Gouvernement avait échappé à un péril, il en pressentait un autre bien plus grand. Le lendemain, sans nul doute, sous prétexte d'une contre-manifestation, cent mille ouvriers allaient descendre dans la rue. Mêlés d'agitateurs, ils seraient aisément exaltés, entraînés au delà de leur but, et exploités par les clubistes.

Le Conseil se trouvait rassemblé à l'Hôtel de ville; tous les membres du Gouvernement provisoire, excepté M. Flocon, étaient présents, ainsi que MM. Carnot, Bethmont, Subervie et Courtais.

Le sujet de la discussion se posait lui-même : Examen et appréciation des faits qui venaient de se passer, prévision de leurs conséquences, précautions à prendre. En l'absence de tout appui matériel, seule l'autorité morale était possible. Une déclaration explicative, adressée à la garde nationale et anticipant une réponse à la démonstration du lendemain, fut adoptée à l'unanimité.

Elle finissait ainsi :

« Le Gouvernement provisoire regrette que cette mesure, mal comprise, ait excité dans la garde nationale des manifestations contraires à l'ordre public.

» Il rappelle à tous les citoyens qu'il entend délibérer et exercer le pouvoir dans la plénitude de sa liberté, toute pression intérieure, d'où qu'elle vienne, trouvera le Gouvernement provisoire décidé à maintenir les résolutions qu'il a prises et qui lui sont dictées par ses principes, dont il ne déviera pas.

» Le Gouvernement provisoire est accessible à toutes les réclamations; il s'éclaire des vœux, des lumières des citoyens, dont son pouvoir provisoire est l'expression ; il n'a d'autre force que ce concours; mais ce concours est d'autant plus puissant qu'il est plus calme ; et son action, légitimement influente quand elle se produit sous la forme de conseil, rend la résistance du Gouvernement nécessaire quand elle ressemble à une menace ou à une force.

» Fait à l'Hôtel de ville, en Conseil de gouvernement, le 16 mars 1848. »

V

On se rappelle qu'à propos de la circulaire de M. Ledru-Rollin il avait été convenu qu'on saisirait la première

CHAPITRE DIXIÈME.

occasion d'exprimer la pensée politique du Gouvernement. L'apparition de la pétition des clubs dans le *Bulletin de la République* parut offrir cette opportunité. D'ailleurs, entre la manifestation du jour et celle du lendemain, l'heure était bien choisie pour adresser à la nation un programme supérieur aux pressions du dehors, à toutes les considérations et passions du moment.

M. Lamartine soumit au Conseil la proclamation suivante :

« Citoyens,

» A tous les grands actes de la vie d'un peuple, le Gouvernement a le devoir de faire entendre sa voix à la nation.

» Vous allez accomplir le plus grand acte de la vie d'un peuple : élire les représentants du pays, faire sortir de vos consciences et de vos suffrages, non plus un gouvernement seulement, mais un pouvoir social, mais une constitution tout entière! Vous allez organiser la République.

» Nous n'avons fait, nous, que la proclamer; portés d'acclamation au pouvoir pendant l'interrègne du peuple, nous n'avons voulu et nous ne voulons d'autre dictature que celle de l'absolue nécessité. Si nous avions repoussé le poste du péril, nous aurions été des lâches. Si nous y restions une heure de plus que la nécessité ne le commande, nous serions des usurpateurs.

» Vous seuls êtes forts!

» Nous comptons les jours. Nous avons hâte de remettre la République à la Nation.

» La loi électorale provisoire que nous avons faite est la plus large qui, chez aucun peuple de la terre, ait jamais convoqué le peuple à l'exercice du suprême droit de l'homme, sa propre souveraineté.

» L'élection appartient à tous, sans exception.

» A dater de cette loi il n'y a plus de prolétaires en France.

» Tout Français en âge viril est citoyen politique. Tout citoyen est électeur. Tout électeur est souverain. Le droit est égal et absolu pour tous. Il n'y a pas un citoyen qui puisse dire à l'autre : « Tu es plus souverain que moi ! » Contemplez votre puissance, préparez-vous à l'exercer, et soyez dignes d'entrer en possession de votre règne !

» Le règne du peuple s'appelle République.

» Si vous nous demandez quelle République nous entendons par ce mot, et quels principes, quelle politique, quelles vertus nous souhaitons aux républicains que vous allez élire, nous vous répondrons : « Regardez le peuple de Paris et de la France depuis la proclamation de la République ! »

» Le peuple a combattu avec héroïsme.

» Le peuple a triomphé avec humanité.

» Le peuple a réprimé l'anarchie dès la première heure !

» Le peuple a brisé de lui-même, aussitôt après le combat, l'arme de sa juste colère. Il a brûlé l'échafaud. Il a proclamé l'abolition de la peine de mort contre ses ennemis.

» Il a respecté la liberté individuelle en ne proscrivant personne.

» Il a respecté la conscience dans la religion qu'il veut libre, mais qu'il veut sans inégalité et sans privilége.

» Il a respecté la propriété.

» Il a poussé la probité jusqu'à ces désintéressements sublimes qui font l'admiration et l'attendrissement de l'histoire.

» Il a choisi, pour les mettre à sa tête, partout les noms des hommes les plus honnêtes et les plus fermes qui soient tombés sous sa main. Il n'a pas poussé un cri de haine ou d'envie contre les fortunes.

» Pas un cri de vengeance contre les personnes.

» Il a fait, en un mot, du nom de peuple le nom du courage, de la clémence et de la vertu.

» Nous n'avons qu'une seule instruction à vous donner : inspirez-vous du peuple, imitez-le ! Pensez, sentez, votez, agissez comme lui !

» Le Gouvernement provisoire, lui, n'imitera pas les gouvernements usurpateurs de la souveraineté du peuple, qui corrompaient les électeurs et qui achetaient à prix immoral la conscience du pays.

» A quoi bon succéder à ces gouvernements, si c'est pour leur ressembler ? A quoi bon avoir créé et adoré la République, si la République doit entrer dès le premier jour dans les ornières de la royauté abolie ? Il considère comme un de ses devoirs de répandre sur les opérations électorales cette lumière qui éclaire les consciences sans peser sur elles. Il se borne à neutraliser l'influence hostile de l'administration ancienne qui a perverti et dénaturé l'élection.

» Le Gouvernement provisoire veut que la conscience publique règne ! Il ne s'inquiète pas des vieux partis ; les vieux partis ont vieilli d'un siècle en trois jours ! La République les convaincra, si elle est sûre et juste pour eux. La nécessité est un grand maître. La République, sachez-le bien, a le bonheur d'être un gouvernement de nécessité. La réflexion est pour nous. On ne peut pas remonter aux royautés impossibles. On ne veut pas descendre aux anarchies inconnues : on sera républicain par raison. Donnez seulement sûreté, liberté, respect à tous. Assurez aux autres l'indépendance des suffrages que vous voulez pour vous. Ne regardez pas quel nom ceux que vous croyez vos ennemis écrivent sur leur bulletin, et soyez sûrs d'avance qu'ils écrivent le seul nom qui peut les sauver, c'est-à-dire celui d'un républicain capable et probe.

» Sûreté, liberté, respect aux consciences de tous les citoyens électeurs : voilà l'intention du Gouvernement républicain, voilà son devoir, voilà le vôtre! voilà le salut du peuple! Ayez confiance dans le bon sens du pays, il aura confiance en vous; donnez-lui la liberté, et il vous renverra la République.

» Citoyens, la France tente en ce moment, au milieu de quelques difficultés financières léguées par la royauté, mais sous des auspices providentiels, la plus grande œuvre des temps modernes : la fondation du gouvernement du peuple tout entier, l'organisation de la démocratie, la république de tous les droits, de tous les intérêts, de toutes les intelligences et de toutes les vertus !

» Les circonstances sont propices. La paix est possible. L'idée nouvelle peut prendre sa place en Europe sans autre perturbation que celle des préjugés qu'on avait contre elle. Il n'y a point de colère dans l'âme du peuple. Si la royauté fugitive n'a pas emporté avec elle tous les ennemis de la République, elle les a laissés impuissants; et quoiqu'ils soient investis de tous les droits que la République garantit aux minorités, leur intérêt et leur prudence nous assurent qu'ils ne voudront pas eux-mêmes troubler la fondation paisible de la constitution populaire.

» En trois jours, cette œuvre que l'on croyait reléguée dans le lointain du temps, s'est accomplie sans qu'une goutte de sang ait été versée en France, sans qu'un autre cri que celui de l'admiration ait retenti dans nos départements et sur nos frontières. Ne perdons pas cette occasion unique dans l'histoire ; n'abdiquons pas la plus grande force de l'idée nouvelle, la sécurité qu'elle inspire aux citoyens, l'étonnement qu'elle inspire au monde.

» Encore quelques jours de magnanimité, de dévouement, de patience, et l'Assemblée nationale recevra de nos mains la République naissante. De ce jour-là tout sera sauvé! Quand la nation, par les mains de ses représentants, aura saisi la République, la République sera forte et grande comme la nation, sainte comme l'idée du peuple, impérissable comme la patrie. »

VI

La lecture de ce chef-d'œuvre produisit une sensation profonde. Cette noble parole, ce cri d'honneur, de patriotisme et d'amour, jeté à la France entre deux journées; cette profession de foi sincèrement républicaine, pleine de grandeur et de loyauté; cette sanctification des vertus du peuple, pour le grandir encore et le rendre digne de l'éloge; cette incitation au bien, cet appel à l'union, à une vie nouvelle, émurent les cœurs. La délibération en prit un ton plus solennel.

Chacun fut appelé à son tour à exposer ses idées sur l'avenir, ses vœux et son opinion sur l'influence de l'ajournement ou de l'accomplissement immédiat des élections.

M. Louis Blanc parla le premier : « Il approuvait la partie historique du programme; mais sur la partie politique, sur la direction à donner à la Révolution, il était d'un avis opposé à celui de M. Lamartine. Repoussant le charme d'un langage séducteur, il fallait reprendre et conserver tout son sang-froid. » Il développa ses théories sur la souveraineté du peuple autre que la souveraineté de la nation, sur le but social, sur l'organisation du travail, sur la création d'un ministère du progrès : « Le peuple exigeait satisfaction pour ses intérêts matériels; il était las de supporter seul le fardeau des souffrances et des misères extrêmes. Si on laissait les institutions futures se régler par le seul fait de la liberté sans intervention gouvernementale, le riche toujours s'emparerait des bénéfices, le capital dévorerait le salaire. L'État devait racheter les usines que les propriétaires ruinés seraient heureux de lui céder; il les ferait exploiter, non plus au profit de quelques-uns, mais au profit de tous. L'État devait prendre en main les banques, les instruments de crédit, les instruments de travail, et ne pas craindre de les réglementer. La liberté n'était vraie que dans l'égalité. L'ajournement des élections était indispensable. Dans l'intervalle, la France ferait son éducation républicaine, le Gouvernement ouvrirait les voies nouvelles et changerait tous les fonctionnaires publics. »

M. Crémieux demanda à préciser cette question des fonctionnaires. Distinction faite des emplois politiques de ceux qui ne l'étaient pas, et le danger de la désorganisation administrative reconnu, il déclara que, quant à lui, il aurait dans peu de jours modifié tous les parquets et les justices de paix : « Mais le personnel du parti républicain dans le barreau serait-il suffisant ? Sinon, ne faudrait-il pas choisir le complément nécessaire des magistrats parmi les hommes libéraux les plus honnêtes et les plus capables ? A l'égard des élections, il était bon de maintenir le jour fixé, 9 avril. »

M. Marie chercha les éléments de sa conviction dans les faits : « Il désirait ardemment ne pas ajourner les élections, mais il ne refusait pas d'une manière absolue de suspendre son vote jusqu'à plus ample information. »

M. Ledru-Rollin attesta que le ministère de l'intérieur s'occupait avec une très-grande activité des élections pour le 9 avril; que des instructions précises avaient été envoyées aux commissaires, conformément à la volonté du Gouvernement, tout en les consultant sur l'ajournement et ses conséquences, ainsi que sur la disposition des esprits. Il recevrait donc des renseignements positifs qui pourraient éclairer le Conseil; mais il n'espérait pas les avoir avant une dizaine de jours.

M. Lamartine mit en présence la politique de compression et la politique de liberté, la dictature de quelques-uns et la souveraineté de tous. Il expliqua, développa, commenta son projet de proclamation avec des expressions aussi éloquentes qu'heureuses, avec l'inspiration du génie et de la foi. Il démontra la fausse position d'un gouvernement qui tenterait de perpétuer son pouvoir malgré l'opinion publique, et le péril à ne vouloir représenter qu'un parti quand on devait représenter la nation. « Nous imposer à la France ! » s'écria-t-il avec chaleur en terminant, « ce serait une immoralité profonde ! une usurpation de la souveraineté du peuple ! ce serait un crime ! »

M. Louis Blanc reconnut qu'il y avait deux politiques distinctes en présence et que l'ajournement répondait à l'une des deux : « Ce qu'il voulait, ce n'était pas une dictature d'oppression, mais une dictature de progrès ! Il respectait la souveraineté du peuple, il en repoussait le mensonge. Le crime serait de livrer la République aux éternels ennemis du peuple, qui abuseraient de leurs richesses et de leur influence pour capter ses suffrages et perpétuer son asservissement. On les avait vus, le premier jour, souples et flexibles; ce jour même, on venait de les voir se relever, tromper et exciter la garde nationale par un prétexte. Il était logique et prudent d'attendre tout d'hommes qui n'employaient les professions de foi et les serments que dans le dessein d'égarer le pays. Si les élections n'étaient pas retardées, elles seraient réactionnaires assurément. Alors on se trouverait à la tête d'une majorité douteuse en face d'un peuple exaspéré. Toutes les réserves du Gouvernement n'auraient abouti qu'à jeter l'Assemblée nationale dans un incendie que rien ne saurait éteindre, *et l'on aurait un 18 brumaire populaire!* »

M. Garnier-Pagès répliqua qu'il voyait avec regret M. Louis Blanc et ses amis marcher précisément contre le but auquel ils disaient viser : « L'ajournement était une erreur des clubs, la faute la plus fatale que l'on pût commettre. Il était de la dernière évidence que plus tôt les élections seraient faites, plus elles seraient empreintes du sentiment révolutionnaire. Comment ! au lieu de suivre l'entraînement des premiers jours; si favorable à la République, on laisserait s'évanouir cet unanime enthousiasme, pour donner aux adversaires le loisir de se remettre, de se constituer, d'organiser leurs hostilités! Le patriotisme des départements et les premières impulsions de la nation méritaient plus de confiance. Une élection immédiate nommerait infailliblement une assemblée de républicains estimés et de libéraux connus. Attendre ! attendre serait créer des obstacles insurmontables et véritablement livrer la République à ses ennemis, à la suite de ces funestes luttes dont M. Louis Blanc faisait entrevoir la sinistre perspective. »

M. Ledru-Rollin n'admettait pas ces raisons comme décisives : « Avant le 24 février, le parti républicain était le moins nombreux. Le peuple devait s'instruire et apprendre cette incontestable vérité, que son sort est intimement lié à la République; que la République est son bien, son droit, sa loi, ses intérêts, sa vie même. Ainsi éclairé, il voterait pour des représentants républicains. Au surplus, il était utile d'attendre les renseignements demandés aux commissaires. »

M. Louis Blanc posa la question subsidiaire de la prorogation des élections à un mois.

La déclaration formelle de MM. Dupont (de l'Eure) et Lamartine qu'ils se retireraient aussitôt mit fin à la discussion.

La proclamation fut lue de nouveau et adoptée à l'unanimité, avec envoi et affichage dans toutes les communes. Le soir même, elle couvrait les murs de Paris.

Le lendemain, le peuple pouvait interroger le Gouvernement provisoire : la réponse était faite.

VII

Rien ne fut plus agréable aux chefs des clubs et plus favorable à leurs desseins que la journée du 16 mars. La garde nationale affaiblie, l'armée presque absente, la garde mobile non encore créée, ils se trouvaient les maîtres, et la manifestation du jour leur fournissait l'exemple et le prétexte à une contre-démonstration, à un soulèvement. Aussi se ruèrent-ils à l'envi et avec ensemble dans ce vaste champ ouvert à leurs ambitions.

Ils éclatèrent dans leurs réunions et dans leurs journaux du soir : « Leurs craintes étaient donc clairvoyantes, leurs accusations justifiées ! La contre-révolution avait audacieusement dévoilé la perfidie de ses projets. Sous cette apparence ridicule de pompons et de bonnets à poil, les meneurs réactionnaires avaient caché un plan sérieux de bouleversement. N'avaient-ils pas crié : *A bas Ledru-Rollin !* Ces meneurs indignes, quels étaient-ils ? les intrigants de tous les régimes, les vendus de toutes les époques, les flatteurs de tous les Gouvernements. Il fallait en finir avec eux, et les faire rentrer sous terre. Le peuple n'avait qu'à se lever : puis la Révolution poursuivrait sa marche ! »

Aussitôt les membres des comités et du comité central des clubs, les délégués des ouvriers du Luxembourg, les amis qui entourent M. Caussidière à la préfecture de police se donnent le mot d'ordre. La soirée du 16 et la nuit sont employées aux préparatifs du lendemain. Dans les ateliers et les faubourgs, les corporations sont convoquées avec leurs drapeaux et leurs insignes, les clubs avec leurs bannières. Des agents vont parcourir la banlieue pour faire descendre Belleville, Montmartre, la Chapelle, etc. Partout l'émotion, l'agitation, les passions sont soulevées. Rendez-vous est donné à lieu et heure fixes. Un appel au peuple est placardé sur tous les murs :

« Le peuple a été héroïque pendant le combat, généreux après la victoire, magnanime assez pour ne pas punir !...

» Il est calme parce qu'il est fort et juste...

» Que les mauvaises passions, que les intérêts blessés se gardent de le provoquer !...

» Le peuple est appelé aujourd'hui à la haute direction morale et sociale !...

» Il est de son devoir de rappeler fraternellement à l'ordre ces hommes égarés qui tenteraient encore de se maintenir en corps privilégiés dans le sein de notre égalité.

» Il voit d'un œil sévère ces manifestations contre celui des ministres qui a donné tant de gages à la Révolution.

» Que le peuple se rassemble donc aujourd'hui, à *dix heures*, sur la place *de la Révolution !* qu'il imprime sa volonté !

» Nous avons versé notre sang pour la défense de la République, nous sommes prêts à le verser encore.

» Nous attendons avec confiance la réalisation des promesses du Gouvernement provisoire.

» Nous attendons !... nous qui manquons souvent du nécessaire !...

» A cette heure, ceux qui marchent contre la Révolution, ouvertement ou sourdement, commettent un crime de lèse-humanité !

» A nous donc, citoyens ! allons au Gouvernement provisoire l'assurer de nouveau que nous sommes prêts à lui donner notre concours pour toutes les mesures d'ordre et de salut public.

» Vive la République ! Aujourd'hui, à dix heures, place de la Révolution ! »

VIII

Le 17 mars, à neuf heures du matin, un groupe d'individus délibérait auprès du bassin du Palais-Royal. C'était la Commission des Trente, désignée la veille pour adopter définitivement la pétition qui devait être adressée au Gouvernement provisoire. La rédaction de M. Blanqui fut écartée comme trop violente. Une autre plus simple fut acceptée après quelques débats, et signée. On convint qu'elle serait présentée par la Commission des Trente et lue par un délégué des ouvriers.

IX

Cependant, de tous les quartiers, de tous les faubourgs, de toute la banlieue, les ouvriers se dirigeaient par bandes vers la place de *la Révolution*. Ils n'avaient ni le costume ni la physionomie d'hommes arrachés à l'atelier par l'émeute ou la lutte. Les figures et les mains n'étaient pas noires de travail; les vêtements n'étaient pas tachés de la boue des barricades. Chacun s'était vêtu le mieux qu'il avait pu. On n'apercevait parmi eux aucun de ces hommes à l'aspect sombre et hideux, qui n'apparaissent qu'à l'heure de la curée, comme les vautours après le carnage. Chaque corps d'état se rassemblait sous sa bannière ornée de rubans. Des compagnons, distingués par le bâton du commandement, mettaient l'ordre dans les rangs. Les pelotons se formaient par huit ou dix hommes de front. Bientôt une colonne immense et organisée couvre la grande allée des Champs-Élysées, depuis la grille des Tuileries jusqu'à la barrière de l'Étoile.

Dans ces bataillons épais, les ouvriers mécaniciens, les ouvriers des chemins de fer, les maçons, les tailleurs de pierre, les menuisiers, les tailleurs, les cordonniers, les charpentiers, etc., tous les métiers ont pris leur place; pas un n'a fait défaut : 150 000 hommes ont répondu à l'appel.

X

A onze heures, le signal est donné. La colonne se déploie et se met en marche. Elle avance à pas cadencés, entonne le *Chant des Girondins,* puis celui de *la Marseillaise.* Elle traverse la place de la Révolution, et prend par les quais la direction de l'Hôtel de ville.

Quel sentiment l'inspire? un seul : le Gouvernement qui représente la République a été menacé la veille; une protestation éclatante doit s'élever du sein du peuple, pour donner à la République et au Gouvernement provisoire un surcroît de force et de vie.

Mais sur le passage de cette multitude, quatre à cinq mille hommes des clubs les plus exaltés prennent la tête de la colonne. Au premier rang, les *Droits de l'homme* et la société présidée par M. Blanqui; quelques pas en avant, les meneurs les plus ardents, les anciens détenus politiques, les membres des Sociétés secrètes et la Commission des Trente.

Ainsi, par une habileté de manœuvre, les chefs se sont emparés du commandement de cent cinquante mille hommes. Ils parleront et agiront en leur nom, exprimeront, imposeront une volonté dont ils se diront les interprètes. Rien ne peut mettre obstacle à leurs desseins; rien, si ce n'est la divergence de leurs vues. Ceux qui persistent dans la pensée que la manifestation doit se borner à une pression surveillent silencieusement les affidés de M. Blanqui, qui rêvent un coup de main et qui portent des armes cachées afin de faire naître, au besoin par un crime, l'heure du combat ou plutôt de l'usurpation. A cette masse qui va déborder, le Gouvernement provisoire n'a rien à opposer.

XI

La colonne arrive devant l'Hôtel de ville. Là, elle se replie avec ordre sur elle-même et couvre, en rangs serrés, la place et les quais. Les corporations se suivent, se pressent, remplissent les moindres vides. De temps en temps s'élève un formidable cri de *Vive la République!* Les chants patriotiques alternent avec les vivat.

XII

A ce spectacle, M. Lamartine dit à MM. Recurt et Buchez : « C'est aujourd'hui notre 20 juin! bientôt viendra notre 10 août. » Mieux instruits de la tactique des meneurs qu'ils reconnaissent, MM. Buchez et Recurt découvrent les sentiments divers qui animent le peuple et les chefs de clubs. Ils proposent à M. Lamartine de faire introduire les chefs et de les arrêter hardiment,

tandis que M. Lamartine ira haranguer les ouvriers :
« Cet acte de vigueur décidera de la journée, et rendra
à la manifestation son véritable caractère. » M. Lamartine préfère ne pas hasarder le sort de la République
sur un coup de dé audacieux et laisser les événements
suivre leur cours.

Ses collègues arrivent successivement.

XIII.

D'une heure à deux les membres de la Commission
des Trente sont admis auprès du Gouvernement provisoire.

M. Girard, chargé de remettre l'adresse, en fait la
lecture :

« Citoyens du Gouvernement provisoire,

» Vous avez proclamé que vous voulez la Révolution,
la souveraineté du peuple, la démocratie, la République, une constitution faite par une assemblée nationale.

» Vous avez déclaré que tous les citoyens étaient
gardes nationaux, et que tous devaient concourir aux
élections de la garde nationale.

» Vous avez déclaré que vous vouliez de véritables
élections, une véritable garde nationale, une véritable
constitution. C'est pourquoi nous nous sommes ralliés
autour de vous, et nous vous avons donné notre
appui..... »

Il se plaint des agents subalternes qui ont négligé
les inscriptions, constate que le peuple n'a pas eu le
temps de s'éclairer et de se concerter, déclare que

pour rendre les élections vraies et libres il faut éloigner les troupes, et continue ainsi :

« Le peuple considère les soldats comme des frères, et veut toujours fraterniser avec eux ; mais le principe démocratique exige qu'il n'y ait que des citoyens là où le peuple et les représentants ont à délibérer.

» En conséquence, nous venons vous apporter les vœux du peuple de Paris, et vous demander en son nom :

» 1° L'éloignement des troupes ;

» 2° L'ajournement au 5 avril des élections de la garde nationale ;

» 3° L'ajournement au 31 mai des élections pour l'Assemblée nationale.

» Citoyens du Gouvernement provisoire, nous ne pouvons nous le dissimuler, des manœuvres contre-révolutionnaires pourraient mettre en danger la paix publique et la Révolution, si votre patriotisme et votre dévouement ne venaient pas nous sauver tous.

» Hier, une manifestation menaçante avait pour but de vous ébranler ; nous y répondons par une manifestation pacifique, pour vous défendre et nous défendre avec vous. »

Les termes de cette adresse étaient convenables. Mais sa présentation à la tête de cent cinquante mille hommes en faisait une sommation plutôt qu'une pétition. La tenue hautaine et le ton provocateur de quelques délégués semblaient aussi donner un démenti à sa forme modérée.

XIV.

M. Louis Blanc comprit les impressions de ses collègues ; il s'empressa de répondre :

« Citoyens,

» Le Gouvernement de la République est fondé sur l'opinion, il ne l'oubliera jamais. Notre force, nous le savons, est dans la force du peuple ; notre volonté doit toujours être en harmonie avec la sienne. Nous vous remercions de vos paroles de sympathie et de dévouement.....

» Vous nous avez adressé des vœux ! vous-mêmes, vous ne voudriez pas que le Gouvernement qui est appelé à vous représenter cédât à une menace. Avec la sagesse qui caractérise le peuple, vous avez compris que, puisque nous avions l'honneur de vous représenter, nous devions le faire en conservant notre dignité d'hommes, notre dignité de représentants du peuple..... Nous délibérerons sur les vœux que vous avez émis, et soyez sûrs que le plus ferme désir du Gouvernement est de marcher avec le peuple et de vivre pour lui, et, s'il le fallait, de mourir pour lui. » (Bravo ! bravo !)

Un délégué : « Soyez persuadé que, de son côté, le peuple travailleur mourra pour vous, bien entendu tant que vous servirez ses droits. »

M. Louis Blanc : « Le vœu que vous exprimez est-il le vœu général ?

— Oui, » dit un délégué.

« Quelle réponse rapporterons-nous au peuple ? »

M. Louis Blanc répète sous une autre forme ce qu'il a déjà dit.

Un délégué : « Le peuple attend autre chose que des paroles; il veut une réponse définitive. Prenez le temps que vous voudrez pour délibérer, mais nous ne sortirons pas d'ici sans avoir une réponse à lui transmettre. »

La menace devenait formelle. Elle soulève un mouvement d'indignation chez les membres du Gouvernement. M. Sobrier s'en aperçoit et intervient : « Nous ne voulons pas influencer ni violenter le Gouvernement provisoire. Nous avons confiance en lui. »

M. Cabet ajoute : « Nous sommes venus exprimer des vœux..... Le Gouvernement provisoire ne peut pas ignorer la véritable situation du pays..... Le Gouvernement est trop sage pour ne pas vouloir délibérer, et nous sommes trop amis de l'ordre pour ne pas lui laisser la liberté de délibérer. »

M. Ledru-Rollin : « .... Vous représentez Paris; mais la France représente l'universalité des citoyens..... J'ai consulté les commissaires des départements..... Il faut que vous attendiez quelques jours, le 25 au plus tard... Alors le Gouvernement pourra assigner un délai..... Ce que nous voulons, ce que vous voulez, c'est l'établissement définitif de la République que vous avez proclamée sur les barricades! » (Applaudissements. Vive Ledru-Rollin!)

M. Cabet exprime avec mesure les craintes que lui inspirent, que doivent inspirer au Gouvernement les manœuvres des adversaires de la République, et la nécessité d'y répondre par la fermeté des résolutions : « ..... Maintenant, nous n'avons qu'à nous retirer, et à laisser délibérer le Gouvernement. » (Oui ! oui ! Non ! non !)

Un membre de la députation : « Il y a deux questions sur lesquelles on peut donner une réponse immédiate, elles ne concernent que Paris : c'est le renvoi de toute troupe soldée et l'ajournement des élections de la garde nationale. »

M. Louis Blanc : « Citoyens, il y a deux questions qui peuvent être résolues sans qu'on fasse appel à l'opinion des départements... Je vous demande de nous laisser le temps de délibérer ; il faut que nous le fassions librement. Pour que nous soyons dignes de maintenir votre liberté, de travailler pour elle, il faut avant tout que la nôtre soit respectée. Je vous demande de ne pas nous poser ainsi la question : *Répondez tout de suite, ou nous ne désemparons pas.* Il y aurait là violence ! » (Non ! non !).

M. Sobrier : « Les délégués du peuple n'ont nullement l'intention de faire violence au Gouvernement provisoire. Nous avons une confiance entière au Gouvernement provisoire ! »

Quelques délégués : « Pas à tous ! »

M. Sobrier : « A tous, citoyens ! Pas d'exception ! pas d'exclusion ! Nous avons soutenu le Gouvernement jusqu'à présent, nous le soutiendrons toujours jusqu'à l'Assemblée constituante. (Oui ! oui ! toujours !) La circulaire du citoyen Ledru-Rollin a été approuvée par le peuple. Les départements l'approuveront comme Paris, quand ils seront éclairés.....

» Voyez, citoyens représentants du peuple, ces deux cent mille citoyens qui sont là près de vous, qui vous entourent, qui vous couvrent de leur sollicitude ! ils vous soutiendront, soyez-en convaincus, dans toutes les mesures d'ordre, d'unité et de salut public. En ce moment, nos âmes ne forment qu'une âme! c'est la consécration du grand principe : *Souveraineté — Peuple!*..... »

Quelques délégués : « Le Gouvernement provisoire tout entier approuve-t-il la circulaire ? »

M. Lamartine : « Messieurs, j'ai été interpellé par mon nom; je relève mon nom et je demande à parler aussi. Je n'ajoute rien à ce que vous a dit tout à l'heure, avec autant de dignité que de convenance, notre collègue M. Louis Blanc. Vous sentez comme nous, comme nous en qui le peuple a placé sa confiance et s'est personnifié le jour du combat et de la victoire, qu'il n'y a de gouvernement possible qu'à la condition que vous aurez la confiance et la raison de conférer une autorité morale à ce gouvernement. L'autorité morale de ce gouvernement, qu'est-ce autre chose, non-seulement pour lui, mais pour le peuple, pour le public, pour les départements, pour l'Europe qui vous regarde, qu'est-ce autre chose que son indépendance complète de toute pression extérieure? Voilà l'indépendance du Gouvernement! voilà sa dignité! voilà son unique force morale! sachez-le bien! — Que sommes-nous ici? Regardez! Voilà notre vénérable président, chargé du poids et de la gloire de ses quatre-vingts ans, qui a voulu consacrer ses dernières forces, à notre tête, à l'établissement de la République (Bravo! bravo!) avec indépendance, avec dignité, avec liberté; et, certes, en liberté et en indépendance il n'y a pas un citoyen français qui puisse démentir le nom de Dupont (de l'Eure)! Autour de vous que voyez-vous? un petit groupe d'hommes sans armes, sans appui matériel, sans soldats, sans gardes, qui n'ont d'autre autorité que celle que le peuple leur maintient en les respectant, qui n'en cherchent pas d'autre, qui se plongent, qui s'immergent tout entiers dans ce peuple dont ils sont sortis, et qui n'ont pris dans la République un rôle aussi énergique, aussi périlleux, que pour y être les garants de ces intérêts populaires sacrifiés jusqu'ici sous les monarchies, sous les aristocraties, sous les oligarchies que nous avons traversées.

» Mais, pour que ce sentiment ait son effet, pour que ces principes populaires deviennent des applications utiles au bonheur et aux droits du peuple, que faut-il? la continuation paisible en calme, en ordre, de cette confiance que vous nous avez donnée. Que pourrions-nous vous opposer? Rien qu'une seule chose, votre raison même! Cette puissance de la raison générale qui se place seule ici entre vous et nous, qui nous inspire et qui vous arrête devant nous, c'est cette force morale, invisible, et cependant toute-puissante, qui nous rend calmes nous-mêmes, indépendants et dignes en face de cette masse qui entoure ce palais du peuple, défendu par sa seule inviolabilité! (Très-bien!)

» Cette dernière barrière de notre indépendance, comme gouvernement, comme hommes, nous la défendrions jusqu'à la mort, si la compression de la multitude voulait la franchir! et ce n'est pas pour nous, c'est pour vous surtout que nous péririons en la défendant! Que serait un peuple sans gouvernement, et que deviendrait pour le peuple un gouvernement avili? (Très-bien!)

» J'arrive aux trois questions que vous avez posées ! »

M. Lamartine répond aux deux premières questions, relatives au délai pour les élections de la garde nationale et à l'éloignement des troupes. Il continue ainsi :

« Quant à la troisième et principale question, celle de la prorogation, à un terme éloigné, de la convocation de l'Assemblée nationale, je ne consentirais pas à engager en rien ni l'opinion de mes collègues, ni surtout la mienne sur une pareille mesure qui engage trop profondément, selon moi, les droits du pays tout entier. Je ne veux rien préjuger, par respect pour notre indépendance, sur un décret qui tendrait à déclarer à la nation que Paris affecterait le monopole de la liberté et de la république, et qui nous ferait prendre, au nom d'une capitale seule et sous la pression d'une masse bien intentionnée, mais impérative par son nombre même, la dictature de la liberté conquise ici par tout le monde, mais conquise pour la France entière et non pour quelques citoyens seulement. Si vous me commandiez de délibérer sous la force et de prononcer la mise hors la loi de toute la nation, qui n'est pas à Paris, de la déclarer pendant trois mois, six mois, que sais-je ? exclue de sa représentation et de sa Constitution, je vous dirais ce que je disais à un autre gouvernement, il y a peu de jours : « Vous n'arracheriez ce vote de ma poitrine qu'après que les balles l'auraient percée. » (On applaudit.) « Non, destituez-nous mille fois de notre titre plutôt que de nous destituer de nos opinions libres, de notre dignité, de notre inviolabilité évidente, évidente au dehors, sachez-le bien, autant qu'au dedans; car pour qu'un gouvernenement soit respecté, il faut que ce gouvernement ait non-seulement le fait, mais l'apparence aussi de la liberté. (Très-bien ! très-bien !)

» Comprenez donc votre pouvoir dans le nôtre, votre dignité dans la nôtre, votre indépendance dans la nôtre ! et laissez-nous, dans l'intérêt même de ce peuple, réfléchir et délibérer de sang-froid, adopter ou repousser les vœux dont vous êtes l'organe auprès de nous ! Nous ne vous promettons, je ne vous promets, quant à moi, que de les peser dans notre conscience, sans peur comme sans prévention, et de décider ce qui nous paraîtra, non pas la volonté seulement du peuple de Paris, mais le droit et la volonté de toute la République. » (Très-bien !)

La députation applaudit ; quelques-uns de ses membres pressent la main de M. Lamartine.

L'un d'eux lui dit : « Soyez sûr que le peuple n'est là que pour appuyer le Gouvernement provisoire. »

M. Lamartine : « J'en suis convaincu ; mais la nation pourrait s'y tromper. Prenez garde à des réunions de ce genre, quelque belles qu'elles soient. *Les 18 brumaire du peuple* pourraient amener, contre son gré, *les 18 brumaire du despotisme;* et ni vous ni nous, nous n'en voulons ! »

XV

La séance durait depuis longtemps. Le peuple, impatienté, réclamait à grands cris la présence des membres du Gouvernement provisoire. La députation se retira. Elle n'avait pu arracher au Gouvernement ni une promesse, ni une parole, ni un signe de crainte ou de faiblesse; elle avait dû lui laisser intacts son honneur, sa dignité, son indépendance, son pouvoir; et cependant un cri de bataille, un coup de feu, l'attentat d'un conjuré fanatique, un appel aux armes lancé du haut des fenêtres de l'Hôtel de ville, eût pu devenir le prélude d'une collision sanglante dont le dénoûment eût été remis au jeu du hasard. La fermeté d'âme et de maintien des membres du Gouvernement provisoire avait déjoué les complots, désarmé la malveillance, captivé les esprits et conquis les sympathies.

Les tendances diverses des chefs s'étaient visiblement décelées pendant cette scène dramatique. Les uns, la voix haute, l'attitude insolente, contenant avec peine leurs projets sinistres; les autres, respectueux devant les élus du peuple, applaudissant à leurs pensées; la plupart satisfaits d'une manifestation imposante, qui répondait victorieusement à celle de la veille et qu'ils ne voulaient pas ternir par une offense!

XVI

Le peuple attendait le Gouvernement avec un redoublement d'impatientes clameurs. Une large table est apportée devant l'Hôtel de ville, sur la place; une estrade est improvisée. En descendant les marches du palais, M. Lamartine dit à voix basse et calme à M. Pagnerre : « Ami, notre destinée est pourtant dans les mains d'un seul audacieux, et nous pouvons être tous massacrés. » M. Pagnerre réplique avec la même sérénité d'esprit : « Que la volonté de Dieu s'accomplisse! »

Au bas de l'escalier, un séide de Blanqui se jette armé sur M. Marrast : on le contient; un autre se précipite sur M. Garnier-Pagès : M. Beaumont, commandant en second de l'Hôtel de ville, l'arrête. « Je ne sais pas, » disait un moment avant M. Garnier-Pagès à MM. Louis Blanc et Albert, « si le peuple veut nous jeter par les fenêtres, mais c'est un spectacle sublime¹! »

XVII

En effet, le tableau était splendide. Le soleil dorait toute cette scène. D'innombrables bannières ondoyaient et entremêlaient leurs plis aux couleurs variées. Le peuple, aussi loin que le regard pouvait s'étendre, se tenait en rangs serrés alignés avec ordre; il chantait, de ses milliers de voix unies en chœur, le chant des *Girondins :* « Mourir pour la patrie, c'est le sort le plus beau, le plus digne d'envie! » A chaque maison, aux fenêtres, et jusque sur les toits, s'étaient entassés des spectateurs aussi émus, aussi enthousiasmés.

A l'aspect des membres du Gouvernement provisoire qui montent sur l'estrade, le plus grand silence se fait. Par un sentiment de respect, d'un mouvement spontané et simultané, toutes les têtes se découvrent. Un frémissement se propage, qui fait battre tous les cœurs; un cri formidable sort de toutes les poitrines : « *Vive la République! Vive le Gouvernement provisoire!* »

Ces signes ne sont pas douteux. Ces têtes qui se découvrent, ces acclamations qui retentissent, cette vive sympathie dont le peuple prend l'initiative, témoignent de ses véritables sentiments. Le peuple, qui n'est pas

---

¹ Pour protéger le Gouvernement provisoire contre un coup de main de M. Blanqui et de ses partisans, le club Popincourt (section des Droits de l'homme), sous la direction de MM. Sobrier, Barbès, Étienne Arago, etc., avait entouré l'estrade sur laquelle devaient monter les membres du Gouvernement provisoire.

dans le secret des chefs, donne à la manifestation l'interprétation avouée publiquement : il a cru le Gouvernement menacé et attaqué, il vient protester, le fortifier, et non l'affaiblir; il a acclamé le Gouvernement provisoire le 24 février, il vient l'acclamer encore. La bannière d'un club porte pour suscription : « Ajournement au 31 mai des élections de l'Assemblée constituante! » il la fait disparaître, comme l'expression d'une pensée qu'il croit étrangère à la démonstration. Aussi, à la vue des membres du Gouvernement provisoire, de ces représentants de sa souveraineté et de la Révolution, qui se sont voués à l'établissement de ses droits et à sa grandeur, le peuple s'incline, honore un pouvoir qui est le sien, et force la perversité et l'ambition froissée à se fondre dans l'enivrement général.

XVIII

Après une allocution de M. Louis Blanc, vivement sentie et faite au nom du Gouvernement provisoire (répétition publique des pensées déjà exprimées et connues), les applaudissements éclatent de toutes les parties de la place, les vivat se renouvellent avec une intensité plus grande et plus prolongée. Les membres du Gouvernement descendent de leur tribune; les masses se mettent en mouvement, et, conservant leur ordre, se dirigent vers la colonne de Juillet. — Ce défilé dura plusieurs heures; les derniers des cent cinquante mille hommes qui le composaient passaient vers cinq heures devant la façade de l'Hôtel de ville.

Des groupes considérables, détachés du cortége, circulèrent toute la journée dans la ville sans donner lieu au moindre trouble. Ils se présentèrent devant plusieurs ministères, où ils firent entendre des acclamations. Du haut du balcon de la chancellerie, place Vendôme, M. Crémieux y répondit par une improvisation heureuse; dans la cour du ministère de l'intérieur, M. Ledru-Rollin adressa à la foule compacte ce remarquable discours sur l'armée, que nous avons déjà cité.

Ainsi finit la journée du 17 mars. Cent cinquante mille ouvriers, maîtres absolus de Paris, se dégagent des influences dont on les a enveloppés, suivent leur propre impulsion, se maintiennent rassemblés ou épars; et nulle atteinte n'est portée à un droit, à un intérêt. Leurs chants patriotiques et leurs masses inquiètent quelques marchands, qui se disposent à fermer leurs magasins : « Ne craignez rien, ne craignez rien! » disent-ils, « nous vous ferons respecter! Ne sommes-nous pas tous frères? »

L'historien doit retracer, sans hésitation et avec sévérité, les jours funestes où le peuple, égaré par de farouches passions, se livre à des actes insensés ou criminels; mais son devoir est d'élever le peuple lorsqu'il s'élève, de le grandir lorsqu'il se grandit, de le glorifier lorsqu'il se glorifie. Ce sera un éternel honneur pour la nation française d'avoir, en juillet 1830 et en février 1848, fait deux révolutions pures de tout crime, de tout excès et de toute persécution. Tous nous devons y applaudir : c'est un progrès dans la civilisation, un adoucissement dans les mœurs, une gloire pour la patrie, un exemple pour l'avenir!

XIX

Le Gouvernement provisoire avait dit au peuple : « Laissez-nous délibérer en paix! » Le soir même, à huit heures, le Conseil était réuni au Petit-Luxembourg; MM. Courtais et Guinard étaient présents. Après une délibération approfondie, sept voix contre trois maintinrent le jour fixé pour les élections de la garde nationale. On ne s'occupa point des élections générales.

MM. Louis Blanc et Albert offrirent leur démission. Ils la retirèrent après un très-habile discours de M. Ledru-Rollin, qui avait voté avec eux.

M. Marrast proposa alors d'entendre les délégués des ouvriers du Luxembourg, afin de savoir si vraiment ils avaient besoin d'une semaine de plus pour se faire inscrire, convaincu d'ailleurs que ce délai ne réagirait pas sur les élections générales, fixées au 9 avril. Les délégués du Luxembourg s'étaient conduits avec ordre et convenance dans la journée; ils avaient puissamment contribué à faire observer partout la règle et la discipline : cette proposition fut acceptée.

XX

Le lendemain, le calme régnait dans Paris. Toute idée de pression avait disparu, toute irritation était apaisée. Le Conseil, réuni de nouveau, reprit l'étude de la question des élections.

M. Louis Blanc exprimait des désirs de conciliation; M. Barbès, qui, dans la journée du 17 mars, avait chaleureusement soutenu le Gouvernement, venait affirmer qu'un délai de huit jours était un vœu réel et non factice; l'examen nouveau des cadres prouvait que dans certains arrondissements l'effectif des gardes nationaux avait quadruplé (le nombre, qui était au 1er février de 56 751, s'était élevé à 190 299); l'ajournement des élections de la garde nationale laissait intacte la grande question des élections à l'Assemblée constituante; il donnait satisfaction à l'opinion publique, sans modifier la détermination du Gouvernement provisoire, qui ne voulait prolonger sa dictature ni d'un jour ni d'une heure : le Conseil adopta la prorogation au 5 avril. Il l'annonça dans la proclamation suivante.

« Citoyens,

» Le Gouvernement provisoire croit de son devoir de vous remercier de la manifestation si imposante dont vous avez donné hier le magnifique spectacle.

» Proclamé pour ainsi dire sous le feu du combat et dans le premier moment de la victoire, le Gouvernement provisoire a vu ses pouvoirs, hier, confirmés par deux cent mille citoyens, organisés comme une armée, marchant avec le calme de la puissance, et qui par leurs acclamations ont apporté à notre autorité transitoire la force morale et la majesté du souverain.

» .... Organisez vos candidatures sans perdre de temps! Songez dès aujourd'hui à un choix pour l'Assemblée nationale. Préparez-vous par une attention virile à l'exercice sérieux de vos droits; comprenez combien il importe à la patrie que les gardes civiques reçoivent un complet développement; comprenez combien il est nécessaire que la puissance provisoire du

Gouvernement soit remise aux représentants du peuple librement discutés, librement choisis par lui !..... »

XXI

Le dimanche suivant, quoique la décision eût été prise sans avoir entendu les délégués des ouvriers du Luxembourg, le Gouvernement provisoire se rendit à une séance spéciale, pour laquelle ils avaient tous été convoqués dans l'ancienne salle de la Chambre des pairs. A son entrée dans la salle, il fut salué par une explosion d'applaudissements. M. Arago prit la parole en son nom, et remercia les délégués « d'avoir montré au monde entier que nous avions résolu dans notre pays un problème qui semblait insoluble : que nous savions faire marcher de front l'ordre et la liberté ». La séance fut levée au milieu des acclamations de « Vive Dupont (de l'Eure)! Vive Arago! Vive Ledru-Rollin! Vive tout le Gouvernement provisoire! »

XXII

En résumé, cent cinquante mille hommes apportent au Gouvernement provisoire la dictature; les plus ardents veulent la lui imposer; le peuple désire qu'il la conserve. La dictature, c'est la loi, l'impôt, le sang, la volonté, la richesse de la France, ses libertés, ses droits, ses devoirs, soumis à la suprême direction de celui qui l'exerce. Tout cela est offert à quelques hommes : et ces hommes repoussent l'offre qui leur donne l'autorité absolue et qui les revêt de gloire dans le présent et d'illustration dans l'avenir! Et pourtant quoi de plus aisé, de plus digne, de mieux fait pour séduire l'âme la plus intègre et la moins ambitieuse?

Ici pas de coup d'État hasardeux, tramé dans l'ombre, pas de subtiles et souterraines menées, pas de piéges à tendre, pas de serments à violer, pas de sang à répandre. Ces hommes n'ont qu'à céder à des vœux; ils n'ont qu'à prolonger une situation déjà acquise : et ils déploient leur énergie, se servent de toute leur influence morale, usent leur puissance, pour refuser l'insigne honneur d'être les dictateurs de l'un des premiers peuples du monde! Le but éternel et universel des hautes ambitions ou des plus âpres convoitises, le prix de tant de trahisons et de crimes, la puissance souveraine : ces hommes la mettent au-dessous de leur conscience! Ils préfèrent l'intérêt public à leur intérêt privé, la grandeur de la patrie à leur élévation, l'indépendance de la nation à leur pouvoir, la liberté de tous à leur propre domination! Ils n'aspirent qu'à remettre à des représentants régulièrement élus l'autorité qu'ils n'ont détenue quelques jours que pour le salut du pays. Ils sont tout! Que veulent-ils être? Rien!

XXIII

Ont-ils d'ailleurs rempli leur mission? Que peuvent leur demander, et les conservateurs, qui, au nombre de 30 000 gardes nationaux, suscitent la journée du 16, et les clubistes, qui, à la tête de 150 000 hommes, font celle du 17 mars? Si le Gouvernement a négligé de faire justice au peuple, s'il a omis une mesure d'ordre et de conciliation, assurément les uns et les autres saisiront le prétexte et formuleront leurs réclamations. Écoutons-les donc.

XXIV

Les républicains ultra-révolutionnaires vont parler au nom du peuple. Il ne s'agit plus de se faire l'écho de plaintes banales ou d'accusations vagues, il faut préciser, il faut dire les droits oubliés ou méconnus. Le peuple attend sur la place de l'Hôtel de ville, il attend debout, la force en ses mains vigoureuses! Que veut-on?

L'abolition de la peine de mort? décrétée; l'assistance par le travail? décrétée; la réduction des heures de travail? décrétée; l'organisation du travail? une commission est nommée, où les ouvriers, les chefs d'industrie et les économistes sont chargés d'élaborer contradictoirement les théories les plus applicables, et de rédiger les projets à soumettre à l'Assemblée constituante; le suffrage universel? décrété; l'abolition de tout cens d'éligibilité? décrétée; l'admission de tous les citoyens dans la garde nationale? décrétée; l'affranchissement complet de la presse? décrété; la liberté religieuse? décrétée; l'abolition du serment, attentatoire à la morale et à la liberté de conscience? décrétée; la suppression des titres de noblesse? décrétée; l'émancipation des esclaves? décrétée; le droit de réunion? il est entier; le droit d'association? entier aussi; les institutions de crédit? décrétées; la réforme des impôts qui pèsent sur le travail et sur les travailleurs? elle est à l'étude et à la veille d'être accomplie; la réduction des fonctions? elle s'opère; la modification du personnel des fonctionnaires politiques? les ministres spéciaux s'en occupent.

Est-ce la guerre? Contre qui? Tous les peuples se lèvent au cri de liberté poussé par la France; ils brisent leurs fers et réclament pour eux-mêmes la gloire de leur délivrance. D'ailleurs, à quoi bon les armes lorsque le verbe suffit?

La dissolution de l'armée? mais si les peuples, après avoir brisé leurs fers, réclament l'aide de la France pour soutenir leur indépendance, il faut au contraire reconstituer une armée puissante, et l'on y travaille activement.

La marine? la flotte fait voile pour aller protéger l'Italie et porter au loin le drapeau sur lequel l'univers peut lire : « République française ! — Liberté, Égalité, Fraternité ! »

Que manque-t-il donc au peuple? une Assemblée, expression libre de sa souveraineté, régulièrement élue, pour faire sa Constitution? Elle est convoquée.

La cessation du provisoire? le Gouvernement la presse de tous ses vœux, de tous ses efforts.

Le peuple est immergé dans ses libertés. Tous ses droits sont acquis, tous ses vœux satisfaits, toutes ses espérances dépassées. Jamais il n'a joui d'une aussi complète possession de lui-même.

Encore une fois, que veut-on?

La réponse a été méditée; une pétition, rédigée à loisir, est présentée au nom du peuple. Que réclame-t-elle?

Elle réclame l'éloignement des troupes! — Il y a 2 000 hommes à Paris; et lorsque le Gouvernement provisoire défend l'honneur de l'armée, le peuple lui applaudit.

Elle réclame l'ajournement des élections! c'est-à-dire le maintien d'une dictature que l'on conteste, d'un pouvoir que l'on cherche à affaiblir, d'une autorité que l'on critique, d'un Gouvernement que l'on veut opprimer ou évincer.

XXV

Mais si certains clubistes n'ont pu rappeler au Gouvernement provisoire un principe oublié, un droit méconnu, les conservateurs auront-ils à lui reprocher un abus de pouvoir? les fauteurs du 16 mars auront-ils à lui parler de l'agitation ou de l'ordre?

Le Gouvernement provisoire n'a-t-il pas défendu tous les intérêts, protégé les personnes, sauvegardé les palais, arrêté la destruction des chemins de fer, tempéré le peuple au milieu de son exaltation, repoussé le drapeau rouge, fermé les prisons, renversé l'échafaud, rétabli la discipline militaire, concilié l'armée et le peuple, appelé tous les Français à l'union, proclamé la liberté dans l'ordre et l'ordre dans la liberté, arraché la France à l'anarchie? Les propriétés ne sont-elles pas respectées, les engagements de l'État exécutés, les dettes de la monarchie payées, les biens même de la famille royale préservés? Le Gouvernement provisoire ne veille-t-il pas jour et nuit pour détourner de la nation tout excès, pour donner à la fondation de la République un caractère de grandeur et de sublime modération? A-t-il enfin une ambition autre que celle de déposer aux mains des élus du pays la dictature qu'il a recueillie dans la tempête?

Que chacun lise et s'éclaire; qu'il distingue le vrai du faux, le dévouement de l'égoïsme; que sa conscience juge et prononce.

FIN DU TOME TROISIÈME.

TABLE DES MATIÈRES

DU TOME TROISIÈME.

CHAPITRE PREMIER.

Périls et craintes. — Louis-Philippe, la reine et les princesses à Saint-Cloud, à Trianon; séparation de la famille; Louis-Philippe et la reine à Dreux. — La duchesse d'Orléans et le comte de Paris aux Invalides : arrivée du duc de Nemours; MM. de Mornay et Jules de Lasteyrie sont chargés d'aller s'entendre avec M. O. Barrot; arrivée de MM. d'Aragon, Luneau, Biesta et Pagnerre; délibération sur le parti à prendre; la duchesse déclare qu'elle restera aux Invalides; souvenir du duc d'Orléans; M. O. Barrot arrive; son avis et ses conseils; la duchesse d'Orléans, le comte de Paris et le duc de Nemours quittent les Invalides; la duchesse et le comte au château de Ligny, le duc chez M. Biesta. — Troupes de l'École militaire. — Le général Bedeau à la première division militaire; ses mesures, ses ordres. — Le retour agressif de l'armée n'est plus à craindre. — Dévastations aux Tuileries, à l'État-major de la garde nationale; vols punis; incendies étouffés; valeurs appartenant à la famille royale mises à l'abri; ordres de sûreté donnés par le Gouvernement provisoire; mesures de salut prises spontanément par les citoyens; conservation du château. — Scènes du Palais-Royal. — Louvre; écuries du roi; ministères des affaires étrangères, de la marine, de la guerre, des finances, de la justice, du commerce et des travaux publics. — Ministère de l'intérieur : MM. de Malleville, Andryane. — Préfecture de police : départ des troupes et de la foule; MM. Caussidière et Sobrier; leur projet d'une garde spéciale; leur proclamation; visite de M. Ledru-Rollin. — Paris dans la nuit du 24 février. — OEuvres de probité, de générosité, de charité. — Tableau de l'Hôtel de ville; encombrements et luttes autour du Gouvernement provisoire. — Élan de tous les partis vers l'union; le Gouvernement provisoire témoigne de son esprit de conciliation. . 1

CHAPITRE DEUXIÈME.

Urgence et multiplicité des travaux du Gouvernement provisoire; il se constitue en permanence.—Désorganisation de tous les rouages administratifs, de toutes les forces organisées; nécessité de sauver la France par le peuple même. — Institution de la garde nationale mobile. — Réorganisation de toutes les gardes nationales de France. — Proclamation de conciliation à l'armée.—Adhésion, au Gouvernement provisoire, des officiers supérieurs présents à Paris, convoqués et réunis par le général Bedeau. — Nouvel appel au patriotisme de l'armée; ordres sévères contre les déserteurs. — Caserne de la Pépinière; dernières troupes armées dans Paris; le Gouvernement leur fait donner ordre de garder leurs armes. — Nouvel envahissement de l'Hôtel de ville; vives discussions dans la foule.—Agitation de Paris; colloques, rumeurs, soupçons; facilité d'entraîner les masses. — Une colonne de peuple se présente et veut forcer la porte de l'Hôtel de ville; l'encombrement de la foule l'arrête; un de ses chefs, M. Marche, parvient à pénétrer seul auprès du Gouvernement provisoire; il demande l'organisation du travail : « le peuple, qui attend, donne une heure; » il présente une pétition et parle au nom des ouvriers; scène animée; M. Louis Blanc s'offre pour rédiger une proclamation; M. Marche entraîne M. Garnier-Pagès à une fenêtre; paroles de M. Garnier-Pagès au peuple; apaisement; proclamation sur le travail. — Mesures et ordonnances des ministres. — MM. Bethmont, Carnot, Charton, Jean Reynaud, Goudchaux, Crémieux, Martin (de Strasbourg), François Arago, Ledru-Rollin, le général Subervic, Flocon, Pagnerre, Étienne Arago. — Recrudescence d'agitation à l'Hôtel de ville.— Proclamation du maire de Paris.—Vive la République! de M. Martin (de Strasbourg). — De nouveaux flots du peuple se précipitent sur la place : « le drapeau rouge! le drapeau rouge! »; coups de feu; panique dans les bureaux du Gouvernement; mot de M. Duclerc; M. Marie va au-devant des envahisseurs dans la salle du Trône; M. Lamartine descend les arrêter au bas du grand escalier; M. Garnier-Pagès les harangue du haut d'une fenêtre; discours de M. Lamartine. — Cette tentative du drapeau rouge échoue à l'Hôtel de ville et sur plusieurs points de Paris. — Proclamation et décret sur le drapeau tricolore.— Mesures du Gouvernement provisoire relatives à l'approvisionnement de Paris.—Démarches de M. Bethmont dans le même sens; il trouve MM. Caussidière et Sobrier mal disposés à le seconder; il finit par les convaincre. — MM. Caussidière et Sobrier s'entourent des membres des Sociétés secrètes; leur conduite indécise; ils donnent leur démission et repoussent M. Recurt, leur successeur; ils respectent les employés et la marche de l'administration; ils maintiennent la fermeture des prisons. — Bris des presses mécaniques; mesure préventive du Gouvernement provisoire.— La dévastation se rejette sur les chemins de fer; ses causes; ravages et incendies sur les chemins de fer du Nord, de Saint-Germain, de Rouen; les administrateurs des chemins de fer demandent des secours; le Gouvernement provisoire leur donne une délégation de son autorité et nomme des commissaires spéciaux : M. Augustin Hélie sur le Nord, MM. Hippolyte Dussard et Félix Avril sur Saint-Germain et Rouen, M. Aristide Guilbert sur Orléans, rétablissent l'ordre. — Le peuple de Paris n'a pas trempé dans ces dévastations; il est également innocent de l'incendie du château de Suresnes et de la destruction de Neuilly. — Les délégués du Gouvernement provisoire préservent les châteaux de Versailles, de Saint-Cloud, Meudon, Chantilly, Rambouillet.—Le fort de Vincennes est sauvegardé. — Les élèves de l'école Saint-Cyr apportent leur concours au Gouvernement provisoire. — Tous les membres du gouvernement se trouvent réunis; leurs sentiments de générosité, de conciliation, d'ordre et de progrès; proclamation; appel au calme; contre-appel à la violence. 35

CHAPITRE TROISIÈME.

La foule revient; les scènes de la veille se renouvellent; le drapeau rouge reparaît. — M. Louis Blanc propose au Conseil la substitution du drapeau rouge au drapeau tricolore; discussion sur cette proposition; elle est repoussée; proclamation. — Rosette rouge. — Nouvel appel du Gouvernement au peuple. — Décret relatif à l'établissement d'ateliers nationaux; adresse du ministre des travaux publics aux ouvriers.— Ligne de conduite à suivre; avant le 24 février, la République excitait de vives antipathies. — M. Lamartine demande l'abolition de la peine de mort en matière politique; elle est votée à l'unanimité; sa proclamation sur le perron de l'Hôtel de ville; discours de M. Lamartine au peuple.—L'abolition de la peine de mort en matière criminelle est réservée au jugement de l'Assemblée nationale; l'ordre est donné de surseoir jusque-là à toute exécution capitale. — Le serment politique est aboli. — M. Ledru-Rollin justifie les légitimistes contre les calomnies; le Gouvernement vote des crédits et prend des mesures pour sauvegarder la famille royale; il facilite la retraite des ministres tombés et des personnes compromises. — La Cour d'appel ordonne des poursuites contre M. Guizot et ses collègues.—M. Caussidière fait rechercher la duchesse d'Orléans aux Invalides.—Conspirations contre le Gouvernement provisoire; une séance de club au Prado; M. Auguste Blanqui; M. Martin (de Strasbourg). — Position irrégulière de MM. Caussidière et Sobrier; le maire de Paris va à la préfecture de police faire reconnaître son autorité; il nomme M. Caussidière son délégué provisoire à l'administration de la police du département de la Seine.—Appréhensions de certains membres du Gouvernement provisoire; rendez-vous chez M. Marie; insuccès de la réunion. — Annonce d'une cérémonie civique sur la place de la Bastille, au pied de la colonne de Juillet. — Une modification s'introduit insensiblement dans la composition du Gouvernement provisoire : les quatre secrétaires en deviennent membres, et M. Pagnerre, secrétaire général. — Cérémonie à la Bastille; allocutions de MM. Arago, Dupont (de l'Eure) et Crémieux; défilé; revue; adhésion unanime à la République............ 88

CHAPITRE QUATRIÈME.

La France entière, d'un mouvement spontané, adhère au nouveau pouvoir. — Souscriptions en faveur des morts et des blessés. — Adhésions de la banque, du commerce, de l'industrie : banquiers, agents de change, Banque de France, Chambre, Tribunal et Courtiers de commerce, Compagnies d'assurances et de chemins de fer, Conseils de prud'hommes. — Adhésions de l'agriculture : Congrès agricole. — Conseil d'État; Cour des comptes. — Adhésions de la magistrature et du barreau : Cour de cassation, Cour d'appel, Tribunal de première instance; Chambres des notaires, des avoués, des commissaires-priseurs; Conseil de l'ordre des avocats. — Adhésions de la science, de la littérature, des beaux-arts : Académie de médecine, Faculté des sciences, Société des gens de lettres, artistes dramatiques et musiciens, Société des auteurs et compositeurs dramatiques; artistes peintres, sculpteurs, architectes. — Adhésions de l'armée de terre et de mer : maréchaux de France, généraux, maréchaux de camp, intendants militaires, amiraux, officiers supérieurs de la marine; les généraux Castellane, Changarnier, Bourjolly, le maréchal Bugeaud. — Adhésions de l'Église : l'archevêque de Paris, l'archevêque de Lyon, le nonce du Pape, le clergé, les congrégations, salles d'asile, crèches, ouvroirs. — Adhésion de la jeunesse. — Adhésion des ouvriers. — Adhésions des partis et des hommes politiques : gauche, centre gauche, tiers-parti; légitimistes : MM. Berryer, la Rochejaquelein, Polignac, de Falloux; conservateurs; famille Bonaparte : Jérôme Bonaparte, Napoléon Bonaparte, Pierre-Napoléon Bonaparte, Napoléon-Louis Bonaparte. — Adhésions des départements. — Adhésions des peuples étrangers : M. R. Rush. — Adhésion de la presse : *le Constitutionnel, l'Union, les Débats, le Siècle, le Populaire, l'Atelier,* la presse départementale. — Cérémonie funèbre sur le tombeau d'Armand Carrel : MM. Armand Marrast et Émile de Girardin. — Résumé............ 119

CHAPITRE CINQUIÈME.

Excès du droit de réunion : clubs; affiches. — Les intérêts matériels ont été exaltés par le gouvernement déchu et par certaines sectes socialistes; ils se déchaînent. — Une députation des partisans des doctrines de M. Louis Blanc réclame la création d'un ministère du progrès. —

Illusions des ouvriers; inopportunité de leurs exigences; dangers de leur agitation; leurs égarements. — M. Louis Blanc insiste, dans le Conseil, sur la création d'un ministère du progrès; opposition; il offre sa démission; sa retraite est un péril pour la République; conciliation; création de la Commission de gouvernement pour les travailleurs; M. Louis Blanc, président; M. Albert, vice-président. — M. Louis Blanc annonce cette création aux pétitionnaires. — Le lendemain, une nouvelle députation se rend, pour le même objet, à l'Hôtel de ville; des membres du Gouvernement provisoire descendent sur la place et vont, de groupe en groupe, faire connaître les dispositions favorables du Gouvernement. — La création de cette Commission donne satisfaction aux idées de M. Louis Blanc comme à celles des économistes; enquête sur le travail. — L'opinion publique, au début, accueille favorablement cette création. — Les ouvriers ne retournent pas à l'atelier; une proclamation les convoque au Luxembourg. — Première séance de la Commission : sa formation est basée sur la représentation égale des intéressés. — Deuxième séance : les chefs d'industrie y assistent; abolition du marchandage; réduction des heures de travail; mobiles du Gouvernement provisoire dans ces questions. — Exigences des ouvriers; M. Louis Blanc en est assailli; il adresse aux travailleurs une proclamation qui les exhorte à la patience; il fait appel à tous les hommes qui se sont occupés des questions sociales. — Condamnés politiques : hors de prison, ils obéissent à des inspirations sans limite; mot de M. Barbès; blessés de Février; le Gouvernement provisoire nomme une commission des récompenses nationales. — Nécessités commerciales et financières : les échéances des effets de commerce sont prorogées; large escompte de la Banque; le maire de Paris ordonne l'ouverture de la Bourse; impossibilité; liquidation de fin de mois. — Séance du Conseil, au ministère des finances : pièces frappées à l'effigie de la République; M. Pelouze nommé directeur de la Monnaie de Paris; délibération sur les biens de la Liste civile, du domaine privé et de la famille royale : les biens de la Liste civile sont mis sous scellé; les biens du domaine privé et ceux des princes et des princesses sont placés sous séquestre provisoire; la confiscation est repoussée; nomination de M. Marrast à l'administration de la Liste civile; perception des impôts; réclamations universelles; danger de les satisfaire; résistance de M. Goudchaux. — Proclamation du Gouvernement; son appel à la patience n'est pas entendu; insistance des journalistes pour obtenir l'affranchissement du timbre; leur démarche à l'Hôtel de ville; suppression de l'impôt du timbre; abolition des lois de Septembre et d'autres lois contraires à la liberté et aux intérêts de la presse. — Fièvre des places; les solliciteurs assiègent le Gouvernement, qui résiste et réduit les emplois; distinction entre les fonctions politiques et les fonctions purement administratives; mutations complètes dans les premières; respect des secondes. — Bureaux du Gouvernement;

l'ordre s'établit.—Les séances du Conseil se tiennent au Petit Luxembourg. — MM. Buchez, Recurt, Flottard, Lagrange, Rey, Beaumont, à l'Hôtel de ville. — Le maire de Paris fait décréter qu'il ne relève que du Gouvernement; ses projets d'ensemble sur Paris et sur la préfecture de police.—État financier laissé par la monarchie; son mécanisme de crédit; imminence de la banqueroute; M. Goudchaux convoque le Gouvernement; réunion au ministère des finances : exposé du ministre; stupeur; rejet de la banqueroute; anticipation du payement du semestre de la rente cinq pour cent. — Nouvelle réunion du Conseil; démission de M. Goudchaux; le Conseil demande à M. Garnier-Pagès de se charger du ministère des finances; il accepte; M. E. Duclerc, sous-secrétaire d'État. — Résumé. 151

CHAPITRE SIXIÈME.

Les membres du Gouvernement provisoire ont hâte de se démettre de leur dictature. — Adoption du suffrage universel et direct; liberté de réunion et de publicité.—La raison est la vie; la force est la mort.— Note du *Moniteur* sur la convocation des assemblées électorales, de l'Assemblée nationale constituante et sur diverses mesures électorales. —Nécessité du scrutin de liste; bulletin de vote, préparé à l'avance; droits des domestiques, des soldats; indemnité aux représentants; publication de la loi électorale. — Suppression des titres de noblesse. —Funérailles des victimes de Février. — Discussion sur la paix et la guerre : M. de Lamartine présente une déclaration diplomatique; politique extérieure de la monarchie; conséquences des mariages espagnols; isolement de la France; elle n'a ni l'alliance des rois, ni les sympathies des peuples; la Révolution de Février lui rend ces sympathies; que doit faire le Gouvernement provisoire? avantages de la guerre; avantages plus grands d'une paix armée en faveur de l'indépendance des peuples et du principe de l'émancipation de l'humanité; le manifeste de M. de Lamartine est adopté à l'unanimité; pour soutenir ce programme, le ministre des affaires étrangères demande 220 000 hommes; le ministre des finances répond qu'il fournira l'argent; les généraux Lamoricière et Bedeau démontrent l'insuffisance des forces militaires; nomination d'une commission de gouvernement pour l'organisation de la défense nationale; ses travaux; son rapport; mesures militaires adoptées par le Conseil; crédit total de 114 millions applicables à ces mesures. — Impulsion donnée par le ministre de la marine à l'organisation de la flotte, aux constructions, à l'administration centrale, etc. — MM. Arago et Schœlcher se vouent à l'abolition de l'esclavage; le Gouvernement la proclame. 210

CHAPITRE SEPTIÈME.

Algérie : Appréhensions sur l'attitude des ducs d'Aumale et de Joinville; le général Cavaignac, nommé gouverneur avec le grade de général de division; exhortations et promesses du Gouvernement à l'armée et aux colons; noble conduite des deux princes; proclamation et ordre du jour du duc d'Aumale; sa retraite en Angleterre. — La duchesse d'Orléans sort de France. — Le duc de Nemours, rue Madame; concours de MM. d'Aragon, Biesta, Léon de Malleville; sauf-conduit donné par M. Courtais; insuccès à l'embarcadère du Havre; chaise de poste chez M. Dailly; barricades Monceaux et Batignolles; le duc reconnu; danger à Beauvais; arrivée à Abbeville, à Boulogne; embarquement; Angleterre. — MM. d'Aragon et Biesta reviennent à Paris; singulière rencontre. — La duchesse de Montpensier chez M. Jules de Lasteyrie; ses paroles de courage; accompagnée du général Thierry, elle se rend à Eu; bruits de dangers; départ précipité; Abbeville; groupes; fuite à travers champs; Boulogne; embarquement. — Louis-Philippe, la reine, le duc de Montpensier et la duchesse de Nemours, à Dreux; craintes; séparation; le duc et la duchesse se rendent à Granville, de là en Angleterre; Louis-Philippe et la reine se dirigent sur Honfleur; sympathies à Anet; nouvelles craintes; refuge dans une ferme; Louis-Philippe et la reine se séparent; arrivée à Honfleur; attente; l'on ne peut trouver un bateau pour passer en Angleterre; offre d'un bateau pêcheur, à Trouville; . Louis-Philippe quitte la reine et s'y rend; mauvais temps; impossibilité d'embarquement; la présence du roi est connue; il revient près de la reine; anxiétés; offres du consul anglais; passage au Havre; l'*Express*; le roi reconnu; départ; débarquement à Newhaven; Claremont. — Générosité et mansuétude de la République : abrogation de l'article 119 du Code criminel; mise en liberté provisoire des détenus pour dettes; suppression de la contrainte par corps; amnistie pour faits relatifs à l'exercice des cultes; proclamation de la liberté de conscience. . . . . 241.

CHAPITRE HUITIÈME.

État de Paris; promenades; « Des lampions! des lampions! » coups de feu; inquiétudes; ordres impuissants du Gouvernement; conseils impuissants des journaux; la peur envahit les esprits. — Incident de l'occupation des Tuileries par les envahisseurs. — Application des mesures décrétées par le Gouvernement provisoire; travaux des mairies; liste des maires et adjoints. — Nécessité de nourrir une multitude sans subsistance; nul travail n'est préparé; proposition de M. Émile Thomas d'organiser un bureau central où viendraient s'adresser les ouvriers, où ils seraient organisés pour travailler; adoption; mesures de précaution; elles sont rendues inutiles par l'affluence des inscrits qui accourent de tous les points de la France et même de la Belgique; préoccupations et sollicitations du Gouvernement; les ingénieurs n'offrent aucun plan; terrassement du Champ de Mars; ateliers sur les routes départementales et sur les chemins vicinaux. — Les centres industriels de province inspirent des inquiétudes. — Lyon : ses fabricants, ses ouvriers; antagonisme de leurs intérêts; misère et famine des ouvriers à la suspension du travail; *Vivre en travaillant ou mourir en combattant!* défaite des ouvriers, en 1831 et 1834; leurs dispositions à accepter toute théorie sociale; ils se groupent en associations : Voraces, Vautours, Bras-Forts, etc.; leur alliance avec la bourgeoisie libérale et radicale; *le Censeur de Lyon*; leurs adversaires, conservateurs et ultra-religieux; M. Emmanuel Arago offre de se rendre à Lyon, au nom du Gouvernement provisoire; il y arrive le 28 février; le préfet et le maire remettent leurs pouvoirs; les commissions préfectorale et municipale se mettent à l'œuvre; la crise s'accroît; mesures des commissions; recrudescence de la crise; nouvelles mesures de conciliation et de pacification; l'antagonisme des intérêts n'est pas éteint; les conservateurs se préparent à la résistance; M. Arago à la Croix-Rousse; dépêches anxieuses de M. Arago au Gouvernement provisoire. — Les ouvriers mineurs de l'arrondissement de Valenciennes suspendent leurs travaux et réclament une augmentation de salaires; le Gouvernement délègue deux commissaires, MM. Rey et Montigny, qui concilient les intérêts; mêmes précautions et même succès dans l'arrondissement d'Autun. — Travaux de MM. Louis Blanc et Albert : réunion des ouvriers, réunion des patrons, au Luxembourg, sous leur présidence; nobles intentions, mais impuissance de M. Louis Blanc; son intervention; son mot aux ouvriers maçons; grève et prétentions des ouvriers boulangers; il les pacifie; M. Albert transporte au Luxembourg le siège de la Commission des récompenses nationales; membres de cette Commission; lenteur de ses travaux; influence et force de MM. Albert et Louis Blanc. — Détenus politiques. — Fièvre des clubs; énumération; les conservateurs, le clergé s'y laissent aller; hostilité des clubs; républicains socialistes et ultra-conservateurs. — L'armée aux environs de Paris; plaintes contraires sur son éloignement et sur son voisinage; représentations de MM. Marrast, Lamartine, Ledru-Rollin, aux députations qui en demandent l'éloignement. — Multiplicité des affiches. — Liberté illimitée de la presse; aucune feuille gouvernementale; bienveillance, puis hostilité des journaux; énumération et caractère; débit des journaux. — MM. Caussidière et Sobrier; M. Caussidière explique au Conseil sa conduite. — M. Marrast, maire de Paris. — M. Ledru-Rollin réclame la préfecture de police; opposition de M. Garnier-Pagès; concession de M. Marrast; la réclamation de M. Ledru-Rollin est admise; conversation de MM. Garnier-Pagès et Marrast; regrets de M. Marrast. — M. Caussidière, préfet de police du département de la Seine. — Trahison de Delahodde; scène du Luxembourg. . **262**

CHAPITRE NEUVIÈME.

Le Gouvernement provisoire sait son devoir envers la République et envers la France. — Le Conseil nomme les commissaires du Gouvernement pour les départements; un grand nombre choisis par les membres de la gauche et du centre gauche; leurs instructions; première circulaire du ministre de l'intérieur; sa circulaire aux maires; sa circulaire du 12 mars; redoublement de peur, prétexte à la malveillance; enthousiasme chez les révolutionnaires les plus ardents; polémique passionnée de la presse; feuilles libérales et conservatrices : *le Siècle, la Presse, le Constitutionnel, l'Union, la Gazette de France, l'Univers religieux, les Débats, l'Assemblée nationale*; feuilles républicaines : *la Réforme, le Courrier français, la Commune de Paris, la République, le Peuple constituant, le National*; républicains de la veille et républicains du lendemain; dissensions, envenimées par les violences des clubs; excitation des esprits dans les départements. — Le Gouvernement provisoire a connaissance de cette circulaire; séance du Conseil; surprise de M. Ledru-Rollin; le soulèvement extrême de l'opinion publique n'est pas motivé; divisions du Conseil. — M. Ledru-Rollin : sa position, ses relations, son caractère, sa nature, ses désirs. — M. Étienne Arago utilise au profit de la population et du Gouvernement le service des courriers et des facteurs ruraux. — Création du *Bulletin de la République* : premier numéro; son but; deuxième numéro, accompagné d'une adresse des clubs pour l'ajournement des élections; texte de cette adresse; opinion du Gouvernement sur l'époque des élections. — Élections de la garde nationale; décisions et décrets. — Opposition des clubs : *Société républicaine centrale, Droits de l'homme, Icariens, Progrès démocratique, Ouvriers délégués du Luxembourg, Commune de Paris*; leurs réclamations, ajournement des élections; leurs moyens, comité central, manifestations; leurs mobiles connus et cachés; leurs plans; sentiments de MM. Ledru-Rollin et Louis Blanc. — Réunion du Conseil : M. Louis Blanc expose les réclamations contre les élections et les intentions des réclamants; soulèvement du Conseil contre toute menace; assertions de MM. Courtais et Guinard contre ces réclamations; décisions; suppression des compagnies de grenadiers et de voltigeurs. — Menées des clubs; leurs buts divers; leur moyen unique; réunion chez Flotte, en permanence. — Séances du Conseil, le 14 et le 15 mars : impossibilité générale et complète de faire les élections de la garde nationale; leur prorogation. — Le *Bulletin de la République* est mis sous la surveillance de tous les membres du Conseil; collaboration de George Sand. — Les chefs clubistes se voient réduits à l'inaction. — Le parti conservateur leur fournit un prétexte d'action ; protestation des grenadiers de la 3e légion ; publicité dans la presse et par les affiches ; appel des journaux conservateurs à la garde nationale ; conseil d'une démonstration ; organisation de cette démonstration ; plans des meneurs. — Mêmes manœuvres employées par les conservateurs et les révolutionnaires exaltés ; même condamnation par l'histoire. — Le Gouvernement voit le péril ; sans force matérielle, il le combattra par son énergique sentiment du devoir. 307

CHAPITRE DIXIÈME.

Agitation de Paris, le 16 mars au matin ; rassemblement des gardes nationaux ; leur marche sur l'Hôtel de ville ; frémissement du peuple et des Écoles à la nouvelle de cette démonstration ; ils courent protéger le Gouvernement provisoire ; les gardes nationaux ne peuvent arriver jusqu'à l'Hôtel de ville ; ils chargent des délégués de présenter leurs réclamations au Gouvernement ; réponses de MM. Marrast, Arago, Pagnerre ; le cortége se disperse ; échec des meneurs : *Journée des bonnets à poil;* déclaration explicative à la garde nationale ; proclamation du Gouvernement ; discussion du Conseil sur cette proclamation : MM. Louis Blanc, Crémieux, Marie, Ledru-Rollin, Lamartine, Garnier-Pagès ; adoption ; la manifestation de la garde nationale fournit un exemple et un prétexte aux clubistes ; leur raisonnement ; leur proclamation et leur appel au peuple pour le lendemain. — Journée du 17 mars : délibération de la Commission des Trente sur l'adresse à présenter au Gouvernement provisoire ; formation du cortége sur la place de la Révolution ; sa marche sur l'Hôtel de ville ; sur son passage, les chefs des clubs les plus prononcés prennent la tête de la colonne avec leurs hommes et s'emparent de la direction ; vues diverses de ces meneurs ; arrivée à l'Hôtel de ville ; mot de M. Lamartine ; proposition de MM. Buchez et Recurt ; arrivée des membres du Gouvernement provisoire ; réception des membres de la Commission des Trente : lecture de l'adresse ; réponse de M. Louis Blanc ; MM. Sobrier, Cabet ; Ledru-Rollin ; animation de la discussion ; M. Lamartine ; la Commission des Trente se retire ; la fermeté du Gouvernement provisoire l'a emporté ; le peuple réclame à grands cris la présence des membres du Gouvernement provisoire ; paroles échangées entre MM. Lamartine et Pagnerre ; tentatives contre MM. Marrast et Garnier-Pagès ; tableau de la foule ; son ordre ; ses chants ; les membres du Gouvernement provisoire sur la place ; enthousiasme ; avortement des projets secrets de certains clubistes ; allocution de M. Louis Blanc ; les membres du Gouvernement se retirent ; les masses se mettent en mouvement et vont à la Bastille ; circulation de groupes dans Paris ; MM. Crémieux et Ledru-Rollin à leurs ministères. — Réunion du Conseil ; maintien du jour des élections de la garde nationale; démission de MM. Louis Blanc et Albert; son retrait; proposition de M. Marrast d'entendre les délégués du Luxembourg; acceptation. — Nouvelle réunion du Conseil; nouvelle délibération sur l'ajournement : la prorogation au 5 avril des élections de la garde nationale est adoptée; proclamation. — Séance au Luxembourg; présence du Gouvernement provisoire; il est acclamé. — Résumé. 358

FIN DE LA TABLE DU TOME TROISIÈME.